世界歴史選書

愛国主義の創成

ナショナリズムから近代中国をみる

吉澤誠一郎

岩波書店

世界歴史選書

愛国主義の創成

目　次

凡例

・漢字は、特に必要な場合を除き、常用漢字表によった。

・年月日の表記は西暦を基本とし、必要に応じて清朝の暦による年月日を補った。

・歴史上の人物の年齢については、当時の人々の感覚に即して「数え年」によって表記している（史料に「数え年」で書かれている場合、正確な誕生日がわからないと満年齢に換算することはできない）。

・雑誌の刊行年は、奥付に表記された年を西暦に換算して表記した。

・文語文の日本語史料を引用する場合、読みやすくするため、適宜、表記を加工した。

・引用文中の（　）の部分は、原文にある注記である。また、引用文中の〔　〕の部分は、引用者による注記である。漢文の原文を翻訳した引用文中では、〔「　」〕として原語を示すことがある。

・引用文中の……は、中略を表す。

はじめに――梁啓超のアメリカ紀行

今からちょうど一〇〇年前の一九〇三年、梁啓超《りょうけいちょう》はアメリカ大陸に渡った。年齢は数え三一歳、すでにその政論をもって知られていた。彼は、一八九八年の戊戌《ぼじゅつ》政変で亡命者となり、日本を拠点として活躍していたのだが、今回の渡米には、アメリカ在住の華人社会に対して、その政派の宣伝をする目的に加え、アメリカ社会を実見することで自らの思想を鍛え直そうとする意図をもって臨んだのだろう。

その紀行文『新大陸游記』(一九〇四年)は、彼の抱えていた鬱屈を示すかのように、時に辛辣、時に悲壮な調子を帯びている。これは、一九〇三年にカナダのヴァンクーヴァーで新大陸に上陸したあと東海岸に向かい、ニューヨークなど東部諸都市から中部・カリフォルニアの各地を訪問した記録である。梁啓超は、各地で同胞の団体と接触しつつ講演を繰り返した。梁啓超は、非常な貪欲さをもって、アメリカの政治体制や実業界、その背後にある歴史や文化について自分なりに調査している。その上で、アメリカ社会全体についても、またアメリカの華人社会に対しても、遠慮会釈ない論評を寄せているのである。

梁啓超は、アメリカ合衆国の建国史についても、強い関心を示しているが、それは、中国の現状と重ね合わせて慨嘆の材料となる。ボストンは、建国の史跡に富む都市である。たとえば、一七七三年、英国東インド会社が輸入した茶を、その税制に反対する者が海中に投棄したボストン茶会事件については、以下のような所感を記している。

イギリスの茶を棄てた港に行ってみたところ、今は繁華な地区となっている。街角の壁には、一枚の銅のプレート〔「牌」〕がはめられていて、「一七七四年、イギリスの茶を棄てた場所」と記されている〔一七七四年というのは原文〕。もう一度、その概略を繰り返すと、当時、七人の市民が顔に色を塗り変装してインディアン〔「紅印度人」〕をよそおい、イギリス船に夜襲をかけ、数十箱の茶を海に棄てたということだ。これは、林則徐《りんそくじょ》が、広東でイギリス人の鴉片《あへん》を焼き捨てたのと非常によく似ている。ところが、アメリカは、この事件の後、一三州の独立を得たのに対して、我が中国は、その〔鴉片焼却〕事件によって〔戦争を引き起こして負け〕五港を通商のため開くことになったのは、幸福なことなのか、不幸なことなのか。〔このように逆の結果を招いたのは〕国民の実力の強弱が懸け離れていたからではないか。〔そのような思いを抱きつつ、〕私は、その場を長時間うろついて、一首の絶句を得た。

雀舌《じゃくぜつ》海に入りて、鷹 陸に起《た》つ〔茶が海中に棄てられ、鷹に象徴される合衆国が興った〕
銅表 摩挲《まさ》す 一美談〔ボストン茶会事件を説明する銅プレートを撫でさする〕
猛憶《もうおく》す 故郷百年の恨み〔すると故郷の積年の恨みが心に激しく湧き起こってきた〕

鴉烟《あえん》の烟《けむ》り満ちたり　白鷲潭《はくがたん》

〔林則徐の焼却した鴉片の煙は、広東の水辺に満ちていた。英国に抵抗したその顚末は、ボストン茶会事件と似ているが、実は中国が弱体化するきっかけとなったのであり、両者の運命が分かれてしまった〕

ボストン茶会事件のあった地点で、鴉片戦争のことを想起するのは、今日の我々の目から見れば、意外な比較だと思えるかもしれないが、それだけに、このときの梁啓超の問題意識をよく示しているとも言えよう。

　独立戦争の際にマサチューセッツ民兵が英国軍と初めて兵火を交えたと見なされたバンカーヒル Bunker Hill に登ると、そこには、記念のモニュメント（「華表」）があり、また戦死した民兵指導者の銅像があった。記念地区の管理人は、この場所は某兵官が指揮したところ、その場所は某兵官が戦死したところと言って案内してくれた。梁啓超は、深い感動を覚え、思わず長い詩を作った。その中ではバンカーヒルと対比して、自分がかつて遊んだ上野の山に（明治維新の頃）彰義隊《しょうぎたい》が立てこもった話を思い出し、「命は惜しいものだが、自由には、かえられない。国が悼めば死

図1　梁啓超（ボストンにて）
出典）『新大陸游記』（『新民叢報』臨時増刊）1904年，口絵.

図 2　プリマスの史跡．新大陸に第一歩を記したピルグリム・ファーザーズの故事をしのぶ場所．アメリカ合衆国の建国神話の一部となっている．この他にも，『新民叢報』など清末の雑誌には，世界の名所旧跡の写真が口絵として多く掲載されているが，おそらく観光絵葉書から転載されたものだろう．
出典）『新大陸游記』（『新民叢報』臨時増刊）1904 年，口絵．

者も勇気が出てくるが、おめおめと生きた者はますます恥ずかしくなる」などと、うたっている。上野の彰義隊は負けて滅亡した側だから、アメリカ建国神話と類比するのは少し強引なのだが、とにかく死者を顕彰する態度に感銘を覚えたのだろう。

ボストン美術館については、「私にとって最も忘れがたいものは、我が中国の宮中の器物が多かったことである」。だいたいは、第二次鴉片戦争（一八六〇年）と義和団《ぎわだん》戦争（一九〇〇年）のときに外国軍が獲得したものだろうという。

梁啓超は首都ワシントンにおもむいて、国務長官ジョン・ヘイ John Milton Hay、そして大統領セオドア・ローズヴェルト Theodore Roosevelt に面会している。その会談の内容は、大したものではない。ただ、ローズヴェルトが別のところで今後の積極的な外交政策について演説し「アメリカは向かうところ敵なし」などと述べたのを念頭において、ハワイとフィリピンが合衆国に併合されたことを指摘したうえで、古典の語を引用し、「若《も》し秦《しん》を闕《ほろ》ぼさずんば、まさにいずくにかこれを取らんとせん」（別の国に触手を伸ばさなければ領土拡張はできない。『春秋左氏伝』僖公三十年)と言う。次は、中国が危ないのではないか。

中国の愛国主義(または、民族主義、国家主義、国民主義)は、まさにこの梁啓超の指摘のように、国家と国家が厳しい競争を繰り広げている時代に成立してくる。それゆえ、この状況を前にした問題意識は、中国の存亡ということにかかってくる。議論の材料になるのは、やや雑然とした古今東西の事象である。そこでは、ジョージ・ワシントンも西郷隆盛も見習うべき英雄である(梁啓超が遊んだ上野公園には、かつて逆賊だった西郷の銅像がすでに建てられていたはずである)。古代ギリシアのスパルタの強盛や、フランス大革命の理想は、しばしば言及される。アメリカの建国神話は、独立戦争以降の国家統合の過程で、その政治社会の理念がみごとに織り込まれるようにして形成されてきたものだが(遠藤泰生、一九九五年。和田光弘、一九九七年)、それは、憂国の念にみちた梁啓超の心を揺さぶった。

アメリカについて真剣に学びつつ、祖国の命運に思いをはせたこの旅行記を、彼に先だつこと七〇年ほど前にフランスから訪米したアレクシス・ド・トクヴィル Alexis de Tocqueville の著作『アメリカの民主政治』*De la démocratie en Amérique* と比べてみることも興味ぶかい。いずれも、アメリカ合衆国における民主主義の意義と困難さについて深く考えている。

しかし、トクヴィルが何より民主政の問題に関心を注いだのに対して、梁啓超の意識は、亡国の回避に向けられていた。西部のポカテロ(「博奇梯拉」) Pocatello という町での見聞として、ここはインディアン(「紅印度人」)が比較的多いものの、政府が保護して絶滅から守っている施策が紹介される。これは、白人による圧迫の帰結である。「もし三〇年後に再びアメリカを旅して、もしインディアンの状態を見たければ、ただ博物館の中の絵画・彫塑から知るほかないだろう。優勝劣敗の現象は、かくも苛酷なものだ。君子《くんし》は、こう考えて背筋が寒くなるだろう」という。この論は、必ずしもアメリカ先住民に感情移入したものではない。むしろ、「優勝劣敗」の厳しさを示す反面教師として提示されている例である。

梁啓超が実感したような危機を乗り越えるべき道として、急速に形成されたのが、おおまかに中国ナショナリズムと言える主張、つまり史料用語では「民族主義」「国家主義」「国民主義」「愛国主義」などと表現される思潮であった。梁啓超は、まさにこれをつくりだした人物の一人なのである。

本書では、およそ一〇〇年まえの時代に、そのような論理と感性が形成された様相を具体的に考えてゆくことにする。注目されるのは、右にみた梁啓超の事例のように、古今東西の各種各様の材料が、鋭い問題意識のもとで組み合わされて意味をもつに至ったということである。これら要素そのものの系譜や起源にこだわる必要は、それほどない。二〇世紀初頭の一時期に、個人が主体性をもって、自らが構成員となるべく政治秩序を構想していった事態の切実さを、丁寧にたどることをめざしたい。

第一章　愛国主義の歴史的位相

ナショナリズムと現代世界

ナショナリズム研究には、様々な意図と前提がある。

今日、世界的な規模での人や物品・情報の移動はますます活発化し、人類は、密接な相互依存関係の中におかれようとしている。ただし、このような形勢は、私のみるところ、単一なものとして統合された人類社会を生み出すとは思われない。なぜなら、その現況には、強者の驕慢と弱者の抵抗という力学がはらまれているからである。そこで、むしろ、さまざまな差異を維持する機制（メカニズム）が常に働き、それが、今ある国家機構と結合ないし反発して、ナショナリズムと概括されるような情念と運動が激しく展開することになる。

程度は異なれ、類似の問題状況は、梁啓超の体験したものでもある。もちろん、二〇世紀の歴史は、人類に何の教訓も与えなかったわけではない。しかし、たとえば先に紹介した梁啓超の紀行文など、一〇〇年ほど前の人々の文章から、目を離せない感じ、身に迫る感じを私は受けるのである。強い反感と共感を覚えると言ってもよい。それゆえ、過去の人々と対話することで、つまり、まずは誠実にその意見に耳を傾け、また、ときどきそれに異議を唱えることで、自分の考えをはっきりさせられる。それは、歴史を学ぶ効用と言えるだろう。

ところで、ここでいう日本語のナショナリズムという語は、とても多義的で、それゆえ豊かな示唆を与えてくれる。この点では、英語の nationalism という語も同様である。ナショナリズムについて専門に論じた著作を読むと、様々な学者が各人でナショナリズムの定義をしつつ、自らの理論的な枠組みを示している（たとえば、吉野耕作、一九九七年、の整理を参照）。鋭い今日的関心を反映して、まさに百家争鳴、啓発するところは大きい。

本書の意図は、必ずしもその議論に加わることではなく、すでに述べたように、一〇〇年前の人々と対話することにある。その結果として、現代世界を見る見方を鋭く、また奥ゆきのあるものにできると期待するのである。

では、なぜ一〇〇年前なのか。なぜ中国を注視するのか。なぜ「愛国」主義というのか。その説明は、具体的に展開することが必要になってくる。まずは、歴史的前提としての、清朝の国家体制から議論してゆきたい。

清朝の統治構造

「大清《だいしん》」という王朝（以下では、清朝と呼ぼう）は、現在でいえば中国の吉林《きつりん》省・遼寧《りようねい》省のあたりから興起し、一七世紀から一八世紀にかけて征服活動を展開し、現在の中国の領土をほぼ支配下に収めるに至った。研究者は、しばしば明清《みんしん》時代・明清史というような表現を使うことで、その前の王朝である明との連続性を含意することがある。しかし、ここでは、清朝の国家統合の特徴を強調したい。

「満洲《まんしゅう》」(マンジュ)という支配集団が、清朝の国家機構の中核を形づくっていた。満洲とは、明朝の東北方面にいた女真《じょしん》(ジュシェン)の人々の一部が強大化して清朝の基をつくったときの集団の自称であり、(少なくとも主観的には)血統・文化の共通性を前提としている。もちろん、皇帝・皇族も満洲の出自である。官僚制においても、特に北京の高級官僚の場合には、「満」と「漢」のポスト(缺《けつ》)が指定されており、結果として、満洲出身の者が優先的に官職につけるようになっていた。明朝の場合は、科挙《かきょ》官僚こそが官僚制の上位に進めたのだから、この点だけ見ても、明と清との国家統治機構の相違は明確と言える。

もちろん清朝は、明朝をうけついで天下を統治するという論理をもっている。そのために儀礼も多分に明のものを引き継いでいる。北京にあった明の皇帝の宮殿そのものを清朝は接収して、もちろん修築はするにせよ、基本プランは相当生かしていた。

しかし、いっぽうでは、清朝の指導者は、「皇帝」となる前にすでに「ハン」と名乗っていたのである。これは、内陸アジアに古くからある君主の称号の系譜をひき、何より一三世紀の英雄チンギス・ハーン以来の栄光を負っている。さらに清朝は、モンゴル帝国から受け継がれてきたという伝国《でんこく》の玉璽《ぎょくじ》を手に入れることで、内陸アジアの君主権の正統を我がものにしようとしていたのだろう。実際、清朝の皇帝は、夏ごとに承徳《しょうとく》の「避暑山荘《ひしょさんそう》」に出かけ、そこでは、モンゴル風のゲル(テント)に

図 3　菩薩としての乾隆帝．乾隆帝は，蓮華のうえに座し，右手で印形をむすび，左手には法輪をもっている．この曼陀羅のような図像は，乾隆帝を菩薩として表現しようとしている．Freer Gallery of Art, Smithsonian Institution, Washington, D. C.

いて、モンゴル王侯などを謁見していた。その様子は、英国から派遣されて、やはりに承徳で乾隆帝《けんりゅうてい》に謁見をたまわったマカートニー Earl George Macartney の記録にも描かれている。承徳では、皇帝は、巻狩りなどを行なっていたが、これも、満洲の武勇を保つのと同時に、モンゴル王侯などを集めた儀礼としての意義をもっていた（片岡一忠、一九九一年、四五―五三頁。岩井茂樹、一九九一年）。

また、清朝とチベット仏教とのかかわりも深いものがあった。これは、チベット仏教を信仰するモ

図4　八旗の勇姿(1870年頃)．広州の駐防八旗(駐防とは各地に駐屯・防備すること)．写真を撮ったイギリス人の説明によれば，広州には1800人の駐防がいて，一般の職業につかないため貧しいながらも，兵士として十分な能力を保持している印象を与えたという．西洋に倣って兵力を強化する政策もとられていた．

出典）John Thomson, *Illustrations of China and Its People*, vol.1, Sampson Low, Marston, Low, and Searle, 1873, Plate XIII.

ンゴル王侯と文化を共有するというだけでなく、チベット仏教の僧職に対して檀越《だんおち》(パトロン)としての立場を強調し、チベット方面を政治的に統合しようとする意図によるものだった。そこで、清朝皇帝が、転輪聖王《てんりんじょうおう》(仏教を護持する政治権力、梵語でいう cakravartin)また文殊菩薩《もんじゅぼさつ》(Mañjuśrī)であるとして表現されることもあった(Farquhar, 1978. 平野聡、一九九七年。石濱裕美子、二〇〇一年)。

　以上は、広大な領域を統治するために、さまざまな論理を駆使した結果として、清朝の君主が複合的な性格をもつに至ったものだろう。しかし、満洲としての自己意識など、建国時期の状態を保持することも、長く国家機構を維持するなかでは、自覚的に追求しなければならない。その点では、「八《はっ》旗《き》」の存在が注目される(Elliott, 2001. 杉山清彦、二〇〇一年)。八旗とは、建国時期に編成された軍事集団であり、その後も、血統による身分集団として、大きな役割を果たした。八旗制度は建国時期の記憶を維持する重要な装置であるとともに、科挙とは別に高級官僚に登用できる人材の供給源を確保するものとして清朝国家体制の特徴をなしている。清朝滅亡後まで、八旗の人々が、その自己意識を保持していたことは、注目される(Rhoads, 2000, pp. 231-284)。

以上のように清朝は、元や明といった先立つ政治権力の遺産を生かしつつも、独自の国家体制をつくりあげていたのである。

一九世紀の意味

一九世紀に至ると清朝は衰退したと書かれている書物は多いが、その根拠は明確ではない。

確かに、一八世紀末から四川省方面で起こった白蓮教の反乱、広東省海域における海賊活動の活発化、一八一三年に天理教徒(世界の終末を信じる民間教派)らが皇帝の居所たる紫禁城に突入した事件、新疆《しんきょう》でイスラームの理念を掲げて聖戦を唱えたジハーンギール(張格爾)の軍事行動などの現象が見られる。また、一九世紀前半の世界的な貴金属不足(決済手段の需要拡大、南米鉱山の銀の減産などが原因)を背景として、清朝治下から銀が流出し、その代わりにインド産の鴉片が流入したこともある(林満紅、一九九一年)。また、その鴉片問題を原因として、清朝は英国と戦火を交え、ついに一八四二年の南京条約という形で、新しい対外関係が設定された。さらには、広西省から発した太平天国の運動や安徽《あんき》省より発した捻軍《ねんぐん》は、広大な国土を戦火に巻き込み、清朝は相当な苦労の末、ようやくこれを鎮圧した。同時期、雲南《うんなん》や陝西《せんせい》方面の回民（漢語を話すムスリム）の反乱も起こる。

しかし、忘れてはならないのは、一八世紀の清朝も平穏無事だったわけではないということである。乾隆帝（在位一七三五―一七九五年）が行なった様々な外征は、その自己満足にもかかわらず、必ずしも成功したとは言えない。華北の王倫《おうりん》の反乱、台湾の林爽文《りんそうぶん》の反乱もある。ロシアは、雍正帝《ようせいてい》（在位一七二二―一七三五年）の時代に清朝とキャフタ条約を結んだ後も、着々とシベリア・中央アジアへの勢力拡大をはかっていた。官僚制の腐敗という批判は、ほぼいつの時代にもあるもので、一八世紀と一九世紀の歴史的変遷を説明するものではない。近隣諸国の清朝への自己主張（ときに軽侮）は、決して一九世紀をまって始まるのではなかった。朝鮮は「小中華」としての意識を強め、ビルマやシャムは自国内では対等な相手として清朝を表現した。日本では、国学者や蘭学者などが、まことに傲慢な言い方で「唐土《とうど》」「支那」の紊乱ぶりを書き散らした（渡辺佳成、一九八七年。増田えりか、一九九五年。渡辺浩、一九九七年、一四八―一八三頁）。

もっとも、二〇世紀に中国の強国化を願った人々からすれば、「一九世紀の清朝は腐敗・堕落していて、結果として外国への譲歩を迫られたのだ」という論理で批判を展開したいのは、理解できる。しかし、それをそのまま信じることはできないのである。

一八四二年に始まる条約体制は、後世から回顧すれば確かに大きな転機であった。しかし、当時の北京の朝廷では、このことが重大なものとして広く理解されていたとは言えない。不平等条約だから問題なのだと言うためには、対等な国際関係を正常とする意識が必要である。しかし、一九世紀前半の清朝官僚には、その対等性という発想そのものが欠けていたのだから、不平等条約を結ばれたことによる危機意識が起こらないのは当然であろう(佐藤慎一、一九九六年b、四八—六〇頁)。

しかし、条約特権が欧米の軍事力・経済力を背景として利用されるからには、徐々に外国人の活動が、清朝にとって不利な局面を作り出すことになってゆくことはありうる。特に深刻な問題は、そのような外国人と結託することで特権の恩恵にあずかり、清朝の支配に服さない民が続出することであった。

シンガポール出身と称してイギリスの領事裁判権を利用しようとした陳慶真らの結社(村上衛、二〇〇〇年)、外国人のみ認められた納税特権や財産保護の方策を利用するため名義借りをする商人たち(佐々波智子、一九九一年。本野英一、二〇〇〇年)、土地争いなどで有利な判決を得るため自己の後ろ盾としてカトリック教会を頼もうとして入信する人々(李若文、一九九四年。佐藤公彦、一九九九年)。このように、外国人の特権が利用(悪用)されることで、清朝官僚の統治が掘りくずされてゆく脅威が、ひしひしと感じられてゆき、また外国人と結託する者のせいで不利益を受けた人々は義憤を抱くに至る。

この状況を背景として、中国の団結を称揚し、もって裏切り者と見なされた人々を糾弾する動きが起こってくるのである。

愛国主義の登場

一八九五年、清朝は日本と戦争をしていたが、敗色は濃かった。ついに、清朝を代表して李鴻章《りこうしょう》が下関を訪れ、伊藤博文らと談判のすえ、台湾割譲・賠償金支払いなどを認めたのである。

これに対しては、北京など本国で激しい抗議がわきおこった。そもそも、一部の官僚は、開戦の当初から強硬な主戦論を展開して李鴻章の戦争指導を批判していたのだが、敗戦とともに、ますます李鴻章に対する圧力を強めた。また、折しも、北京での科挙の試験(会試)のため、挙人《きょじん》という資格をもつ者たちが全国から首都に集まってきていたが、彼らも集団で抗議の意見書を朝廷に提出しようとした。その中心となったのが、康有為《こうゆうい》という人物である。

康有為は、広東省出身で、「変法」と称する政治改革を提唱するに至った。その理論的根拠は、儒学の画期的な再解釈にあった。孔子は、かつて周の時代にあった理想的な制度を復興しようとした人物と見られていたのだが、康有為によれば、孔子は過去の聖人に仮託しつつ実は制度を改革しようとしたのだと言う。孔子が現在に生まれていれば、政治改革を欲するはずだ。ここには、伝来の政治制度をそのまま引き継ぐだけでなく、必要に応じて制度改革をするのが当然であるとする発想転換、つまり政治観の革新が含まれている(野村浩一、一九六四年)。

こうして康有為は、志を同じくする者と結社を作るだけでなく、たびたび意見書を時の皇帝である光緒帝《こうしょてい》に上呈して、みずからの政見を実現しようとした。梁啓超も、康有為の門下にあって、政治改革のため論陣を張った一人である。康有為らの動きは、一八九八年には頂点に達し、光緒帝は康有為の提案を受けて、さまざまな改革の命令を発した。戊戌《ぼじゅつ》の変法である。しかし、この急激な改革はほどなく挫折し、康有為と梁啓超は日本に亡命したが、譚嗣同《たんしどう》など一部の同志は捕らえられて処刑されてしまった。

亡命者となった康有為らは、自派の政治的主張への支持を、華僑や留学生の人々に訴えていった。

梁啓超も、日本で『清議報《せいぎほう》』（一八九八—一九〇一年）、ついで『新民叢報《しんみんそうほう》』（一九〇二—〇七年）という雑誌を発刊して、膨大な論説を世に問うた。

このころまでには、孫中山《そんちゅうざん》（孫文）も、海外で政治的な活動を始めていた。孫中山も、広東省の出身であるが、早くから出国しハワイなどで教育を受けた。孫中山らは、清朝を打倒して共和国を作るという政治路線を徐々に形づくっていったが、これは「革命」と呼ばれる政治運動となる。

革命派が、『民報《みんぽう》』などの雑誌で、主張を展開するようになると、梁啓超は『新民叢報』で、革命派に対抗する議論をなす。その中では、たとえば、革命を起こせば中国は列強によって分割されてしまうのではないか、フランス革命の恐怖政治をどう評価するかなど、様々な政治論が展開されることになる（佐藤慎一、一九九六年b、二二九—三〇〇頁）。

革命派といっても、内情は広東・浙江・湖南など出身地による集団に分かれがちで、また無政府主義・国粋主義・社会主義など多様な思想が入り込んでいた。浙江出身の章炳麟《しょうへいりん》のように、康有為の儒学を徹底的に批判しただけでなく、孫中山とも対立していた革命派の論客もいる。

また、国内のさまざまな新聞・雑誌には、日本などに倣って立憲君主制をとるべきだという議論、地方ごとに自治的に政治運営するのがよいとする議論など、様々な論点が示されていた。実際にも、清朝は、一九〇一年一月、「変法」の詔をくだし、政治改革を決定していた。その後、科挙の廃止、立憲制の導入といった政策が進められていった。

従来の研究史をひもとくと、各政派の思想と、論戦の様子が詳細に分析されている。たとえば、康有為・梁啓超の一派と革命派との政治的主張の違いは、彼らの議論の応酬から知られる。しかし、そ

図5　北京における義和団の戦い．この年画（新年を祝う絵）では，外国兵と清朝軍が砲火をまじえている．中央にいるのは義和団だろうが，空を飛ぶ女性である紅灯照がつくりだす防御幕のようなもので保護されている．義和団の敗北とともに，その背後にある民間信仰・民衆文化を「迷信」として否定する動きが出てくる．今日の中国では，義和団運動は公式に「愛国主義」の性格を認められているが，清末の段階では，「愛国」の立場に立って革新を目指す者にとって，義和団は乗り越えるべき反面教師であった．エルミタージュ美術館蔵．
出典）劉玉山・許桂芹・古薩羅『蘇聯蔵中国民間年画珍品集』阿芙楽爾出版社／人民美術出版社，1991 年，No. 204.

のような論戦を成立させた共通の立脚点は何であったのか、という問題を立てることもできるだろう。しかも、政治運動史自体から離れて、広く中国の社会思潮をみた場合でも、やはり共通した語彙と論法によって多くの課題が論じられていたように思われる。確かに、政治路線にかかわる論点は重要ではあるが、むしろ、その政治路線の相違を越えて共有されていた発想こそが、時代を画する意義をもつのではないだろうか。

戊戌変法から辛亥《しんがい》革命にかけての時期は、社会意識の大変動の時代であった。辛亥革命ののち一九一〇年代後半から見ると、辛亥革命は大したことを達成しなかったと見なされてしまうかもしれないが、実のところ、二〇世紀最初の一〇年がもたらした政治意識・社会思想の急速な変化は、大きな歴史的意義をもっていると私は考える。[1]その変化には、地域と社会階層の限定性はあるものの、その後の歴史の方向づけをなしたという重要性を認めるべきであろう。

この時期の議論の中には、多様なナショナリズム思想を見て取ることができる。それは、満洲族を排斥しようとする種族主義、議会制民主主義によって国民統合を進めようとする論、開明的な君主の独裁によって国民形成を進めようとする論説、外国による侵略や華僑への迫害を憤る議論など、まことに多彩である(朱浤源、一九九二年)。

大切なのは、ナショナリズムの主張とは、そもそもが、それほど論理的な説得力をもつというよりも、情念に訴えかけようとする性格のものであり、政治思想として分析するのに容易でないということである。ナショナリズムという言葉は、概括的な表現として便利であることは確かだが、分析概念として適切であるかどうか疑問がある。これを「国民主義」「国家主義」「民族主義」などと言い換えても、たいして明晰な議論をすることはできない。これらの語に厳密な定義を与えて立論しようとする試みが成功するとは、私には思われない(羅志田、一九九八年、一―二六頁)。

それでも、議論に出発点は必要なので、本書では、「中国」という国(または、それに相当するもの)に強い帰属意識を感じ、その将来を憂え、危機にどう対処するのかという議論・運動に注目し、これを、ひとまず史料中の語のひとつを借りて、「愛国主義」と称することにしたい。[2]これについても、内実については、様々な議論がありうるのだが、たとえば、宋教仁など日本へ留学した学生たちが刊行した『二十世紀之支那』という雑誌では、次のような定式化がなされていた(この雑誌について

は、以下参照。片倉芳和、一九七八年。田中比呂志、一九九〇年。松本英紀、二〇〇一年、二四―二六頁）。

我々は、正しく行なうべき論を国民の頭脳に注入し、独立自強の性質をもたせ、従来なずんでいる旧習を一掃し、世界の最も文明的な国民と同じ程度とするのである。そうして、新国家を建設し、我が二〇世紀の支那がさらに進んで世界第一の強国となるようにする。これこそが、我々の主義であり、特筆すべきである。その名も愛国主義という（衛種「二十世紀之支那初言」『二十世紀之支那』一期、一九〇五年）。

この引用文に限らず、雑誌の名称からして、清朝など個別の王朝を超越した国の名称として「支那」を用いている（清末の政論においては、積極的な意味を込めて「支那」の語を使うことがあったが、日本人がこの語を使う場合、侮蔑的な意味が入り込むことに注意すべきである）。これより先、梁啓超は「愛国」について論じているが、そこでは、「支那」と「中国」が互換的に用いられている（哀時客[3]「愛国論」『清議報』六冊、一八九九年）。

そして、このような真摯な愛国主義の強調のなかで、様々な問題提起がなされ、社会意識に刻印がなされてゆくことになる。個人と国家・社会の関係がいかに再構築され、個人意識や身体観にいかなる要素が導き入れられたのかということも関心の対象とすべきだろう。

対外危機意識と国民形成

梁啓超にしても、また『民報』に論文を掲載した何人かの論客にしても、中国の国民形成を重要な課題と考えていた[4]。

なぜ、その必要があるかと言えば、きっかけとして指摘されているのは、外国の入侵に対して団結して抵抗しなければならないからということである。ロシアが中国の東北地方を占拠していることに対抗しようとする「軍国民」の運動や、移民問題に端を発する一九〇五年の反アメリカ運動は、そのような団結と抵抗を具体的な運動として発動し、そのことをもって国民の団結の輪を広げてゆこうとするものだった。

場合によっては、国のために死すという理念が盛んに喧伝されていったが、そのこと自体が、さらなる愛国の死を誘発していった。「中国」が死にがい(生きがい)を提供してくれる。

国民の資質の問題も問われていた。まず、知識であるが、科挙廃止後の新教育提唱の結果、世界に伍してゆくために必要な実用的知識が尊ばれるようになった。民間信仰を「迷信」として批判して、その蒙を啓いてゆくことも、大切な課題となった(李孝悌、一九九二年)。

もちろん、この時期に真剣に模索された体制構想のなかでも、「国民」概念は重要な役割を果たしていた。梁啓超の「開明専制」の主張も、必要な国民を創出するための方途であったし、孫中山一派の革命理論も、明らかに国民に基づく国家構想を含んでいる(精衛「民族的国民」『民報』一号、一九〇五年)。

そもそも、なぜ、「国民」というものを概念として想定しなければならないのだろうか。それは、国の政治秩序の正当性を確保するのに、絶対必要だからと思われる。政治秩序の正当性が、それ以前のように「天命」などの存在で説明されているなら、別の論理となる。かりに民衆反乱が起こって王朝が動揺するにしても、それは被治者による不信任とは解釈されない。悪しき官僚による抑圧の結果やむなく反乱を起こしたとみなされるのである（山田賢、二〇〇一年）。それゆえ、皇帝の「徳」が実際に疑問とされることはない。しかし、その説明が信じられなくなるとき、「国民」など被治者の意思にもとづいて統治するということが、正当性の根拠として思い浮かぶことになる。これは、議会制民主主義の場合だけでなく、人民の意思を代弁できるとする党が統治する民主集中制（人民民主専政）の場合にもあてはまる。こうして、「国家」と対になってその正当性を支える「国民」が概念として要請され、場合によっては、それは「群」「社会」の凝集性として説明される（楠瀬正明、一九七六年。Tsin, 1999, pp. 3-9）。その意味で「社会」も、「国民」の概念と結びついて登場すると言えよう。

清末の何人かの政論家は、そのような「国民」の論理的必要性に気づいていた。清朝みずからが、その「天命」の論理を放棄せざるを得なかったきっかけは、義和団運動に加担して失敗したことである。義和団の運動を肯定的にとらえた上諭などには、それが天意の反映であることが含意されている。清朝は一時的に、義和団を支援したものの、列強の軍事力のまえに態度を変え、これを乱民とした。その変節の自覚は、民衆文化が奔放に噴出する危険性の認識とあいまって、国家の正当性の根拠を、天命を確認する儀礼などではなく、具体的な民の支持というところに求めて行く発想を生んだのである。清末の地方自治と立憲制の試みについては、もちろん地方社会の動向、すなわち紳士（科挙資格を有する者）・商人の勢力拡大という現象が前提となるが、その紳商《しんしょう》こそが、清朝が改革の主な支持者として想定していた階層であった。

ジャーナリズムの役割

清末の世論形成ということで、注目すべきものは、新聞・雑誌の役割である。もちろん、商業的な漢語日刊新聞としては、すでに、一八七二年に刊行された上海の『申報《しんぽう》』、一八七四年に創刊された香港の『循環日報《じゅんかんにっぽう》』などがある。

ここでは、天津の日刊紙『大公報《だいこうほう》』を一例として、二〇世紀初頭のジャーナリズムの志向を考えてみたい（何炳然、一九八七年）。旗人（八旗に所属する者）の出身でカトリック信者でもある英斂之《えいれんし》は、一九〇二年六月一七日にフランス租界で『大公報』を発刊した。[5]『大公報』はいったい何をめざして発刊されたのであろうか。『大公報』側の説明をみてみよう。創刊号に掲載された英斂之の「大公報序」（創刊号）は、やや堅い文体で以下のように述べる（文中では旧暦が使われている）。

光緒二七年（一九〇一年）に仲間とともに『大公報』を天津で創刊する計画をたてた。今年二八年の夏五月になって事業開始にこぎつけた。北京の英華（斂之）を推してその運営の中心人物とした。報道の本来の目的とは、風気《ふうき》を開き民智《みんち》を導くことにある。つまり、かのヨーロッパの学術を推奨して、我が同胞を啓発して聡明にしようとする。浅薄固陋《せんぱくころう》なものを守ることにとらわれているならば、恐ろしく恥ずかしいことなのである。ここで、創刊の折りにあたり、ひそかにその序をあらわす。いわく、己を忘れるというのは大無私の意味である。それゆえ「公報」という命名それ自体は申し分ない。とはいえ、ただ名目だけがあって少しも内実が伴わないということは、中国ではよくあることである。今この新聞が、やはりみだりに標榜はするものの一人よがりで、公にかこつけて私の利をはかるものではないといえるのであろうか。そもそも果たして、是是非非の精神で本来のあるべき姿にたちかえって、ひとしなみに大公の立場に立てるものであろうか。結局のところ、自分自身でもどのようになるか測りがたいのである。一般的にいって、物ごとを始めるときというのは、ちょうど人が若い時のようなもので、志は高いけれども、経験はまだ少なく精神の働きが活発でないので、手ぬかりがどうしても多くなる。時間がたつにつれて、長所をとって短所を捨て、以前の経験を後に役立てられるようになり、次第に自然に一切のバランスをとれるようになるかもしれない。それゆえ、本紙は決して自らが正しいと思い込む心をもってかたくなになることなく、また通俗に迎合して是非を転倒するのも避ける。総じて、国家の目標・人民のよるべに役立ち、人心・学術によい影響を与えることをめざしたい。その他の誤り偏った過激の言は取らず、卑猥邪悪ないし瑣末な事はしりぞける。特に、天下に道理があり、時に教え諭して、その及ばないところを正すというのを望むのである。そのことによって、本紙を栄誉あるものとなし、民智を開き旧弊な風俗を教化して、人文が明らかとなる。

このあと、『大公報』の「同人」について述べられるが、そこでも「風移《ふうい》俗易《ぞくえき》」「国富民強」などが願いであると繰り返される。つまるところ、なるべく不偏不党の立場から新しい情報を提供し「民智」の増進につとめるということを目標にしていることがわかる。

『大公報』の趣旨に賛同して外部からよせられた「序」もあった。董亮《とうりょう》（浙江省嘉興の人）なる人物による「大公報序」は、より具体的な政策提言を含んでいる（『大公報』一九〇二年六月二〇日）。これによれば、『大公報』が主張すべきことはいくつかある。①君民の「公権」を平らかにして「人心」を維持する。具体的には、政治にあたって民の意見をきけという主張である。②朝野の「公論」を合わせて国是をはかる。だれでも上書して政策を提案することができるようにせよという主張である。③人を縛りつける旧制を排除して治道を「公」にする。各省・府・県ごとに議会を開けという主張である。④上下のへだたりをなくして群誼《ぐんぎ》(仲間集団としての親近感)を「公」にする。上下関係にともなう儀礼的応対をなくせという主張である。⑤「公道」によって交渉を行なう。外国人との紛争を公平に解決せよという主張である。⑥「公議」に準じて外交を行なう。外交に「衆議」を反映せよという主張である。これらは、要するに地域の有力者の政治的発言力を高めようとする方向性をもつ提案であるといえよう。そして、このような主張をささえているのは、複雑さをます国際関係のなかにおかれた中国が「アフリカやポーランドの轍をふむ」のを回避すること、つまり「分割の禍」をふせぐことが必要であるという危機感なのであった。その処方箋としての提案は、やや強引ながらすべて「公」の語をわざわざ用いて表明されている。これは、いうまでもなく『大公報』という題にちなんだ修辞であるが、「公」を標榜することは、単になるべく公平な報道をめざすというのにとどまらない、政治的変革の方向性をもっていたとみることは無理ではなかろう。

とはいえ、その方向性に賛同しない人々は、なぜそれが「公」なのかという批判を行なうことがありうる。「紀大私報」という論説(『大公報』一九〇二年八月二七日)によれば、現に「巨公」の人々は『大公報』の議論に不満をもち、これを「大私報」と呼び変えて批判的に言及していたのである。すでに「巨公」(「大公」より高レベルの「公」)という表現が皮肉じみているが、さらに『大公報』側は「公者はこれを見て公といい、私者はこれを見て私という」と反論している。いずれにせよ、『大公報』は「公」の表現の場として自己を規定しようとしていたのである。

さて、ジャーナリズムの政治的役割ということで、いっそう注目されるのが、政論のみならず、各種の国際・国内情勢分析、世界の歴史・地理・政治思想などを紹介しようとした雑誌である。国内では、一九〇四年創刊の『東方雑誌』が読者を獲得していたが、亡命者や留学生が国外で刊行した雑誌の役割も重要と思われる。先に述べたように、戊戌政変で亡命した梁啓超が横浜で刊行した『清議報』と『新民叢報』、革命思想の宣伝に重大な役割を担った『民報』がある。また、日本留学生たちは、おのおの出身の省ごとの同郷のつながりを基礎にして、雑誌を刊行していた。『浙江潮《せっこうちょう》』『江蘇』『雲南』などである。

これら新聞・雑誌の刊行は、一九世紀と比べても飛躍的に情報量を増やしていった。そして、中国

図 6　『浙江潮』の表紙(第 1 期，1903 年)．『浙江潮』は，浙江省出身の日本留学生たちが出していた雑誌である．もともと浙江潮とは，ある時期の満潮時に銭塘江という河川が逆流する奇観のことをさす．郷土の浙江潮という現象の力づよく勢いある様を見習って，自分たちも生きてゆきたいという願いが表現されている．

の未来のために何をすべきかという政治的変革について強い意識をもった読者を育てようとし、他方で先鋭な問題意識をもつ読者によって支えられつつあったのである。もちろん、ジャーナリズムが、官憲の統制を受けることはあったものの、場合によっては、相当な自律性をもった言論の場を形成することになったという見方もできるかもしれない（桑兵、一九九一年a。Judge, 1996）。

全国的ないし国際的なニュースへの関心は、もちろん媒体によって喚起される側面が大きい。しかし、出版物が全国的に流通し、一体感を醸成したとまでは簡単に即断できない。特に、日刊新聞については、流通に要する時間から言っても全国紙というものはありえず、むしろ各地の大都市ごとに新聞が刊行されていたと言えよう。雑誌については、新聞ほどの速報性が問題とされないとすれば、数か月、場合によっては数年かけて各地に流通していったと考えられる。

それでも、電報による情報伝達、また鉄道による印刷物の運送は、情報の円滑な流通と画一化を、ある程度は進行させつつあった。また、新聞記事の相互転載ということも（また、新聞論説については雑誌への転載も）、しばしば行なわれており、これが各地の新聞記事を、かなり等質化する結果をもたらしていたように思われる。実は、その前提となるのは、書き言葉としての漢語の共通性という事態があらかじめ存在していた点である。全国的な情報媒体が成立したとはまだ言えないが、その方向性が芽生えたことは確かである。そのような情報媒体への期待と需要を高めたのは、愛国主義の展開であった。つまり、印刷媒体や出版資本主義が全国的な関心を形成したというより、愛国主義が力をもつ過程で情報への強い需要が喚起されたと見たほうが妥当だろう。

生存競争に勝つ主体を求めて

一八九三年五月、進化論の鼓吹で知られたトマス・ハクスリー Thomas H. Huxley は、英国オクスフォードに招かれて講演を行なった。ハクスリーは、チャールズ・ダーウィン Charles Robert Darwin の進化論を擁護する論陣を張ってきたし、また、進化によって自然から社会までを統合的に説明することを説くハーバート・スペンサー Herbert Spencer とも親交があった。進化論は様々な批判を受けつつも、この時期までには、ハクスリー自身の努力のかいもあって、ようやく広く受け入れられようとしていた。ところが、オクスフォードでハスクリーが語ったことは、進化の原理と区別される人間の倫理というものがあるのだとの主張であった。

「進化と倫理」と題するその講演の内容は、序論を加えるなど増補を経てまもなく出版されるに至った。これは、数年のうちに典雅な中国語に訳され、一八九七年に天津の新聞『国聞報《こくぶんぽう》』に掲載され、翌年、単行本となったのである。これが、巨大な思想的波紋を呼び起こした『天演論《てんえんろん》』であり、その訳者とは、イングランド留学経験があり天津の水師学堂で教務にあたる厳復《げんふく》だった。『天演論』は、ハクスリー『進化と倫理』の翻訳であるが、訳文と区別して厳復の意見が挿入されている。そこでは、厳復は、ハクスリーをときどき批判しながら、むしろスペンサーに共感を表明しているのである(Schwartz, 1964, pp. 91-90. シュウォルツ、一九七八年、八九―一一〇頁。高柳信夫、一九九一年)。

もちろん、『天演論』以前にも進化論は導入されていたが、それでも『天演論』刊行の歴史的意義が大きいとして論じられてきた(伊藤秀一、一九六〇年ａｂ。小野川秀美、一九六九年、二四九―二八四頁。佐藤慎一、一九九〇年。張汝倫、二〇〇〇年)。その場合に肝心なことは、進化論の導入が衝撃的であったのはなぜか、または進化論のどのような側面が画期的だったのかということである。そこで『天演論』について議論する前に、まずは、進化論というものについて留意すべき点を、必要な限りで確認しておきたい。

進化論は、欧米では、たとえば人間も含む生物は神の被造物であるというキリスト教の考え方と激しく衝突した(今日でも、アメリカ合衆国などでは重大な論点である)。この意味で、欧米社会に対して、進化論が新しい人間観を提示したことは疑いない。ただし、人間とその他の禽獣がある程度の連続性をもっているという発想は、清末の人々に対しては、抵抗感を与えたというほどのことはないように思われる。

また、進化と混同されやすい進歩の理念ということがある。今日の生物学者のいう進化とは、環境に適応した生物が自然淘汰等の過程を経て子孫を残してゆけるということを前提として、世代による生物の変化を説明する概念と言えよう。適応の可否は環境しだいで異なるのだから、進化という語によっては、変化の目的や方向性、善し悪しというものは全く論じられない。これに対して、進歩は好ましい方向の変化を意味する。ただ、様々な局面で、進歩と進化が混同されることで、思想的役割を果たしてきたことも事実であろう。

しばしば、進化論は生物学の理論であって、これを人間社会に適用するのは俗論だとする指摘がなされることがある。社会ダーウィニズムという言葉で表現されるのが、それである。しかし、ダーウィンも、人間の由来を探究しようとしていたし、今日の進化生物学者の多数も、人間存在が進化の結果であることを大前提としている。自然科学としての進化論も、初めから、人間存在のありかたを主要な関心としており、人間社会を説明しようとする志を抱いていたとすら言えよう。

そうである以上、人間社会の現象を説明するのに進化という概念を採用するのを、単なる比喩や通俗的適用と考えることはできない。ダーウィン『種の起源』以前に、進化（evolution）という概念を提示していたスペンサーにとって、進化論とは包括的な社会哲学であった。生物世界から、人間の歴史まで、すべてを統一的な原理で説明できるとすれば、それが進化論なのである。スペンサーは、社会学の創始者でもある。これら進化論は、ヴィクトリア時代の英国などで、進歩の通念と結合していった（ボウラー、一九九五年）。

さて、厳復『天演論』の意味を考えるまえに、原典について一考しておくべきだろう（パラディス／ウィリアムズ、一九九五年）。ハクスリー『進化と倫理』は、進化論を背景としながら、人間の倫理のありようを深く考察した書物であり、すこぶる陰影に富んだ調子をもっている。序文は、著者が机に向かうとき部屋の窓から見える南イングランドの植物相の話から始まる。この植物相は、長い時間をかけた生存競争の果てに現地の環境に適応する形に落ち着いたものである。かりに、その一角を囲って庭造りをするとすれば、別の土地から新しい植物が輸入され、その庭の部分だけ周囲と異なる状態となる。それゆえ、庭造りとは、自然の過程と区別すべき、人工の過程と考えられるのである。しかし、庭造りをする者が、これを維持しようとする努力を怠れば、しだいに元の植物相に戻ってしまうはずである。

おそらく当時の園芸（ガーデニング）の流行も意識しながら提示した庭造りの話題によってハクスリーが言いたいのは、人間存在も本来的には生存競争の結果として生まれてきたのだが、それに抗するように倫理を形作らなければならないということである。これを怠ると文明は下降線をたどるに至るという。このようにハクスリーは、人間社会にも進化論の原理が適用されることを前提としながらも、その弱肉強食の過程を克復するよう努力しなければならないと説いているのである。生物としての人類にとって倫理とは何かと根源的に考えようとするとき、ハクスリーの著作は今でも大きな意義をもっている（山脇直司、一九九一年。内井惣七、一九九六年）。

ハクスリーの議論は、進化論を前提としながら、英国の道徳哲学で論じられてきた重要問題に改めてとりくむものであったと言えるかもしれない。これを訳した厳復も、その点は理解できたと考えてよかろう。厳復は、ハクスリーの道徳感情の議論は、すでにアダム・スミス Adam Smith によって展開されたものだと指摘している（『天演論』導言十三　制私、案語）。そもそも、人間の本来的性質は善か悪かということを論じつつ、社会秩序の根本原理を「礼」「仁」「愛」などとして考察するのは、春秋戦国時代の諸子に相当な事例があり、その蓄積を踏まえれば容易にハクスリーの論理を追うことはできたと想定できよう。にもかかわらず、厳復は、倫理の基礎づけをどこに求めるのかといったハクスリーの関心を、あまり共有していないように思われる。

ハクスリーの庭造りの話に対して、厳復がつけた自分の意見は、確かに天然の生物が現地の環境に最もよく適応している種であることを認めつつも、比較的隔離されてきた土地に、外からさらに強い種がはじめて入ってきた場合、前の種が淘汰されてしまうことを指摘するものである。

外から種が入り込んでくると、新しい生存競争が起こり、年月がたつにつれて旧来の種は次第に消え去り、かわって新しい種が繁栄する。これは、交通の発達した時代には、かなり見られることである。……ロシアのかつての蟋蟀《こおろぎ》の種類は体の大きいものだったが、ペルシアから小さい蟋蟀が入ってくると、古い種は駆逐され今は得難くなってしまった。スコットランドにもといた画《が》眉鳥《びちょう》は鳴き声がきれいだった。後にどこからか来た斑《まだら》のある画眉鳥は鳴き声は良くなかったが殖えて、もとの鳴き声の良い画眉鳥は減少の一途をたどった。〔その他にもたくさんの例が挙げられるが省略〕……そもそも、別の土地に入った生物がこのように栄えているとすれば、どうして、在来の種類が最も適応しているなどと言えようか。ああ。これは、動植物だけであろうか。もし、土着の者が最も適応しているというなら、アメリカ大陸の紅人〔原文ママ〕、オーストラリアの黒種〔原文ママ〕は、どうして通交が始まってから年をおって人口が減ってしまったのか。ベーリング海のカムチャッカには、以前は土民〔原文ママ〕が数十万人もいたのだが、近年では数万人にすぎず、一〇分の一に減少してしまった。これは、私がロシア人から直接に聞いた話である。おそらく時がたつとますます減るだろう。生存競争が起こると、負けた者は日ごとに減ってしまう。〔我々も〕少し人口が多いからと言って、安心していてはならない（『天演論』導言四　人為、案語）。

このように、生存競争のありかたが人間とその他の動植物では共通することが、厳復の関心を引きつけている。このことは決して本来の進化論の曲解ではなく、ダーウィン・スペンサー・ハクスリーのいずれも同様の観点をもっていた。ただし、ハクスリー『進化と倫理』の主張は、そのような人間だからこそ、自然の傾向に抗して文明を維持するために倫理の進歩が不可欠だということなのである。

そのようなハクスリー『進化と倫理』の特徴を厳復は明確に理解していた。

以上二篇〔庭造りの話を含む〕では、スペンサーとハクスリーの主張の相違が見られる。スペンサーの主張とは、基本は天に任せ、人の活動は補助だということであり、ちょうど道家思想が、「自然」を尊び無為の治をよしとするようなものである。ハクスリーの別の書物は、ほとんどは天に任せることを説くものだが、この本〔『進化と倫理』〕だけは、天に任せることに批判を加えている（『天演論』導言五　互争、案語）。

ここでは、進化の過程を『老子』『荘子』などの道家思想になぞらえて理解しているが、本当にそれだけならば新奇な思想ということにならない。また、ハクスリーの提示する、生存競争と倫理の関係如何というような問題は、すでに秦の統一以前の古来の文献に見え、宋学の「天理《てんり》」「人欲《じんよく》」の説を経て様々議論されてきたものにすぎないのかも知れない。そう考えると、生存競争と自然淘汰の説が、なにゆえ清末の思想史において決定的に重要な意義をもったのかという疑問が起こるのである。

それは、生存競争の単位を設定する発想ゆえではないだろうか。もちろん一九世紀の進化論でも、ある種のなかの個体どうしの生存競争も議論されているが、しかし、種と種の生存競争・自然淘汰ということも重視されている。ダーウィンにも集団相互の生存競争と淘汰という論がある（矢原徹一、一九九九年）。厳復が、蟋蟀や画眉鳥の例を挙げているのも、進化論の書物による知識であろう。このような、ある集団とある集団との闘争という議論の仕方こそが、新奇さを印象づけた核心的なことであったように私には思われる。

この集団というものに、厳復が用いた用語は「群《ぐん》」である。群は、今日の日本語でいう「社会」にあたる概念であり、「社会」と同様に society などの訳語としての起源を有している。そして、厳復に称賛されるスペンサーがまさに社会学の祖であったことに留意すべきである。社会学史におけるスペンサーとは、有機体的な存在として社会を想定していたところに特徴がある（清水幾太郎、一九七〇年）。

厳復によれば、次のようになる。

> 〔ダーウィンの学説を紹介したあと〕それから、スペンサーという者がおり、彼も英国人であって、ダーウィン理論に従い、大いに人倫について解明した。その学問は「群学《ぐんがく》」（社会学）という名称を掲げた。群学とは何か。荀子《じゅんし》は「人が禽獣と異なるのは、群をつくることができる点だ」（『荀子』王制篇）と言っている。およそ人間が、ともに生きて協力しあい、そこから進んで文明を作り上げたのは、すべては群をつくれるという本性によるもので、それゆえスペンサー氏は、その学問の名前を群学としたのである（厳復「原強」『厳復集』）。

厳復が、群と呼ぶ社会集団として重視しているのは、実は国である。同じ論文に見える表現によれば、「一群一国のなりたちというのは、そこにおける機能についても、実はひとつの生物体と異なるところはないのだ」「そもそも一国というのは、一身のようなものだ。その首を撃てば四肢は反応を示し、その腹を刺せば体全体が死に至る」というのである。そして、厳復は、中国がインドやポーランドのような亡国に至るかもしれないという危機感のあまり「我が一身は惜しむほどの価値はないが、我が子孫と中国の人種はどうしたらよいのか」と慨嘆している。

ここで注目されるのは、群（実は中国）は、ひとつの有機体であり、生存競争の単位であると指摘され、そしてその一体としての主張は、自分たちが淘汰されかねないという危機意識のゆえになされていることである。すなわち、生存競争という発想を通じてはじめて、競争する単位としての種・群という概念が生まれてくるのであり、本書の関心によれば、この意味での社会の提示こそに清末進化論の画期性があるとすら言えよう。この後、団結して生存をはかるべき集団、それは論者の個性によって「中国」「漢種」「民族」などとして表現されるようになる。その差異はあるにしても、凝集性のある団体という観念そのものを作り上げたのが、進化論だと考えられる。すなわち、進化論を「中国」に適用したという従来なされてきた説明はやや不適切であり、むしろ逆に、団結して生存競争に勝つべき主体を求めて「中国」などの集団が想定されたのである。

実は、同時代の日本でも、厳復の試みとは別個に、社会と国家を有機体とみる見方が導入されていた。これを盛んに吸収して、中国語の評論に生かしたのが梁啓超である（横山英、一九八六年。竹内弘行、一九九五年、一六七—二三八頁。佐藤慎一、一九九六年a）。

華夷論——満と漢

日本では、しばしば「中華思想」という表現を見ることがある。きちんとした定義を与えられていることは少ないのだが、「中国では、古来、自国を世界の中心と見る優越意識があった」というような発想を前提にした言葉であろうと思われる。しかし、中国語でこの言い方はないといってよい。本書の目的からすれば、あまりに曖昧で採用することのできない用語である。そもそも、今日の目から見て自民族中心主義・自国中心主義と見える現象は、古今東西の大小の人間集団に指摘することができる。とりたてて、「中華思想」と言うのは、日本の立場から批判ないし揶揄する意図を含んでいるのかもしれないのだ。

ただそれにしても、辛亥革命の結果として「中華民国」が成立したように、「中華」というのは、やはり留意すべき自己意識の表現であろう。古典籍にみえる「中華」の類語として「華夏《かか》」「中国」などがある。その対語が「夷狄《いてき》」(周辺の野蛮人)である(安部健夫、一九七二年)。このように、「華」と「夷」の区別は、二項対立の概念として存在してきたが、それが現実の政治秩序にどのように反映されるかということは、場合によって(政権によって)様々だった。いくつかの王朝たとえば清朝に先立つ元と明でも、その立場は同一ではない。つまり、古来連続してきたのは、「華」「夷」という二分法の対語だけであり、それにどのような意味を込めて用い、政権の正当化(または正統化)に役立てるのかは、各々の政治的状況と個別的判断によるものと考えるべきだろう。この意味で、古来持続する「中華思想」などというものは存在しないと言える。

清朝は、この華・夷の概念とは、どのような関係にあったのだろうか(安部健夫、一九七一年)。清朝は、満洲を中核として成立した政権であることは誰の目にも明らかで、その起源をなす女真の人々は明の人々から夷狄と見なされていた。しかも、清朝は、治下の全男性に辮髪《べんぱつ》という髪型を強制したが、これは元来は女真の習俗であるから、清朝を夷狄とみなして批判する根拠とされるかもしれなかった。清朝にとって華・夷の二分法そのものを無視することは困難で、自己の立場を華・夷の用語で説明せざるをえなかった。複雑なことに、これも皇帝ごとに必ずしも同一ではない。

著名なのが、雍正帝の時代に発生した曾静《そうせい》事件である。曾静は、清朝を夷狄として排斥する言動を示したとして摘発されたが、雍正帝は、曾静を説服し、その過程の問答をまとめた『大義覚迷録《たいぎかくめいろく》』を刊行した。雍正帝によれば、清朝は有徳ゆえに統治をになっているのであり、華夷の別を根拠とした批判は不適切ということになる。曾静は、この説得によって「正しい」認識を獲得し、改心したとして罪を許された（宮崎市定、一九五〇年、一三七―一四三頁。小野川秀美、一九五八年。Spence, 2001）。しかし、『大義覚迷録』は次の皇帝である乾隆帝によって禁書とされ、しかも、曾静は処刑されたのである。雍正帝の華夷の議論が含む潜在的な危険性に、乾隆帝が気づいたものと思われる。

なぜなら、満洲としての自己規定（アイデンティティ）と清朝の国家体制の正当化の関係というのは、清朝皇帝たちにとっても、やや矛盾を含んだ微妙な問題だったからである。現実の統治構造の中で、皇室が満洲の出自でありつづけることはもちろん、八旗制度のなかにも建国当初の優勢な立場を世襲的に維持する要素が含まれており、その意味で満・漢の区別は、国家の基本体制と結びついていた。明の政治制度をかなり受け継いだからといって、満洲らしさを放棄しようとしたわけではない。まさにこの矛盾は、王朝の自己規定に内在する特徴として議論することができる。「これが、満洲の祖法なのだ」という事柄をしばしば創造しながら（そうして「満」と「漢」の境界を維持しつつ）、いっぽうで「清朝は天命を受けて統治しているのだから、華夷の区別など無意味だ」と主張する、その綱渡りに内在する緊張こそが、清朝にとっての華・夷の問題であったと言えよう（石橋崇雄、一九九八年。Rawski, 1998 ; Crossley, 1999 ; Elliott, 2001）。

清末の革命運動にあっては、清朝を夷狄である満洲の政権として激しく攻撃する議論が出てくる。これを「排満」論というが、結局、それに拠って清朝打倒をめざす運動が勝利することになる。

人種の観念

もうひとつ考えておくべきは、清末の議論の中で「漢族」等の優等性を主張しようとする前提のなかには、当時、世界的に流布していた通俗的人種論があったことである（Dikötter, 1992. 坂元ひろ子、一九九五年）。そして、そのなかで「漢種」「黄種《こうしゅ》」が生き残るにはどうしたらよいかという課題意識がみられた。優勝劣敗の世界では「滅種《めつしゅ》」の危機が高唱された。

清朝の高官だった張之洞《ちょうしどう》は、『勧学篇』（一八九八年）のなかで「類を知る」という項目をたてて、彼の認識を示している。（　）内は張による原註である。

西洋人は、五大洲の民を五種類に分ける。ヨーロッパ洲の人は「白種」、アジア洲の人は「黄種」、西南両インドの人は「棕《そうしょく》色（褐色）種」、アフリカ洲の人は「黒種」、アメリカ洲の人は「紅種」である（ヨーロッパ洲の種類は、自ずからさらに区分がある。ロシアはスラヴ種、イギリス・ドイツ・オーストリア・オランダはゲルマン種、フランス・イタリア・スペイン・ベルギーは、ローマ（ラテン）種、アメリカ洲の賢い者は、イギリスから移民した者で、イギリスと同じく「白種」である。同じ種の者は性情が近く、仲がよろしい）。西は崑崙《こんろん》から始まり、東は海まで、南は南海に到り、北は奉天・吉林・黒竜江・内外蒙古、南は沿海のヴェトナム・シャム・ビルマ、（インドは、五つの部分から成ると認識されていたが、そのうちの）東・中・北の三インド、東は海をめぐる朝鮮、海中の日本（日本の地脈は朝鮮と連なり、ただ海峡を隔てるだけだ）、その地はいずれもアジア洲であって、その人はいずれも黄種である。すべて（古代中国の統治者である）三皇五帝の教化の及んだところで、神明冑裔《しんめいちゅうえい》の種族の分かれたものである。隋の時代以前の仏教書に「震旦《しんたん》」といい、今、西洋人の書物で中国人について、一括して「蒙古」（モンゴロイド）と言い、（これは欧洲と中国の交渉が元の太祖チンギス・ハーンに始まるがゆえだ)、またロシア語で中国人を「契丹《きつたん》」(キタイ)と呼ぶのは、アジアが同種である証拠なのだ。

こうして張之洞は、清朝の統治下にある人々はみな起源を共通にしているから、一丸となって朝廷をもり立てるべきだとするのである。しかし、ヨーロッパ人について詳しい区分を記しているのに、より身近なアジアについて内部区分せずに一体と見ているのはなぜだろうか。

それを推測するのは容易である。アジア内部の、人種の区分をすると、前に議論したような満・漢の別という政治的に敏感な問題に触れざるを得ないので、清朝の高官である張之洞としては「いずれも黄種である」というにとどめたのだろう。

これに対して、黄種の内部について、より詳しい弁別を行なう議論がありうる。激しく革命を唱えた陳天華《ちんてんか》の『警世鐘《けいせいしょう》』(一九〇三年頃)から「種族」を論じた部分を引用してみよう。( )内は陳による原註である。

一、黄色種(また黄種と称する)。アジア洲の国は、五印度(インド)の人を除くと(印度人もヨーロッパ洲の白色種であり、ただ長年の間に皮膚が黒くなったのだ)、いずれも黄色人である。二、白色種(また白種と称する、ヨーロッパ洲各国の人、および現在アメリカ洲各国の人は、いずれもこの種である)。三、紅色種(アメリカ洲にもともと住んでいた人)。四、黒色種(アフリカ洲の人)、五、棕色(褐色)種(南洋群島の人)。黄種についてのみ論じれば、さらに漢種、苗《びょう》種、東胡《とうこ》種、蒙古種に分かれる(漢種は、始祖である黄帝《こうてい》が四千三百余年前、中国の西北から来て、蚩尤《しゆう》にうち勝って、従来中国にいた古い種族である苗族を追いはらい、黄河の両岸に国家を建てた。現在の中国内部の一八省の四億人は、いずれも黄帝様の子孫であり、漢種と称する。苗種については、もともと中国はこの種の人で満たされていたが、今では雲南・貴州・広東・広西に若干住むだけになっている。東胡種は、かつての金《きん》、現在の満洲であって、人口は五〇〇万である。蒙古種は、かつての元朝であり、現在の内外蒙古、人口は二〇〇万）。その他の種族については詳しく述べる必要はない。

この分類を前提として陳天華は、五つの種族の人口の変動について留意する。それによれば、白種のみが一〇〇年前より人口が増えており、黄種など他は減少しているのである。それは、白種によって属国とされたがゆえに他ならない。別の種族の支配に断固抵抗することが肝要である。しかし、ただ中国だけは、これまで種族の区別を知らず、蒙古や満洲が来ると支配を受け入れ、西洋人が来ると支配を受け入れた。別の種族の手先となって、同類を殺戮した。

> 禽獣でも、自己の同種を顧みることを知っている。〔外国の手先となる〕中国人は実に禽獣よりも劣るのだ。俗に「人は、別の姓氏に親しむことはない」と言うのは、もっともだ。二つの姓氏が争えば、必ず同姓の者を助けるのであり、断じて別の姓の者を助けることはない。ただ、普通の姓は、いずれも一姓から分かれたものだ、つまり漢種は一大姓であり、黄帝が大始祖である。漢種でなければ黄帝の子孫ではなく、すべて異姓なので、断じて協力してはならない。もし、協力するなら、先祖を敬わないことになる。もし祖先を敬わないというなら、人間ではなく畜生である。

このように種族の区分は、満洲の支配を否定するための論理として提示されていることになる。人口の増減という関心は、いうまでもなく優勝劣敗による淘汰という論理を意識したものである。中国にもともと住んでいたのは苗種であるが、漢種に敗北して人口も減少している。漢種も、同様の途を歩んではならないというのだ。

以上、二つの例のみ挙げたが、梁啓超など他の論者も、類似した議論をしている。もちろん、このような人種論は、特に日本で流行しており、それを導入したものという性格が強い(石川禎浩、二〇〇一年)。興味ぶかいのは、その区分の仕方が、張之洞と陳天華では、大略一致しつつも、細かい点の説明に相違があって、全く逆の政治的主張を導出している点である。

(黄帝をふくむ)三皇五帝の「教化」を重んじる張之洞の論や、種族の区分を固定的に考えない康有為の論ならば、種族の区分を前提とした政治制度を中国の内部に構想する必要はないのかも知れない。しかし、あくまで、種族の別を明らかにし、黄帝の子孫であるかどうかという血統を重視しつづける論者にとって、そこに含まれない者はどのように位置づけられるのだろうか。具体的には、あくまで「漢種」が中国の主体となるなら、満洲はもちろんモンゴル・チベットなどの人々は、どのように統合されるのかという問題である。しかも、現実には、モンゴルやチベットも空間的に「中国」の範囲とみなされており、分離独立は想定されていない(平野健一郎、一九八八年。村田雄二郎、二〇〇〇年a。坂元ひろ子、二〇〇一年)。「排満」思想によっては、その問題の回答にはならない。

そこで、「中華民国」はいくつもの民族が統一されて成立しているという「五族共和」の論理が登場する(村田雄二郎、二〇〇一年)。そのなかで、進歩を先導するものとして「漢族」を位置づければよい。こうして、民族の即時的な同化と各民族の分離独立をともに避けつつ、国家としては不可分の単一体としての中華民国が構想されることになる。もちろん、細かくいえば、「回民」(漢語を話すムスリム)を「民族」とするのかなど、様々な曲折があった(安藤潤一郎、一九九六年。松本ますみ、一九九九年、二八七―三二二頁)。それにしても、以上の論理での中華民国の成立は、今日の中国の多民族国家への可能性を準備したと言えよう。

民主主義の多数決原理と、多様な民族集団の尊重との両立は、今日でも人類がまともに解決できていない難問である。ナショナリズムとは、そのような自尊の民族が自己の国家をもとうとする運動だとする定義もある。しかし、その一民族一国家の主張の果てには、ユーゴスラヴィア社会主義体制の解体後のごとき、恐るべき殺戮(民族浄化)が待っているのかもしれない。中華民族という一体性を前提としつつ、多民族の存在を認めた国家原理は、その矛盾にもかかわらず、多分に明哲な現実主義によるものと言えるのだろうか。

軍国民と体育

日露戦争における日本の優勢は、その立憲制度への評価をもたらしたと言えるのかもしれないが、明治の軍国主義に注目を集めることにもなった。すでに、梁啓超は、日本の「武士道」に着目しつつ、中国の国民形成を展望しようとしていた(狭間直樹、一九九九年)。また、中国の東北地方におけるロシア軍駐屯への反対に由来する「軍国民教育会」の運動にも、身体の強壮さという理念が明確に含まれていた。「体育」「尚武」というのが、流行語となった(黄金麟、二〇〇一年、三三一―一〇七頁)。

各地で作られた「体育社」「体育会」は、まさに、如上のような身体と国家の結びつけ方の中で浮上してきた。周知のとおり、これらの団体は、地域によっては商団(商人による自衛武装組織)とも深い関わりをもって展開し、辛亥革命の政情の中で重要な役割を果たした（朱英、一九九一年、一一四―一六六頁）。また、天津では、治安維持を担当する巡警局と関係の深い（革命党鎮圧を任とする）楊以徳の指導によって体育社が運営されていった（吉澤誠一郎、二〇〇二年、三二五―三六一頁）。

このように政治的立場が異なるように見えるが、体育社は、国民皆兵へのひとつの階梯として、男性が練成をして身体的能力を発揮し、そして自衛的武力となることが意図されていたことに変わりはない。体育社は、一般市民が体操服を来て日々練習に集まるという様式を提示したのであり、愛国の理念が地域自衛という必要と相まって、身体観の変化を推進したということを示しているのである。

そして、競争的環境を強調することで、必ずしも軍事とは結びつけずに、個人の身体の強壮さと国家との連関が想定されることになる。『雲南』には、次のことが述べられている。

そもそも社会とは、生活競争の激しい戦いの場である。農・工・商・政治・軍事・教育の別を問わず、お互いに助け合って、ともに力をあわせ、元気を出して奮い立って精進し、危険を冒して進取の態度をとらねば、勢力を伸ばして国家を安定させることはできない。思えば、社会とは個人の化合物だ。個人が弱ければ、社会の進歩の障害となる。そもそも、それゆえに、貧富・賢愚・老若男女を問わず、身体の修練をするのである。これは、当然ながら、自立の義務、生存の原則だ。欧洲各国のことを調べてみると、大きいものなら政府・工場、小さいものなら神社・寺観のように、およそ人の集まるところには皆、各種の体操の用具を備え、国民の練習に便宜を与えている。そのほか、射撃・剣・水泳・ボート競争・クリケット〔原語「撃球」、あるいは野球を指すか〕・競馬など、体育に関係するものは、いずこでも奨励の対象となっている。〔古代ギリシアの」スパルタが体育によって強さの評判をとって以来、この風は、自然に広まって、ほとんど、またとない天性となっているのだ（伯林「論体育之必要」『雲南』三号、一九〇七年）。体育とは、個人の身体と社会・国家とが、ともに発展するための方策として、提示されていったと言えよう（Morris, 1997）。

ひとつ注意すべきことは、このような（ときに軍事と結びつく）体育の理念は、男性が身につけるべきだとされていた点である。もちろん、女性の身体も、国民の身体の向上という観点から重視されるようになっていた。纏足《てんそく》に反対する論拠のひとつはそこにある（坂元ひろ子、二〇〇〇年）。このような身体への注目は、人種論や軍事意識を背景としつつ、性別の役割分担を再構築していったものと考えられるのである。

日本と「中国」

徳川政権時代の日本は、確かに清朝とは国交と呼べる関係をもたなかった。しかし、長崎を通じて大量の漢籍を輸入しており、その文化・政情に対する関心が衰えたとは言えない。儒学も、多分に日本に受け入れやすい形に改変されたものの、一定の広がりをもって学ばれていた。

しかし、これに対して、本居宣長《もとおりのりなが》などの国学者は、「唐土」の政治と学術がいかに作為的・欺瞞的であるかを執拗に指摘し、それに対する日本の優位性を主張しようとした。また、蘭学者は、オランダ語書籍のなかに、華・夷の観念を脱した世界像を見いだそうとしていた。蘭書に見えるChinaという語は「支那」と漢字表記されることがあったが、この語には、かの国の文化的・政治的優越性を剝奪して、日本人としての自己満足を得る役割がもたされていた。[6]「皇国」日本の優位性という発想が広まりつつあったのである(鳥井裕美子、一九九三年。渡辺浩、一九九七年、一四八―一八三頁)。このようにして、江戸時代の日本は、経済的自給性の達成とともに、観念の上でも自国中心の発想を獲得していたのである(Jansen, 1992)。ただし、清朝は、忘れようとしても忘れられない大国であり、この意識が、日本を世界の中にいかに位置づけるかという議論に影を落としてゆくことになる(三谷博、一九九七年)。

明治時代の日本は、速やかに中央集権的な国家体制を確立し、徴兵や教育を通じて、国民意識の涵養が図られた。政策の基調は欧化におかれていたものの、その施策自体が、清朝とは別の政体を独自に発展させようとする意思に由来していたと解釈することが可能である(濱下武志、一九九七年、一一一―一三九頁。並木頼寿、一九九九年)。明治の人々にとって、孔子が理想としたような政道、すなわち社会福祉や賢人登用などは、清朝ではなく、むしろ欧米のほうに見いだされたということもある(渡辺浩、一九九七年、二一六―二六八頁)。このように「文明開化」の背景にあるのは、単に欧米の方を向くというだけでなく、敢えて清朝に背を向けてゆこうとする意識なのである。

日本の強国化は、次第に清朝官僚が一目おくところとなってゆく(佐々木揚、二〇〇〇年)。そしてついに、朝鮮問題を起点として、一八九四年、日本は清朝との戦争を開始した。これに敗北した清朝の側の衝撃は大きく、様々な改革論が浮上したことは、前に述べた。厳復も次のように憤激している。

ああ。中国が今日に至るまで、弱体不振となってきた勢いは、知者でなくとも明白にわかることだ。この大いなる恥辱を恥じるのに、ためらうことはない。日本は、わずか数隻の艦隊で、たかが数万人で、一戦めで我々の最も親しい藩属国(朝鮮)を切り取り、二戦めで奉天を危機に陥れ、三戦めで我々の最も堅固の港を奪い、四戦めで我々の海軍を壊滅させたのだ(「原強」『厳復集』)。この後、朝鮮も大韓帝国と号して、清朝と対等性を強調しはじめ、儀礼を通じた国民意識の形成をめざしてゆく(月脚達彦、一九九九年)。

さて、厳復の慨嘆に示されるような危機感のなかでは、日本を参考とした改革論が出てくる。康有為は、日本が維新を通じた政治改革によって強国化したことを分析していた(王暁秋、一九九七年、六四—八二頁)。清朝も、留学生を日本に送り出して、日本を通じて西洋諸学を導入することを図った。そして、科挙廃止に伴い、多くの若者が日本留学に向かうことになる。各地出身の学生が集まった東京が、愛国運動・革命運動の発信源となってゆく。

日本の立憲君主制も、清朝からすれば、模倣すべき対象であった。それだけではなく、清朝の「新政」と称される制度改革は、多分に日本の制度を導入するものであり、多数の日本人教習が清朝に雇用されて、これを推進した(Reynolds, 1993)。また、知的にも、日本の学術、端的に言えば日本が受容していた西洋学術が、日本語文献を通じて学習された。明治の日本人が欧文を翻訳する過程で発明した漢語表現が、こうして中国語に導入されていったのであり、梁啓超の仕事もまさにそのような位置にあった(Liu, 1995. 狭間直樹編、一九九九年)。

明治日本における軍国主義とむすびついた愛国の理念も、こうして中国に導入されていった。もちろん、中国の国粋を強調してゆく流れも重要なのだが、中国における愛国主義の起源を見る場合、日本の国民統合と強国化による刺激が大きかったことを忘れてはならない(茂木敏夫、一九九二年、一九九五年)。すなわち、日本が清朝に対抗しつつ国家形成を行なった結果、逆に、中国における愛国主義の勃興も推進されたと見ることもできよう。その意味で、中国と日本の相互規定的なあり方を複眼的にとらえてゆくことが求められるのである(山室信一、二〇〇一年)。

もちろん、前に述べた梁啓超のアメリカ紀行に示されるように、多様な材料が動員されることで、議論が作られているのであって、日本の影響を過大評価することも避けるべきだろう。次の章では、アメリカ合衆国との関係から、「中国人」の団結が唱えられる過程を考察してゆきたい。

第二章
同胞のために団結する——反アメリカ運動（一九〇五年）

「中国人」観念の創成

私たちは、しばしば「古代中国人」というような表現を用いる。しかし、少し慎重に考えれば、このような表現はかなり曖昧なものに思われてくる。形質人類学的に「中国人」の同一性を論じることは難しいし、生活文化の面での通時的・空間的な同一性も疑わしい。加えて、「中国」という名の国家が古来連綿として存在してきたわけでもない[1]（この点、「日本」が古代以来の国名であるのとも異なる）。

たとえば一八世紀の清朝治下の人々のことを考えてみよう。自分たちは夷狄《いてき》とは異なり、また朝鮮人や日本人とは区別されるという、あるまとまりの意識があったことは想像してもよいかもしれない。さらに読書人は、孔子や司馬遷以来の文化的伝統の中で生きていると自覚していたに違いない。

しかし、だからといって、それを現代の「中国人」意識と同一視するのは安易すぎる。この点は異論ないだろう。そもそも「中国人」という漢語が頻繁に用いられるようになるのは、清朝末期、それも二〇世紀に入ってからのことなのだ。それが激しく表現されたのが、アメリカ合衆国による移民制限を原因とする一九〇五年の反アメリカ運動だった。このような運動を通じて「中国人」という言葉が流行語のように広く使われるようになったのではないか。

そこで、以下では中国人意識が一般化してゆく歴史的な意味を、この反アメリカ運動を通じて考えてみたい。その前提として、ひとつ考えておくべきことがある。もし政治化された「中国人」という意識が、そのようにたかだか一世紀の歴史しかもたないものであるとするなら、一九世紀までの人々はどのような集団意識をもっていたのだろうか。そして、それは「中国人」意識の形成とどのような関係にあるのだろうか。顕著な集団意識のひとつの表れと言えるのが、同郷結合である。反アメリカ運動の展開とも深くかかわることなので、この点をまず整理しておきたい。

本籍地アイデンティティと都市社会

出身地に対する愛着というのは、時代・地域を問わず広範にみられることである。清朝治下の人々の頭の中にも、籍貫《せきかん》などと呼ばれる本籍地を重視する発想があった。これを本籍地アイデンティティと呼ぼう（現代中国語では「籍貫認同」となろうか）。ただし、その社会的結合の具体的なありかたに注意するとき、独自性も目につくことになる。

移住が盛んであるとき、移住先で同郷のよしみに基づく協力関係が形づくられることは、ごく自然ななりゆきであろう。移住の過程から言えば、すでに移住した者が自己の郷里近辺から後続者を募ることで、移住という現象そのものが進んでゆくことになる。そのような同郷者が、移住先に会館《かいかん》・公《こう》所《しょ》などと呼ばれる建物を設けて協力の場とすることも、しばしばだった。しかも、同郷からの後続移住者の勧誘は、同じ職業への斡旋であることも多かったので、同郷組織が同業組織と重複するという場合もあった。また、単なる同業団体とみるべき会館・公所も多い。注意すべきことは、どの地理的範囲を同郷とみなすかは、移住先の社会で便宜的に形成される社会関係によるもので、固定的ではないという点である。

会館・公所は、生成や分裂が激しく、どのようなものが設定されるかは都市ごとの事情にもよるが、二〇世紀初頭の上海の例をあげておこう。

①四明公所、②浙紹会館、③京江公所、④湖南会館、⑤腿業公所、⑥徽寧会館、⑦楚北会館、⑧建汀会館、⑨江西会館、⑩潮恵会館、⑪泉漳会館、⑫三山公所、⑬広肇会館、⑭江寧会館、⑮山西会館、⑯四川会館、⑰銭江会館、⑱米業公所、⑲茶業会館、⑳糸業会館、㉑銭業公所、㉒煙業会館、㉓銭業会館、㉔花業公所、㉕茶館公所、㉖南船会館（東亜同文会編、一九〇七年、六二三―六三四頁）。

清末の開港による商業の発展は、海運と結びついた都市の興隆をうながした。そして「紳商《しんしょう》」と呼ばれる社会層が登場したことの歴史的意味は大きい。「紳」とはおおむね科挙エリートを指す言葉だが、富裕な商人またはその子弟の中から正規の科挙試験を通ったり科挙資格を買ったりする者が多くなると、「紳」と「商」が社会層として一体化した「紳商」の存在が目立ちはじめたのである（馬敏、一九九五年）。

義和団戦争の衝撃により清朝は広範な政治改革を開始したが、その中では、商工業者を組織化して団結をはかることが目指され、まず各地に商務局が設置された（曽田三郎、一九九一年）。これをうけて、都市ごとに会館・公所をたばねて商工業者の自治団体を作り、経済の振興・官民の連絡にあたるに至った。これが商会と呼ばれる団体である。大都市の商務総会が中小都市の商務分会を統括する組織形態にもなっていた。商会は、官から公認された団体であり、その指導者はある程度の科挙資格をもつ者が選ばれた。ここも紳商の活躍の場であった（虞和平、一九九三年。陳来幸、二〇〇一年）。

実は、商会が組織としての機能を本格化するのも、反アメリカ運動と関係あるのだが、その運動の原因とされたアメリカ移民の問題について考えてみる必要がある。

アメリカ移民の本籍

清朝は海外への移民を公認してはいなかったものの、南の海洋に面する福建省・広東省からの移民は絶え間なかった。その動機は人口圧による貧困化の傾向から逃れ、成功の機会を見出そうとする希望に求めるべきだろう。特に、鴉片《あへん》戦争の結果イギリスが香港を獲得すると、移民の流れは加速された。おりしも黒人奴隷制に対する批判が高まり、英領植民地はそれに代わる良質な労働力を必要としていたからである。

先行して海外に出た者が同郷のよしみを利用して勧誘を行ない、移民は香港や澳門《まかお》から外国の輸送船に乗せられて旅立った。渡航費用は前貸しされ、移民先で働いて返済する契約をかわす。これを動かしていたのは外国商社である。香港などに拠点を構える商社にとって、鴉片貿易とともに、移民事業は大きな営業項目となっていた（可児弘明、一九七九年）。

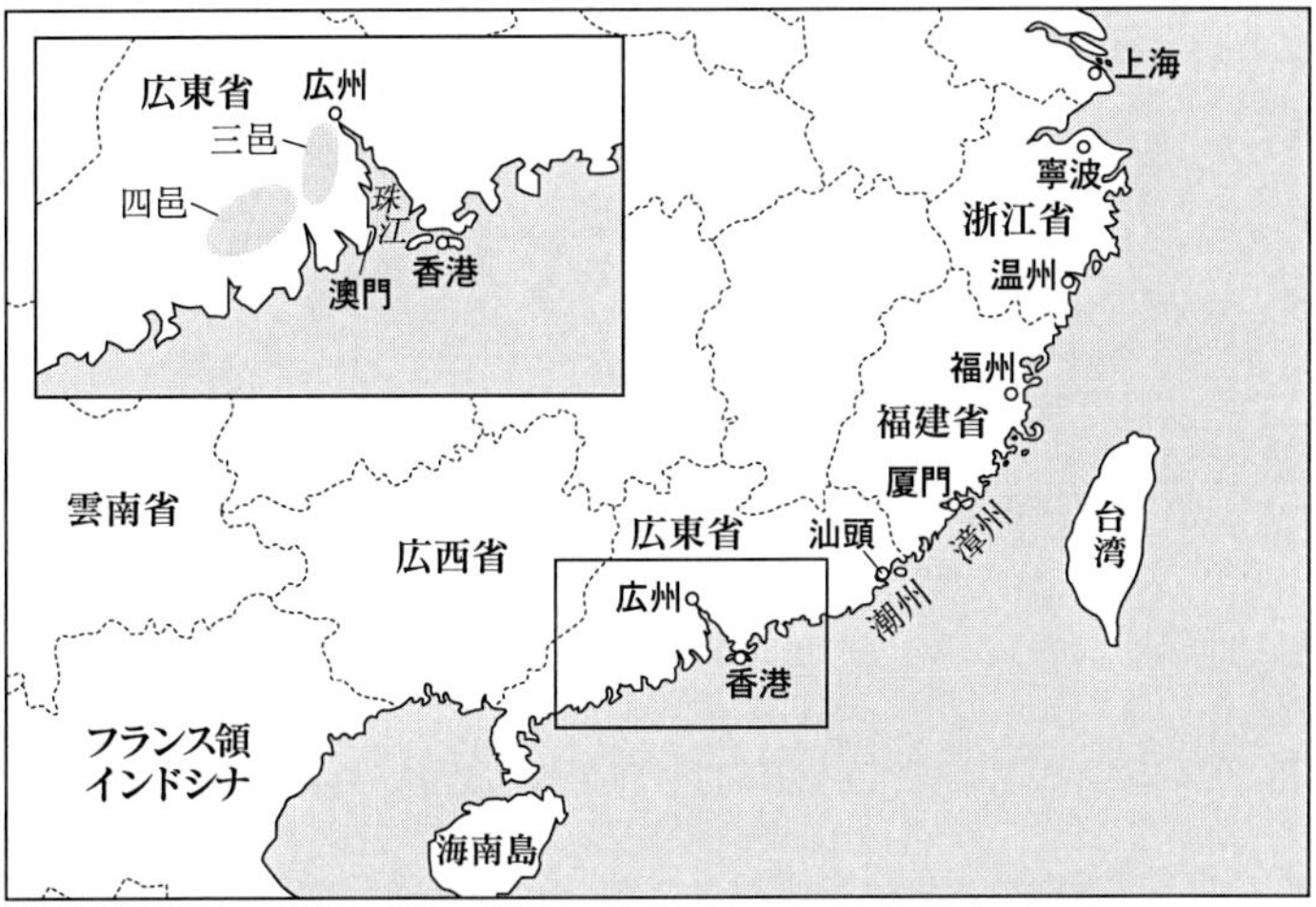

図7 華僑の故郷．福建省とならび，広東省は華僑の郷里である．
出典）リン・パン(Lynn Pan)，片柳和子訳『華人の歴史』みすず書房，1995年，vi頁に加筆・修正．

実のところ、誘拐や詐欺によって輸送船に乗せられた者も多く、輸送船の上での死亡率も低くはなかった。人道主義的な批判もあったが、移民を斡旋・輸送する商売のうまみゆえに改善の見込みは少ないものだった。

一般的に移民は清朝官僚の用語では「華《か》工《こう》」と称されたので、以下でもこの語を用いたい(この「工」という文字は労働者というほどの意味)。また「クーリー coolie」という語は、インドの言葉から英語に入ったとされる。漢字で「苦力」とあてられ、肉体労働にたずさわる者というような意味があるが、場合によっては半強制的な移民を指すこともある。「豬仔《ちょし》」も不自由労働のニュアンスをもった「苦力」の蔑称と言ってよい。つまり「華工」はお役所用語であり、「苦力」「豬仔」は売られてゆく被虐者という含意をもつのである。

さて、広東省などからアメリカへの移民が本格化したきっかけは、一八四八年のカリフォルニアでの金鉱発見と翌年のゴールド・ラッシュである。それ以前からカリフォルニアには広東の「三邑《さんゆう》」(番《ばん》禺《ぐう》・南海・順徳の三県)の商人がいたが、新しくやって来たのは広東の珠江《しゅこう》デルタ(三角洲)西部の「四邑《しゆう》」(開平・恩平・新会・新寧の四県)という、より貧困地域からの人々が多数を占めていた。彼らはゴールド・ラッシュに誘われるようにして香港経由で新大陸に渡って来たのである。カリフォルニアに到着するとそれぞれ同郷会に登録したが、これらは移民の借金支払いを監視する機能も負っていた。あとは、金を発見できるか否か、努力と運しだいということになる。

金の鉱脈は掘り尽くされたが、太平洋を越えてやって来た移民たちは、洗濯屋・コックなど様々な職業に従事した。また彼らは大陸横断鉄道を建設するために不可欠の労働力であった。ユニオン・パシフィック社が東からアイルランド系移民によって、セントラル・パシフィック社は西から広東移民によって建設を進め、一八六九年には両者は同一地点に到達した。特にセントラル・パシフィック側は、カリフォルニアのサクラメントからシェラ・ネヴァダ山脈を越え、ネヴァダとユタの砂漠を突っきるという相当困難な工事であった。その開通はまさに華工の労働の成果と言えるが、敷設過程で少なからぬ死者も出た。

このようにアメリカ側は鉄道建設のための労働力として華工を必要としていたが、一八六八年のバーリンゲイム条約は、その人口の流れを促進しようとする内容を含んでいた。アンソン・バーリンゲイム Anson Burlingame は北京に駐在するアメリカ合衆国公使であったが、任を終えて帰国する際に清朝から欽差《きんさ》大臣に任命され、欧米各国に清朝の立場への理解を求めることになった。その途上、ワシントンで合衆国と結んだのが、この条約である。その中には、両国人民の自由な往来・居住を保証するほか、宗教的理由による迫害を禁止する規定が見られる。また、強制的な移民を許さないという条項も含まれている。このような法的整備を背景としつつ、一八六九年以降アメリカへの移民は急増する。

移民の圧倒的多数は男性であったが、一部「豬花《ちょか》」と呼ばれる女性移民も含まれていた。その多くは売春婦となったが、移民契約そのものにそう規定された者だけでなく、誘拐などで強制的に連行された者もいた。一八七〇年代末には、香港や合衆国における取り締まりの結果、「豬花」は減少した。

図 8 サンフランシスコのチャイナタウン．辮髪の男性ばかりが見える街．みな帽子をかぶっている．
出典）Patricia Buckley Ebrey, *The Cambridge Illustrated History of China*, Cambridge U. P., 1996, p.252.

移民たちは、アメリカの各都市に移住したが、特に集中していたのはサンフランシスコである。その居住形態は、生活の便宜と白人による差別ゆえに、チャイナタウン（唐人街）に集住するということになった。彼らは、その中で各種の小売業・サーヴィス業・自営製造業に従事するほか、外の工場などに通勤する者もいた。

広東からの移民にとって重要な社会集団は、同郷のきずなに基づく会館である。サンフランシスコでは、最初はひとつの会館だったが、移民の増加に伴い一層下位の地域・方言グループに分裂していった。三邑会館・四邑会館の他、香山県出身者による陽和会館、客家《はっか》(広東省嘉応州などに多い、独自の漢語方言を話す人々)による人和会館がつくられ、また四邑会館が分裂することで、全部で六つの会館が存在することになった。これが、シックス・カンパニーズ(六公司《こんす》)である。また、「堂会」と称される秘密結社の支部も設けられた。

アメリカにおける華人排斥

しかし、サンフランシスコなど合衆国諸都市では、アングロ・サクソン系プロテスタント(WASP)支配のもとで劣位におかれたカトリック(アイルランド系など)の人々を中心にして華工排斥の運動が高まっていった。大陸横断鉄道開通に伴って、このようなカトリック系移民はますます太平洋側にもやって来るようになったが、そこには非熟練労働力市場で競合する広東系移民がすでにいたのである。カトリック系移民としては、自らが白人であることを強調しつつ、人種差別の立場から華工排除をめざすことになる。また、資本家に雇用されて熱心に働く華工に対して、大資本家への反感が投影されたという側面もあろう。

さらに言えば、移民は「苦力」という不自由労働であることを批判するリベラルな論理、つまり黒人奴隷制批判と共通する論理(辻内鏡人、一九九七年)が、いつのまにか人種的偏見の感情の表出とないい

図9　カリフォルニア勤労者党（WPC）の主張．WPCと記された足が，逃げる辮髪の人を太平洋に突き落とそうとしているポスター．
出典）Jonathan D. Spence, *The Search for Modern China*, Norton, 1990, pp. 228-229.

まぜになってしまったのである。労働組合の集会が、チャイナタウンへの暴力行使のきっかけになるという事件も発生するようになった。民主党も清朝からの移民に反対することで、票田を広げようとした。

排華運動の先頭にたつことで党勢をのばしたのが、カリフォルニア勤労者党（WPC）である。アイルランド移民のデニス・カーニー Dennis Kearney によって、一八七七年サンフランシスコで結成された。彼らは、集会などで激しい反感をあらわにし、目的のためには実力行使も辞さないとの強硬な立場をとっていた。

これは極端な主張ではあったものの、民主党だけでなく共和党の中にも華工移民制限を容認する動きが出てきた。いっぽう、清朝の側としては、日本との懸案である琉球帰属問題などで合衆国の調停を得たいと

図 10　サンフランシスコにも自由の女神？　鴉片を吸うための煙管をもつ辮髪の男．サンフランシスコへの人口流入を諷刺する漫画．

出典）胡垣坤・曾露凌・譚雅倫合編『美国早期漫画中的華人』三聯書店（香港），1994 年，136 頁

いう思惑もあり、移民問題に関する合衆国政府の意向をくむことになった。こうして合衆国が一八八〇年に清と結んだ条約においては、合衆国が移民を制限できる条項が盛り込まれた。これを踏まえてついに一八八二年には合衆国連邦議会で、向こう一〇年間の華工の移民を禁止する法案が可決されるに至ったのである。

その後、一八九四年の再度の両国の交渉でも、さらに一〇年間の華工の渡来の禁止が決められた。さらに、福建・広東からの移民が多かったフィリピンおよびハワイは一八九八年にアメリカ領になっ

たが、まもなくこれらの地域にも排華法が適用された。一九〇四年、先に結んだ条約が満期となったが、合衆国はそのままの延長を希望してゆずらなかった。このころまでには学生・商人なども華工とみなされて入国が困難になったり、入国の際の検疫が屈辱的であるという不満も高まっていた。こうした状況から、一九〇五年の大規模な反アメリカ運動が起こることになったわけである。[2] すなわち、清朝治下の各都市の商人・学生は、一致団結してアメリカ商品を買わないようにする決議を行ない、激しい調子でその遵守を宣伝した。「愛国」の語によって共感が喚起された。

清末のアンクル・トム

たしかに、カリフォルニアなどでは暴力的な華工迫害が続き、またアメリカ合衆国は移民制限という法的措置によって華工の締め出しを図っていた。しかし、だからと言って、そのような実態が、そのまま反アメリカ運動をもたらしたと考えるのは早計である。むしろ、アメリカ側の現状について、いかなる媒体で、どのような情報が伝えられ、その結果どのようなイメージが形成されたのか、ということに目を向ける必要があるだろう。

その意味で注目されるのが、林紓《りんじょ》と魏易《ぎえき》の『黒奴籲天録《こくどゆてんろく》』(一九〇一年)である。これは、アメリカの小説『アンクル・トムの小屋』*Uncle Tom's Cabin* の翻訳である(東京都立中央図書館実藤文庫の所蔵する一九〇四年文明書局版を利用する)。原著の『アンクル・トムの小屋』は、ハリエット・ビーチャー・ストウ Harriet Beecher Stowe によって書かれ、一八五二年出版された。その執筆意図は、一八五〇年に自由州と奴隷州の妥協による一連の法制化が行なわれたのに抵抗して黒人奴隷制度批判に勢いをつけるためであった。この「一八五〇年の妥協」は逃亡奴隷の送還を自由州に義務づけており、奴隷制度反対運動に挫折感をもたらしていたからである。

主人公トムは善良・忠実な黒人奴隷であったが、さまざまな悲惨な処遇にあってついに死ぬ。この小説が広い共感を獲得し、アメリカで空前のベストセラーとなったことは、よく知られている。このような書物であるので、漢文への翻訳を通じて、アメリカ事情、特に黒人の境遇について伝達し、一定のアメリカ像を提示したことは、容易に想像される。

その翻訳を英語の原文と対照してみると、逐語訳ではなく省略が多いうえ誤訳も見える。特に翻訳者が自ら断っているように、原文のキリスト教の立場からの説明部分は、大幅に削除されている。しかし、物語の展開については、一応忠実に追っているように思われる。

本文に即した翻訳の比較を充分に行なう準備はないが、少なくとも林紓らが翻訳をした動機、またはこの小説をどのように読ませたかったのかについては、序文から知られる。それは、アメリカでの華工の境遇をアンクル・トムを手かがりに認識しようというものだった。

> 〔華工は〕自国の生産が発展せず、民の生活が貧しくてやって行けないからこそ、アメリカに仕事と糧を求めたのである。〔移民の後〕年が経ち生活に余裕が出てくると、アメリカで計算に強い学者が〔華工の本国送金による〕銀貨の流出を憂え、それゆえ華工を虐待してアメリカに来させまいとしたのである。こうして黄色人種は黒人以上に虐待されることになった。しかし、国力は弱いうえ、外交使節は弱気で徹底的に自己主張しない。さらに事情に通じた者が報告を書くこともないので、私はそれを知るすべがない。過去の問題を知る手がかりも、この『黒奴籲天録』があるに

すぎない。

つまり、華工排斥の実態を知るための先例として黒人奴隷制が想定されているのである。

翻訳の終わりにつけられた林紓の跋《ばつ》文(書物の末尾につける文)には「最近、アメリカでは華工を厳しく取り締まる。水ぎわに木の柵を設けておき、数百もの遠来の華人を集め柵に入れて鍵をかけるのだ。一週間してようやくそのうち一人か二人を解き放つ。場合によっては二週間を経ても自由になれない者がいる。これは本書でいうところの奴隷の柵に他ならない」とある。これは検疫の様子であるが、衛生管理の厳格さは奴隷の柵に類比される。このような類比を行ないながら『黒奴籲天録』を読むようにとの示唆なのであろう。

また凡例ないし読者への注意ともいうべき「例言」には以下の忠告が見える。「この書は小説のジャンルに属するが、我が華人はこの時機にのぞんで、まさに戒めとなる先例と見るべきである。かつ、これをペルー華人や最近華工が受けている虐待に照らしてみれば、将来に黄色人種がおちいる苦境は、実に予測もできないのだ。読者が本書をいいかげんなでたらめなものと思われないよう期待する」「この書に描かれているように白人が奴隷を使役する実情は、全く人間らしい心がないようだが、実は彼らが異人種をにくむことは、たとえばポーランド・エジプト・インドのように、その惨状は、この程度ではないとも言える」。

つまり、小説ということを認めながらも、実態を知るための手がかり、または実話として読ませたがっており、跋文にも「ストウ夫人が自ら言うように、この書は自身の体験に多くよっていて、事実は七―八割で、虚構は二―三割のみ」と注意している。こうして、アンクル・トムなど黒人奴隷の運命は、華工の境遇と重ねあわせて心に迫って読めるようになるわけである。

ただし、訳文は文語体(文言)で書かれており、読みやすいものではない。そこで、白話《はくわ》という平易な文体で、しかも『三国志演義』などと同じように「第一回」「第二回」というように分けられた章回《しょうかい》小説にするという試みもあった。この「黒奴伝」(一九〇三年、著者は不明)はごく初めの部分しか刊行されなかったので、広く読まれたかどうか疑問だが、その序文にあたる部分には「万一、我々が本当に黒人奴隷の立場になってしまったら、白人に出会ったとき、どれほどいじめられるかわからない」という懸念が示され、「四億の黄色人種(「黄種」)を目覚めさせたいと願って」、『黒奴籲天録』を理解しやすく書き改めたという。また学生たちには、各地でこの「黒奴伝」を声を出して読み上げ、字が読めない者にも教えてほしいと期待している。これは、必ずしも華工との関係をうたってはいないが、アンクル・トムの物語への関心のありかたを示す事例と言える(「黒奴伝」は『中国近代文学大系』第二六巻に収録されている)。

「華工の待遇は黒人奴隷と比べてもひどいものだ」(『大公報』一九〇五年六月一六日「論不買美国的東西」)というようなイメージは通俗化されて広範なものになっており、反アメリカ運動に多大な影響を与えたと推測される。

また反アメリカ運動の中で指導者とあおがれた曾鋳《そうちゅう》(後述)に対して、陝西省三原県の小学堂の范克《はんこく》立《りつ》らがしたためた書簡には「そもそも黒人奴隷はアメリカにあっては異種族ですが、リンカンはその解放をはかり、激しい戦争もいとわず、これを成し遂げました。ましてや、華僑の人々は我が同胞であって、いかなる困難でも避けるわけにはいきません」(『申報』一九〇五年八月二八日「稟録抵制美約各函電」）とある。黒人奴隷解放はリンカン Abraham Lincoln の理念によって実現したと考えられており、運動はそれになぞらえられた（実のところリンカンも黒人奴隷解放に消極的だったことは、当時は知られていなかった）。『黒奴籲天録』には当然リンカンは登場しないが、華工と黒人奴隷の境遇の類比という翻訳者のねらいは大いに成功したと言えよう。

梁啓超のアメリカ人種論

さて、もうひとつ、運動の前提となるアメリカ像の形成に意味をもったと思われるのが、本書のはじめに紹介した梁啓超の『新大陸游記』である。これは、当時横浜で出されていた華字雑誌『新民叢報』の臨時増刊として一九〇四年に出版された。『新民叢報』は、国外の刊行物とはいえ、国内にも多くの購読者をもっていたので、これがひとつの情報源となったと考えるのが自然であろう。

アメリカの人種問題についての梁啓超の見方は、まず合衆国エリートの偏見をうのみにしていると思われる点がある。ラテン系などの移民について好ましいものと考えていない。「わたしはアメリカを旅行し、ひとつとしてアメリカ人のために心配したことはない。しかし、あるとすれば、ヨーロッパやその他各地の「下等民族」がますますアメリカに入ってきてその国民となることだ」。「私が恐れるのは、一〇〇年もたたずにかつて植民地時代・独立時代の高貴な民族の末裔が片隅で小さくなっているようになることだ」。

どうして、それが好ましくないのかと言えば、そのような移民は智識や道徳において劣っており、犯罪者も多いからだという。「失業無頼の人が続々と集まって多くなる。そうすると、飲酒狼藉・姦淫・殺人・窃盗などのさまざまな悪風が、日に日にアメリカをむしばんでゆく」と決めつける。新しい移民は「無智・無学・無徳」であって共和国民の資格はなく、「暴民政治」をもたらしかねない。

梁啓超によれば、それに比べ中国から来た移民の害は少ない。ただ、安い労賃で働くために非熟練労働者と競合し、また選挙権がないため政治的に圧迫されることになる。なぜなら、ヨーロッパ系の移民は選挙権をもち「アメリカの政治家は他に恐れるものはないが、「工党」（労働組合）を最も恐れる」からである。このように彼は、アメリカ社会にすでに存在する偏見を我がものとしながら、清朝からの移民を正当化しようとしている。

さらに黒人に対する偏見は甚だしい。「黒白の敵せざるは、あに論を待たんや」（黒人と白人では勝負にならないのは目に見えている）という調子である。ニュー・オーリンズの住民構成の説明では、「上等の白人」「下等の白人」「黒人」に分ける。「上等の白人」は植民貴族であって、事実上、南部では彼らによる「寡頭政治」がとられている。「下等の白人」は知識水準も数段おとり、実は黒人と似たり寄ったりだとしている。「上等の白人」はここでは人口の一割しかいないので、「共和政治」ではなく「寡頭政治」となる。

加えて、アメリカの理念と現実の矛盾を突きはなして見た見解として、実はアメリカにおける人種偏見が独立宣言の理念に反するという指摘もしている。それは黒人に対するリンチ（「霊治」と表記）が罰せられないという文脈で「アメリカ独立宣言にいわく、すべて人類は生まれながらにして自由、生まれながらにして平等、と。かの黒人だけは人類ではないのか。ああ。今日のいわゆる文明なるものの正体がわかった」と述べるのである。

以上から一端がわかるように、梁啓超の紀行には、当時のアメリカ社会の複雑な実態について多くの情報が盛り込まれている。特に人種論については、差別意識が顕著であるものの、それは当時のアングロ・サクソン系の人々の発想を借りてきたもののようである。梁啓超の筆法は、アメリカの現状に仮託しつつ中国の進むべきみちを示唆するというものとも思われ、問題の提示のしかたがことさら煽情的になるのも理由があろう。ともあれ、まもなく起こる反アメリカ運動のなかでつくられる論説・檄文《げきぶん》が、この紀行で示された情報・認識（そして情動）を一部ふまえている可能性を考慮すべきだろう。

さらに、この『新大陸游記』の附録として「記華工禁約」という部分があることは、重要である。これは、アメリカにおける華工排斥の経緯を相当くわしく紹介したものであり、この問題について当時にあっては最も適確な報告だったと言ってよい。ハワイのジャーナリスト陳儀侃《ちんぎかん》が発案した、ボイコットによる抵抗という手段も、ここに示されている（『新民叢報』では、この臨時増刊以前にも掲載したことがある）。

しかも、まもなくこの附録部分だけ独立した単行本として『美国華工禁約記』という題で再刊された。ボイコットというアイデアそのものが、本書によって広められたことは充分想定できることである。ボイコット運動の中心となった曾鋳も、上海のアメリカ総領事館での会談で、『美国華工禁約記』について言及している（『清季華工出国史料』五七頁）。

実は、梁啓超はボイコットという方法を評価しながら、政府・民間の現状をふまえて実行の可能性に疑問の意をしめしていた。しかし、実現すれば、その意義は大きい。「このことがもし成れば、国民の対外思想発達のさきがけとなろう」[7]。

ボイコット運動をどうみるか？

特定国の商品を対象とした全国的なボイコットという方法は、この一九〇五年にはじめて確立した。のちに排日運動でしばしば繰り返されることになる起源がここにある。注意すべきことは、この運動形態の提案者の意図だけで、その意義を説明しつくすことはできないという点である。実際の運動の過程でこの手段の推進が政治的にもった意味を考えることは、なぜ他ならぬこの手段が広く受け入れられたのかを理解する手がかりとなるだろう。

ボイコットで一致団結した共同歩調が重要になることは言うまでもない。特に考慮しておくべき点は、都市の政治的・社会的な組織化にボイコットが与えた刺激が大きかったことだろう。さらに踏み込んで言えば、ボイコット運動はそのような組織化の目的のために利用された側面すらあるだろう。ただし、その具体的な様相は都市ごとに異なっていた。広州・上海・天津の三つの都市について、運動のあり方を見てゆくことにしたい。

広州の場合——広東人主義としての愛国

広東省は、カリフォルニアやハワイへ向かう華工の大半の出身地であった。その出身地は厳密に言えば、「三邑」と呼ばれる珠江三角洲の三県、「四邑」と呼ばれる珠江三角洲の西側の四県など、いくつかの方言集団に分かれていたが、潮州《ちょうしゅう》系や客家《はっか》系に対しては、ひとつの広東人グループと見ることもできる。アメリカへの移民制限で最大の打撃をうけるのは、広東人移民であったことから、広州をはじめ広東省各地では、激しい反アメリカ運動が巻き起こった（丁又、一九五八年。Rhoads, 1975, pp. 83-91）。

広州での運動で、めだった役割を果たしたのが、善堂《ぜんどう》と総称される団体・施設である。清末の広州では「我が広東では、愛育善堂が提唱されてから各善堂があいついで設けられた。数十年来、治療・施薬・米の安売り・災害救済といった様々な善挙に力を尽くしてきた」（宣統刊『南海県志』巻六）というように、福祉事業を行なっていた。このうち広済《こうさい》医院は、一八九三年に七十二行と各善董《ぜんとう》（善堂の運営で知られた人物）の提唱で設けられた（同前）とされる。七十二行とは広州の有力同業団体の慣用的な総称であり（民国刊『番禺県続志』巻十二）、善董の存在とあわせて、善堂は紳商の活動のひとつの拠点であったと考えてよい。

業種をこえた商人組織も形成されつつあった。総商会を設立するための準備は一九〇五年には進んでおり、広仁善堂でしばしば会議が開かれていた（『華字日報』一九〇五年一月二五日「商局会議紀盛」、五月二四日「総商会急於開辦」）。また「広益会」という金融団体が、資本の調達による「商業の公益」のため設けられていた。これは伝来の「たのもし講」方式によるものである（『華字日報』一九〇四年一二月二〇日「条陳銀行章程」）。

さて反アメリカ運動については、一九〇五年五月一九日、広州の紳商は広済医院に場所をかりて会議を開き、百数十人が集まった。そこで出た話題は次のようであった。

アメリカ人は他の国の人がアメリカに行くのを禁止せず、ただ中国人がアメリカにゆくことだけを禁じている。中国の人を人間とみているのだろうか。各国の人でアメリカに行く者は我が広東が特に多い。我々は好き放題に抑圧されているわけにゆかないのだ。アメリカ人にしてみれば、我が国の人が権利がないからいじめているのはもちろんだが、加えて、我が国民が団結していないからいじめているのだ。とはいえ、我々は今日政府に頼るまでもなくアメリカに抵抗する者は必ずいる。各外交官に電報をうち道理にのっとってしっかり自己主張するよう願うとともに、各地の商業港が連絡をとって輸出入の貨物を調査しよう(『華字日報』五月二二日「会議抵制美約初紀」)。

北京の外務部・商部と梁誠《りょうせい》アメリカ公使に打つための電文の原稿も激しい調子である。

アメリカは引き続いて華工を厳しく禁じる条約を結ぼうとしていますが、国民はみな怒っています(「公憤」)。アメリカの労働組合(「工党」)が政府に迫って我が国権をおかしており、これは国際的な外交問題です。また彼らは東アジアの貨物を用いないことで(華工を雇用する)資本家に報いようと言っているので、今度はこちらも彼らの方法で対抗するのです。すでに各省の商人を連合して決議し、アメリカ商品のリストを作成して、これを使わないように呼びかけることで、アメリカ労働者に抵抗する手段とします(同前)。

またこれとは別に二一日には、広益会でも集会を開き対策を練った。参加して趣旨に賛同し名前を記す者は二〇〇人あまりにのぼった。決議したのは、①運動の事務とアメリカ商品の販路の調査のために人員を七十二行が推挙する、②必要経費の準備は八大善堂が分担する、の二点である(『華字日報』五月二三日「省中再議対待禁工」)。

五月二七日、広済医院で第二回の会議が開かれた。決議事項は、以下の三点だった。①毎週日曜正午に広済医院で会議を開く。②各学堂の教師は学生に対し、アメリカ製の布で衣服を作らないように呼びかける。アメリカ商品の商標を調べて新聞に掲載する。③八大善堂はそれぞれ事務職員を二名ずつ出し、七十二行はアメリカ商品調査員を二名ずつ出す(『華字日報』五月三〇日「会議抵制美禁華工」)。

このような経緯を経て、運動の本部として拒約会《きよやくかい》が設けられてゆく。はじめは普善街の広益会に場所を借り、運動員を雇うことが考えられた。「編輯員」二名はアメリカで華人がひどいめにあっている状況を白話(ひらたい文章語)および歌謡にする。「調査員」二名はアメリカ商品の商標を調べて五色印刷し各所に貼る。「宣講員」四名は、白話・歌謡を各地で演説する。七月一六日に正式に成立した拒約会は広済医院におかれ、広済医院に駐在する善董が宣伝の文書の事前確認にあたることにした(『華字日報』七月六日「発起拒約会」、一八日「拒約会定期開辦」)。

広東での運動を激化させた契機としては、馮夏威《ふうかい》自殺事件がある。馮は広東省南海県出身のメキシコ華僑であったが、たまたま帰国して上海にいたおり、反アメリカ運動が起こった。彼はアメリカに抗議するため、在上海アメリカ領事館前で服毒自殺したのである。この報が広東に伝わると各地で馮の追悼会が開かれた(黄賢強、一九九五年)。いうまでもなく、追悼を通じて反アメリカ運動の維持・拡大をねらった動きである。ここに同郷性の要素を見て取ることは容易である。

ただし、抵抗運動は「文明」的であるようにと配慮されていた。「文明」的であるとは、暴動など「公益を破壊する一切のこと」を防ぐという意味である(『華字日報』九月六日「拒約公所会議文明抵制」)。つまり、民衆暴動の抑制ということに他ならない。

さて以上から知られるように、広州の運動では、まだ商会の組織化が進んでいなかったこともあって、広済医院などの善堂が大きな役割を果たしたことが注目される。また七十二行と総称される商人団体の動きも顕著である。そして、それらの反アメリカ運動を総括するために拒約会という特別な団体が設けられたのであった。

運動は広東人としての同郷性に訴えかけ、またその人的紐帯を利用しながら展開された。しかし、だからといって「中国」の団結という呼びかけを欠くわけではなかった。合衆国への移民の途が閉ざされると実質的に最も大きな打撃をうけるのは広東地域だが、条約が国家間の取り決めである以上、規定上としては全国に及ぶのは当然のことで、広東側としても広範な団結を求めて全国的な運動を呼びかけるのは自然ななりゆきであった。

このような運動の過程で、「四邑」「三邑」といった方言グループをまとめて、われわれ広東人といい、さらにわれわれ中国人という表現が使われたことは注目される。どのレベルが本質的かと問うことは意味がない。同郷的利害と愛国の理念は必ずしも矛盾するものではなく、相互に影響しあって補い合いつつ活性化したと言えよう。

上海の場合――出身地を越えての団結

上海における反アメリカ運動の中心人物は、曾鋳《そうちゅう》である。曾鋳の名義で各地に発した電報がアメリカ製品のボイコットを呼びかけたために、一躍、彼は運動の中心とされた。上海の日刊新聞には、各地の団体・個人から運動の方針などについて曾鋳に報告する書簡が紹介され、彼の返事も載せられている。

これまでの研究では、上海商会が各地に電報を送り、全国を指導したかのように述べられることが多いが、これは正確ではない。むしろ当初、上海商会の中枢は模様ながめをしていたと思われる。天津商会から上海に対して運動方策の照会があったときも、上海商務公所(官である楊士琦《ようしき》に加え、商会の指導者である厳信厚《げんしんこう》・周晋鑣《しゅうしんひょう》らを含む組織)による返電は、ただ各幇《ぱん》(商人グループ)の紳商が決議した内容を伝えるだけで、商会としての対応は述べていない(『天津商会檔案彙編』一八七七頁)。

このような状況を理解するためには、上海の商人団体のあり方についてみておく必要がある。上海は、欧米に対する開港以前から、華北・江南・華南を結ぶ南北の貿易と長江貿易の中心となる港市であった。それを反映して、綿布・大豆・砂糖・米といった商品ごとに同業の商人団体が作られていた。

鴉片戦争の後の開港により外国貿易が開始されると、その利を求めて、いっそう多くの商人が上海に集まって来た。なかでも広東人と寧波人《にんぽう》が二大グループ(幇)を形成することになった。もちろん、その他にも福建系の商人などもいたが、広東幇と寧波幇の対抗が一九世紀後半の上海の政治・経済史の基調をつくる一要因をなしていたのである(Leung, 1982)。

同業・同郷団体の枠をこえた商人組織としては、上海では予備的な組織を経て一九〇四年に商会が成立した。これは各業種の代表が結集したものであるが、実質的には寧波幇の力が特に強かった。このような同郷性が、根強く維持されていたのである(Goodman, 1995)。

では一九〇五年の反アメリカ運動で商人団体の果たした役割はどのようなものだろうか。五月一〇日、上海商会の建物に各商人団体の代表が集まり、アメリカに抵抗する方策について議論した。曾鋳が演説を行ない、二か月の期限を設け、それでもアメリカが不本意な条約を押しつけるなら、アメリカ商品ボイコットを始めることを提案した。これは全会一致で採択された。また、電報を打ってアメリカに屈しない交渉を清朝官憲(外務部・商部・南洋大臣・北洋大臣)に求めるとともに、各地の商業都市に同調を呼びかけることにした。

ここで注意すべきことは、曾鋳の立場である。彼は福建幇を代表して商会で議董《ぎとう》という役職についていたが、必ずしも商会組織の中枢にいたわけではない。しかし、決議ののち、商会のリーダーだった総理の厳信厚、協理の徐潤《じょじゅん》、坐辦《ざべん》の周晋鑣は自らの名義で電報を打つことに難色を示したため、電報は曾鋳の名前で打たれることになった。主な都市の商務局にあてて打った電文は以下のようなものである(その都市の範囲については図11参照)。

さきにアメリカの法律は華工を厳しく禁止し、さらに紳士・商人のアメリカ訪問にもそれを及ぼそうとしております。いま梁誠公使は調印に同意せず、アメリカは外務部に対して直接交渉するとのことです。上海商人はすでに外務部に対して調印をしばらく延期するよう一致して請願した上で、互いに戒めてアメリカ商品を用いないことにより、かげで抵抗することを決めました。どうか各商人にお伝えくださいますようお願い致します(『天津商会檔案彙編』一八七六頁)。

五月一二日、広東幇の集会が広肇公所《こうちょう》(「広」は広東省広州府、「肇」は広東省肇慶府を表す)で開かれた。五月一四日、福建幇も会合を泉漳会館《せんしょう》(「泉」は福建省泉州府、「漳」は福建省漳州府を表す)で催した。いずれも反アメリカ運動の趣旨を確認するものだった。

曾鋳だけでなく厳信厚・徐潤・周晋鑣らは在上海アメリカ総領事館と折衝をもったが、話はまとまらなかった。このように商会の中心メンバーが関与してくるものの、あるとき総領事ロジャーズが別れぎわに曾鋳に対して「各会館の商董に対しては、すべて閣下から私の意見をお伝えください」（『清季華工出国史料』七〇頁）と述べたように、やはり商会という組織ではなく、各会館の動向と曾鋳によるとりまとめが重要だったのである。

上海では、七月二〇日からのアメリカに対するボイコットが、商会などの会議において決議された。この商会の会議においては、今後アメリカ製品を注文しないことを決議するか、使用しないことを決

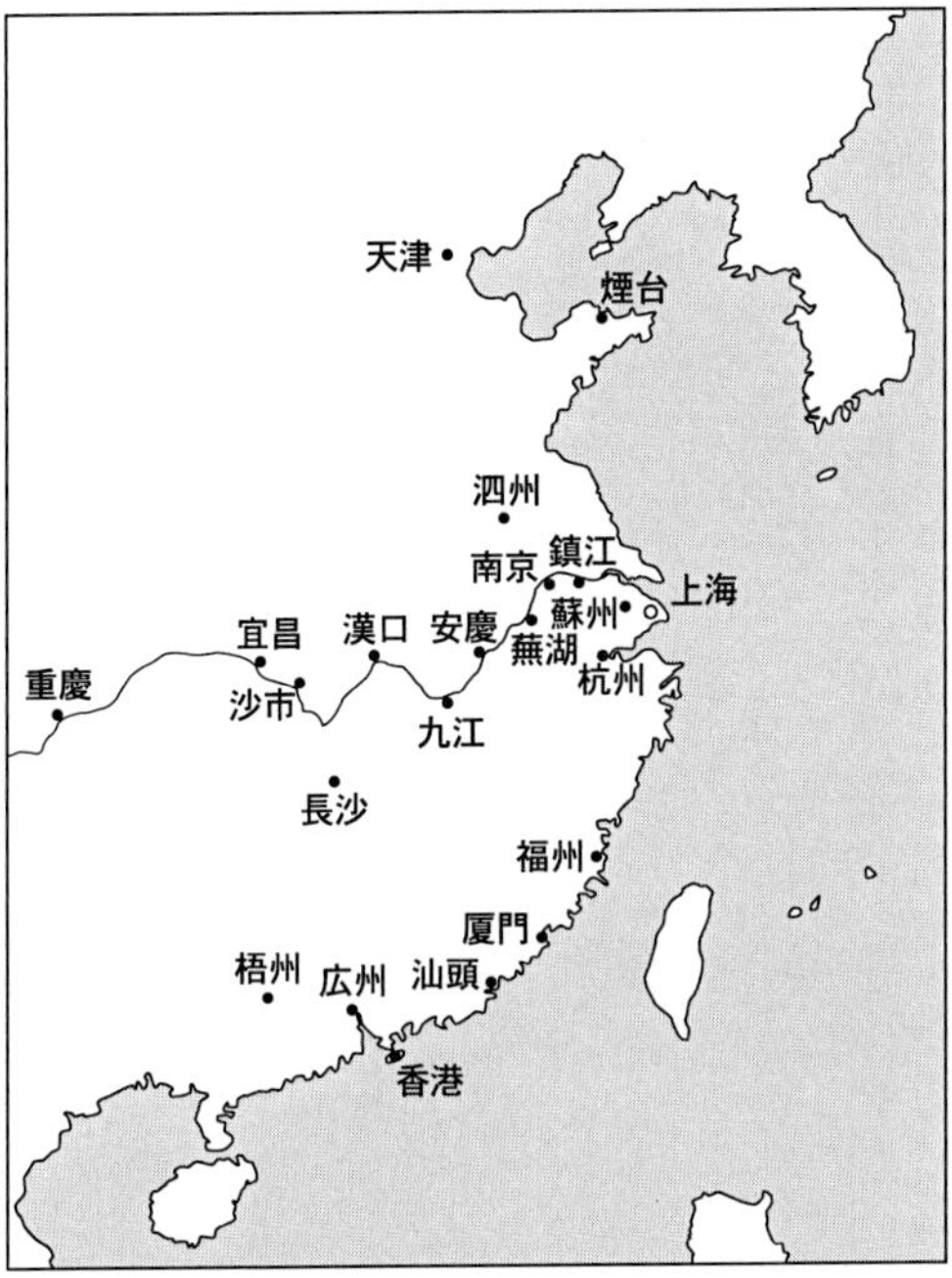

図 11　曾鋳が協力要請の電報を打った都市（黒丸で示した 21 都市）．上海での 5 月 10 日の決議に基づく要請である．著者作成．

議するかで立場の分裂が見られた。貿易に携わる商人にとっては、すでに注文済みの商品を販売できなくなれば、大きな損失につながるからである。結局、各同業団体の代表が今後はアメリカ製品を注文しないことを誓うという形に落ち着いた。

運動の中心と目された曾鋳に対する圧力は小さいものではなかった。一部の者は、曾鋳を中傷・批判しようとし、彼の命すら危険にさらされた。八月一一日、ついに彼は「天下同胞に留別するの書」を発表し、悲憤慷慨しつつ運動を去ったのである。アメリカは清朝に対して曾鋳の取り締まりを求めたが、上海を管轄下におく両江総督周馥《しゅうふく》は、曾鋳の人気を恐れて手を出しかねていた。確かに曾鋳を称賛して運動の持続を求める意見は強硬だった。「かの国のリンカンは昔、黒人奴隷を解放するために一身を犠牲にし、ついに全世界から敬意を表され、今なおその記憶はうすらいでいない。今、中国で同胞を救うために死すなら、〔曾鋳〕先生の栄誉はリンカンを超えるものがあろう」(『申報』八月二九日「彙録抵制美約致曾少卿各函」)と、ある投書は述べている。

ここまでの過程を理解するには、曾鋳が上海の商業界では弱小の福建幇に属していたことに注目すべきである。曾鋳が運動を熱心に指導していった動機は、愛国の義憤と理解して問題ないだろう。しかし、ボイコットを成功させるためには、組織としての団結が不可欠である。上海において経済力において優勢で、商会をも牛耳っていたのは厳信厚ら寧波幇であるが、彼らは同胞を救うというような大義に魅力を感じたとしても、いっぽうでは商業的な損失を恐れ、官の弾圧を危惧したのであろう。そこで、ボイコットは上海商会の発動という名義を得ることは不可能になったのである。さらに曾鋳の行動に対して、寧波幇の有力者の中には、スタンド・プレーと見て、快く思わない者がいても不思議はない。

もちろん寧波幇の中にも運動に共感し協力した者も少なからず存在した。「四明同郷会」という寧波人の会が集会を開いていることからも知られる。その意味でボイコット運動が、個々の本籍地を越えた目標をつくりだしているのを見て取ることは可能である。事実、曾鋳に対する支持は衰えなかった。同じ年に上海城《じょうしょう》廂総工程局という自治機構が作られたとき曾鋳は辦事《べんじ》総董《そうとう》に選ばれたし、上海商会においても最高位の総理に選出された。

皮肉なことに、この曾鋳の商会総理任期中に、今度は寧波幇の利害にかかわる事件が起こった。清朝が蘇州―杭州―寧波を結ぶ鉄道のための借款をイギリスから受けようとしたのに反対して、中国資本を集めようとする動きである。すなわち外国資本の進出を食い止めようとする運動であり、やはり愛国の語彙がスローガンとされた。この際には上海商会は一致団結して運動を指導することができたのだが、それは寧波幇の力量をよく示している（徐鼎新・銭小明、一九九一年、九〇頁）。

以上からわかるように、地域的利害は同郷的団結によって政治運動化されるが、その動きは全国の団結につながるような言語表現を与えられている。それは、なるべく多くの人々の協力を求めるためである。各地からの出身者が集まっている都市社会にあっては、そのような愛国的理念こそが、本籍地ごとの分立を越えた都市社会の一体化の可能性をもたらしたと考えられる。

天津の場合――本地人の復権としての愛国運動

天津は、もともとアメリカ移民とはあまり関係のない土地であった。しかし、上海に比べても早く反アメリカのボイコットを開始したように、むしろ大いに運動に熱意を示したと言えるのである。その理由を考えてみる必要がある。

まず天津の商業界について述べておきたい。天津は欧米に向けての開港以前から、すでに清朝の死命を制する港市であった。天津城は、江南・山東と北京に近い通州《つうしゅう》とを結ぶ大運河ぞいに位置し、しかも華北平原の多くの河川を支流として渤海湾に流れ込む白河《はくが》と大運河とが交差する地点にあった。天津には、福建・台湾などからのジャンクもやってきて賑わっていたし、ラクダやラバに荷を載せて往来する回民（漢語を話すムスリム）も拠点を構えていた。まさに海洋アジアと内陸アジアの接点だったと言える。天津の商業エリートだったのは、塩商人である。塩は国家専売の商品であったが、渤海湾での塩業を管理する役所は天津におかれていたため、天津は莫大な富をもつ塩商人の拠点となっていた。

しかし、第二次鴉片戦争（アロー戦争）後の開港は、天津の商業界にもうひとつのビジネス・チャンスをもたらす。外国貿易である。これをめざして、広東人・寧波人が天津にやって来たが、彼らは英語力を生かして外国の商社・銀行などの買辦となり、一躍、天津における有力者となった。それをよく示すのが、同郷会館の整備である。たとえば、寧波など浙江出身者のための浙江会館は、以前から存在していたものの、新たな募金により一八八七年に改修された。この過程では、のちに上海の寧波幇の中心となる厳信厚や天津の買辦である王銘槐《おうめいかい》といった浙江人の動きが見える（光緒刊『重修天津府志』巻二十四）。

天津は一九〇〇年の義和団戦争によって大きな被害を受けたが、その後、一時的な外国軍の占領行

図 12（上）　天津城外の町並み（20 世紀初頭）．平屋の煉瓦づくりの家屋がならび，道路には，人力車ほか各種の車が見える．
図 13（下）　天津の日本租界（20 世紀初頭）．この時代の天津には，8 つの外国租界が存在し，さながら小さな国際社会を形成していた．
出典）図 12・13 とも清国駐屯軍司令部編『天津誌』博文館，1909 年，口絵．

政を経て、直隷総督《ちよくれい》袁世凱《えんせいがい》によって回収された。まもなく天津の商工業者の結集体として、各同業団体を束ねた天津商会が一九〇三年に設けられた。

さて、一九〇五年の反アメリカ運動の問題であるが、先にのべたように、天津商会は曾鋳の電報をうけたあと、その内容について上海に照会を行なった。しかし、天津商会は、運動を推進する立場をすぐに明確にしたわけではない。

これに対して天津の日刊新聞である『大公報』は、熱心にボイコット推進のキャンペーンを張っている。まず六月一一日から記事のまえに「本紙はアメリカ商人の広告を載せない」という声明をかかげた。また、六月一二日から毎日、以下のような呼びかけを載せていた。

アメリカは華工の禁止条約を継続締結しようとして、迫害はいちじるしいものがあります。そこで、我が国民は共に戒めて、アメリカ商品を買わないことで抵抗手段にするのです。アメリカ商品のマークを左にかかげ、買い物のとき容易に識別できるようにします。

大公報館啓

(United States) (United States of America) (USA)

また紙面に特別なコーナーを設けて、各地のボイコット関係の情報を紹介することに努めた。

学界(教育関係者)からも、動きが起こった。私立敬業学堂(のちの南開中学)の教官である張伯苓《ちようはくれい》らは天津の学界に呼びかける新聞広告を出した。

最近、各新聞を読んでいるとアメリカ人が華工を禁ずる条約を継続しようとするのに対抗しようとの議論が上海で様々になされており、実に我が同胞が公憤を激発し、それぞれ全力を尽くして抵抗しようとしています。まさに待ち望んだ喜ばしい状況です。我が天津は義和団の戦乱に教訓を得て、にわかに教育が盛んになり、「愛国」「合群」（団結）の論説が日常茶飯のものになりました。いま、孤立無援の華僑の人々が海外で侮辱をうけているのに、我らが力を尽くして戦わないなら、我が国民の名誉を傷つけるだけでなく、大いに我が国民の責任に背くことになります（『大公報』六月一〇日「敬告天津学界中同志諸君」）。

こうして、アメリカ商品を買わないように呼びかけるだけでなく、教育の場でもボイコットを勧めようとしたのである。

商会が対策を話しあうのと並行して、本籍地グループによる動員が見られたことも注目される。天津の広東人は、広州の善堂・商会に電報をうち抵抗の決意を述べた（『華字日報』六月一四日「京津人士抵制美約」）。また、寧波幇の王銘槐らは、対策を協議するため商会の建物で集会を開こうとし寧波人を中心とする「江浙同郷諸君」の参加を広く呼びかけた（『大公報』六月一六日「敬請江浙同郷諸君十六日商務総会集議啓」）。

さて、以上のような世論の盛り上がりをうけて、商務総会でも、六月一八日午後二時から六時まで、ボイコットの実施を検討するための大会が開かれた。各商人団体の主だった者たちが皆集まり、総計二〇〇人あまりであった。この会議において、商会総理の王賢賓が、寧波幇の王銘槐の起草したボイコット案を読みあげた。また商会で協理の役職にあった寧世福《ねいせいふく》が演説し、アメリカの華工に対する措置は紳商の公憤を引き起こし、四億の同胞を揺り動かした点にふれた上で、ボイコットの実行を求めると、全員が同意した。平素からアメリカ製品を購入している同業団体などは以後買わないことを誓い、もし違反する者がいれば五万元の罰銀を支払うべきことも議決された。王賢賓・寧世福など天津商会のリーダーたちは天津籍であり、彼らと寧波幇の協動は中国のためという目標によって推進されているのである。福建幇はこの大会に欠席したものの、上海の泉漳会館(前述のように福建幇の拠点)から来た文書に従って、やはり運動に加わる模様であった(『大公報』六月一九日「商界之大会議」、二〇日「浙紳王観察京堂不售美貨説帖」「商界之大会議続誌」)。

おなじく一八日には、天津府官立中学堂・私立敬業学堂の学生が中心となり、教師・学生の集会を開くことになっていた。その呼び掛けは、ビラで伝えられるだけでなく『大公報』にも掲載された。集会の当日、学生五〇四人、その他の客一一九人、計六二三人が集まった。次々に演説が行なわれ、ボイコットの進め方が議決された(『大公報』一九日「学界之大会議」、二〇日「学界之大会議続誌」)。

このようにして上海で定めた二か月の期限よりも早く、ボイコットをまさに開始しようとしたところ、六月二一日、商会のリーダーたちは官に呼び出され、ボイコットの中止を求められた。総督袁世凱は、義和団戦争以来ロシアに占領され、折りしも日本とロシアの戦争の舞台となっている遼寧以北の地を外交的に回復するために合衆国の調停を期待しており、合衆国との関係の悪化は避けたかったのである(張存武、一九六六年、六七—六八頁)。これを受け入れて商会はボイコットの中止を伝えるビラを各商人に配布した。官からの圧力に、天津商人は屈してしまったように見える。しかし、ことはそう簡単ではない。この背景には、アメリカ商品を取り扱わないことが天津経済に与える悪影響を商人自身が憂慮したという事情もあったと考えておくべきだろう。

商界とは対照的に学界の人々はかなりボイコットに熱心であったと考えられる。各学堂には、アメリカ製品がほとんど見られなくなり、学堂ちかくの商店も他の国の製品にきりかえた(『大公報』六月二六日「天津学界特色」)。

いっぽうで、官による弾圧方針は続き、二〇人以上の集会は事前に届け出るべきことが命じられた。また、ボイコットの鼓吹に熱心であった『大公報』も弾圧の対象となり、その閲読が禁じられた。

さて、ボイコットの展開にあたっては、不特定多数の一般の人々への宣伝ということが重要である。天津でいくつも設けられた「閲報処《えつぽうしよ》」(新聞などを閲覧に供する)や「宣講処《せんこうしよ》」(重要なテーマについて演説する)という施設がその点で注目される。これらは、必ずしもボイコットの宣伝だけではなく(廟の信仰や風水観念に対する批判を含めた)一般的な啓蒙を目的としていたが、アメリカ商品不買を訴えることを大きな動機としつつ登場したと考えられる。なぜなら、このような施設を設置する動きは天津では一九〇五年の夏に急速に進んだからである。しかも、二〇人以上の集会の規制をかいくぐるという意味も考えられる。この動きを担ったのは、天津の学界であり、特に私塾の教師などが目立つ。

このように学界が運動に対して非常に熱心であったのはなぜだろうか。実は、広州でも上海でも学生・教師の動きは活発であった。もちろん商人と異なりボイコットから経済的な痛みを受けないということは前提となる。それに加えて彼らの積極性の理由として考えられるのは、愛国運動への荷担こそが、学界の存在を意義あるものにしたからだろう。科挙廃止後の時勢にあって学習を正当化するのは、それが中国のために役立つと信じ主張することであった。よって、この時代の教育の刷新と学界の形成とは、愛国主義の誕生と密接な関係をもつと考えてよいだろう。

また特に天津特有の事情もあるかもしれない。学界の人々は、多く天津の地元の出身であるが天津の経済的興隆などの恩恵を受けることは少なかった。商人たちはボイコットによる経済的打撃を恐れていたが、学界の者にとっては日ごろの政治的関心を表現し運動とする絶好の機会であった。元来の北方人である彼らは、広範な人々に演説するのに、方言の障害も小さかった。つまり、反アメリカ運動は天津の本地人にとって、政治的な発言力を獲得する好機だったのである。中国のためにという言い方は、彼らの問題意識に沿うだけでなく、彼らの主張を反論しがたいものとしただろう。

いっぽう、他所に本籍をもつ者はどうか。まず広東幇が特別な関心を示すのは当然としても、寧波幇のリーダーである王銘槐までがボイコットの趣意書を作っていることが注目される。中国のためという理念が、出身地をこえた協力を可能にしていたと言えよう。愛国的な言説は、正面から反論することは難しく、多くの商人は中国のために利益を犠牲にすることをいったんは約束させられたのである。たしかに決議集会のおりに福建幇が欠席し独自に上海の同郷者と連絡をとっているように、同郷の紐帯は大きな意味をもっていた。しかし、一九〇五年の反アメリカ運動は、まちがいなく、中国の団結というものを政治的な動員のための理念として提示したのである。

もうひとつ、大衆的動員にあたって重要視されたのは、義和団のような暴力の激発を未然に防止することであった。このような志向は「文明」的と形容される。新聞へのある投書は以下のように述べている。

多くの場所で演説会が開かれ、華工が排斥される状況を白話であちこちに伝えようとしている。人々にその迫害の苦しみを知らせれば、勧めるまでもなくアメリカ商品を買わなくなるだろう。これは非常に「文明」的な方法である。ただし、まずもって決してアメリカ人を迫害したり、アメリカ人の宗教を攻撃したりして、国家に外交的な問題をもたらしてはならない。これは各新聞がすでに説いていることで私が言う必要もなかろう（『大公報』六月一七日「敬告会議不買美貨的諸同胞」）。

別の投書は、四億の「同胞」に呼びかけつつ、端的に「決して義和団のように、キリスト教を打倒すると言って大乱を起こしてはならない」（『大公報』七月一〇日「敬告我華同胞」）と述べている。このような主張は、寺廟の信仰など民衆文化を否定する当時の論調と呼応していた。義和団の背後には「迷信」があると指摘されていたからである。

おりしも天津ではベルギーの会社が市内に路面電車を走らせるという計画があり、在来の運輸業者などは反対の立場をとっていた（吉澤誠一郎、二〇〇二年、二八一―三二四頁）。商会がボイコット決議をする前の時点であるが、彼らは電車問題について商会に口添えを期待し大挙して集まっていた。その機会に商会の側がアメリカ商品不買の趣旨を説き聴かせると「手を挙げ声を出して賛成しない者はいなかった」（『大公報』六月一三日、「天津商務総会致本館函」）。ここに集まっていたのは、脚行《きゃくこう》（運輸業にたずさわる集団）や車ひきなど肉体労働者たちであるが、かれらにも愛国の大義を教えこむことで、都市社会に一丸となる目標を与えたことになる。愛国の理念は、外国に対する抵抗の拠り所というだけでなく、都市の社会統合に有効だったことに注意すべきである。

華工と愛国

さて、ここまで反アメリカ運動の背景と経緯について見てきた。この運動の意義を考える場合、移民問題の解決をもたらしたかどうかという問いがまずあるだろう。つまりボイコットは明示的に掲げた目標をどこまで達成したかということである。この点では、ボイコットの意義は大したことはなかったと結論づけざるをえない。経済的には、日本とロシアの戦争の影響による好景気ゆえ、アメリカ商品の輸入はむしろ増加していたので、ボイコットの成果は明確でない。外交の面でもローズヴェルト大統領など合衆国政府の譲歩はわずかであったと言える。他の選択肢は考えにくかったにしろ、そもそもボイコットという手段が移民問題の解決のために適切なものだったかどうか疑問だという見方すらできるかもしれない。

にもかかわらず、この運動が清朝の国内の政治や社会にもたらした結果は、多大なものがあった。まず、移民問題という契機により愛国の観念が広く流通させられたということがある。この点をまず当時の国際的な条件からまとめてみよう。

一九世紀の移民はまさに世界的な労働力配置の問題としてとらえるべきである。その要因は黒人奴隷制の廃止という流れとともに、欧洲各国による海外植民地経営の展開、新大陸各国の開発の進展がある。たとえば、貧困にあえぐアイルランドから、かつての奴隷貿易港リヴァプールを経て、アメリカ合衆国へ向かう人口の流れは顕著だった。いっぽうで、欧米諸国の強い要請となし崩し的な華工の流出によって清朝も海外移民を公認せざるを得なくなった。このように国境を越える人の移動・分散そしてネットワーク形成という現象は、トランスナショナリズム(transnationalism)の好例と言えるかもしれない。

しかし、華工の分散を単に世界の一体化の方向性をもつ事象と考えて済ませるわけにはゆかない。これまでに述べたように、移民問題を論点としつつ同胞を守るためという名義で広く共感が喚起され、愛国の理念が高唱されることになった。この過程で中国人という集合的自己意識がますます広く共有されるようになったのは、まず注目すべき点である。

では、移民という現象が、必ずしも世界の一体化・均質化につながらず、かえって愛国主義に裏づけられたボイコットのきっかけとなるのはなぜだろうか。それは、まず主権国家体系の存在によるのである。移民については、もちろん両国の条約が第一の規定要因であるが、そのもとで入国管理は各国の権限であり、市民権付与も他国が口を出せるものではない。華工の流入は、連邦議会の定めた法によって禁止されたのであり、しかも華工はアメリカ合衆国の帰化法によって市民権獲得の道が閉ざされていた。このようにして、アメリカ社会の「漢化」は阻止されたとも言えよう。

実は、この一九〇五年の段階では清朝は国籍法をもっていなかったので、「中国人」は厳密には国籍に関わる概念ではないことにも留意すべきである。しかし、これまで見てきたように、国境の壁が中国人観念を強めていく契機となったことも事実であろう。

またアメリカ合衆国についてみられるように、人種差別意識と差別の実践という問題がある。南北戦争によって一応、黒人奴隷制度を廃棄した合衆国でも、人種差別そのものは根強く残っていた。カリフォルニアへの華工の上陸を批判する言論は強まってゆき、二〇世紀になると黄禍《こうか》論も登場する。また、白人のうちでもアングロ・サクソン系プロテスタントのエリートが(アイルランド系など)カトリックを劣等視する態度もあからさまなものであった。

このような差別の存在に対して、差別をはねのける国力と団結という方法で解決しようとしたのが中国の愛国運動であった。そして、『アンクル・トムの小屋』は差別される黒人を反面教師とするように読解され、梁啓超がアメリカのカトリック系移民の劣等性を声高に指摘するのを見るとき、差別を支える偏見は乗り越えられずに、その階層構造を前提とした上でより優等になろうとする志向を生んだことが知られるのである。

当時、アメリカの現状に対する情報が非常に豊かだったとは思われない。しかし、民主・自由といった理念だけでなく人種差別というものが確かにあるという認識は、だいぶ広まっていた。ボイコットを勧める理由として「アメリカは文明の国であって公正な人も少なくない。しかし労働組合員は多く、民主の政体では多数が勝つ。もし我々が精いっぱいがんばるなら、公正な人が挽回しやすいだろう」(鄭観応『盛世危言後篇』巻七「致広州拒約会同人書」)という冷静な意見もあった。しかし、通俗的には、いかにアメリカ人による虐待がひどいかということが強調されていったのである。

以上が、ボイコットの開始にとって国際的な条件をなしている。しかし、その具体的な展開は、清末の都市の政治・社会状況から説明する必要がある。

都市社会と愛国主義

清末都市が、そのような中国の団結を求める運動の成長する場であった。ここで注意すべきことは諸都市がほぼ同時進行的に同様の言説をもった理由である。それには、まず情報伝達方法の革新がある。電報は各地に愛国運動を呼びかけ運動の進展を伝える有効な手段であった。そして、その情報は、新聞などの定期刊行物によって集約され近づきやすいものになった。新聞は相互に記事を転載しあい、情報が共有された。また、各都市に設けられた商会どうしの情報のやりとりもある。ボイコットは創設まもない商会が連絡をとりあって連携する最初の機会となった。

各都市内部でも、本籍地ごとに分立した社会編成を乗り越えるのに愛国運動は適合的であった。特に商会や地方自治の発展の上に果たした役割は大きい。同業・同郷団体をまとめた地方支配体制をつくるためには、その都市内部の事情を越えた問題に対処するというきっかけが有効だったと考えられるからである。蘇州商会がボイコット運動と並行しながら形成され、上海の地方自治の制度化が同時期に進むのは、その好例である。地方自治体制と愛国主義の形成とは、一見すると相反する事態のように思われるが、以上のような理由で両者は並行して進行した。

こうして弾みがつくと、本来は地元に即した問題でも何かにつけて中国全体のおかれた環境との関わりで語られるようになり、ますます愛国の言説は瀰漫していった。愛国理念は議論の正当性の源泉として手近なものであり、多くの論者がそれを我がものとして利用した。発言の意図はさておくにしても、結果としては言説の反復のなかに団結した中国像が生み出されていったのである。こうして、この後、北京の中央政権の実効統治が弛緩するにもかかわらず（あるいはそれゆえに）、様々な愛国運動の高揚が進展することになる。この点で、たとえば日本やフランスで、中央政府の施策を大きな動因としつつ均質的な国民形成が志向されたのとは異なっていると言えそうである。

いっぽうで、本籍地アイデンティティは、中国人意識に圧倒されて弱まったわけではない。反アメリカ運動を見ても、一面、広東人の人的つながりが大きく作用しており、天津でも上海でも広東幇の動きが見られる。上海の広洋貨行（広東や外国の製品を扱う業界の団体）が、香港の東華医院にボイコットへの参加を呼びかけている（『華字日報』八月一五日「華商公局会議」）ような広東人としての動員が行われることは自然なありゆきと言えよう。同郷関係の活性化が愛国運動を支えていたのである。

とはいえ、ボイコットが意味をもつためには広範な団結が不可欠であるから、あくまでも中国人の問題として提示されたのは当然である。中国のためにという言説は、本籍地の別を包摂しながら、それを越えたものとして力をもつようになったと考えられる。

学生と愛国運動とは切っても切れない。そもそも科挙試験に支えられた儒学が知識・教養の中心であった時代は、科挙廃止の趨勢で終わりをつげようとしていた。儒学は人格の向上にかかわり、それゆえ学問は尊重され、科挙もそれを前提としていた。その理念がゆらぐとき、それでもなお学習が意味をもつとすれば何によってか。若い教師・学生たちは、それは中国のためであると信じようとしたのである。この立場を強調することによって、彼らは都市社会において政治的発言力をもつことが可能ともなった。しかも、この時期に設けられはじめた新式学堂が、運動の前提となる社会的紐帯をつくったことも注目される(桑兵、一九九一年b)。

愛国運動は、愚昧なるものと決めつけられた民衆文化と対抗的に展開された。ボイコット運動は、民衆文化に裏づけられた義和団運動の再来(暴力的排外)であってはならないと主張された。中国の存亡は、より先進的・普遍的な文明の潮流に加われるか否かにかかっていると考えられたからである。中国の団結とは、都市のエリート層が、厳しい国際環境のもとで国家の存続をはかり、しかも彼らの地域社会での優越性をはかるために有効な方策であったと考えてよいだろう。そして、都市社会において出身地を越えた共生・連帯の論理と心情を提供したのも、愛国主義だったのである。

第三章

中国の一体性を追求する——地図と歴史叙述

瓜分の恐怖

よく知られているように、「瓜分《かぶん》」とは、列強によって中国が分割されてしまうことを意味し、亡国の運命をたどるのではないかという危機感を含んでいる。瓜を切ることに国土分割を喩えた「瓜分」という語は、古典のなかにも用例はあるが、まさに世紀転換期から二〇世紀はじめの数年間に流行したものと言える。

たとえば、『清議報』に載せられた論説「瓜分危言」は、以下のように指摘する。

西洋人が中国を瓜分することを議論してから、もう数十年になる。中国の有識者が瓜分のことを知って心配を始めてから、もう一〇年になる。この一、二の識者はどんな様子かと言えば、汗をかき息を切らして天下を走り回り、大声で呼びかけて人々に告げ知らそうとするが、人々は愚かにもいびきをかいて眠っており、ゆったり構えて耳を貸そうとせず、仮に聞いても一笑に付して、少しも意に介さない。かの西洋人のほうも沈着慎重であり、心の中で考え抜いて、軽々しくは表に出さない。土地分割をするにしても、辺境の属領だけであり、堂々たる大国については、これまでは少しも損なうわけにゆかなかった。そこで、中国でいびきをかいている者は、ますます安心しきって、こう考える。「西洋人が、そんなことを考えているはずがない。この話は、悪い言葉で政治を乱す輩が、わざと過激なことを言って世を騒がしているだけだ」と。ああ痛ましいかな（哀時客「瓜分危言」『清議報』一五冊、一八九九年）。

この文章の筆者である梁啓超[1]は、続いて、この一年のうちに膠州湾《こうしゅうわん》をドイツが、旅順・大連をロシアが、威海衛《いかいえい》を英国が、広州湾をフランスが獲得するというように分割の動きが急速に進み、鉄道・鉱山の権利が他国の手に落ちたという事態を指摘する。瓜分の危険性を深刻に受け止めようとする態度であろう。しかも、「孟子いわく、外国に滅ぼされる国は、必ずやその前に自分で滅亡の道を歩んでいる、と（『孟子』離婁篇）。インドを滅ぼしたのは、インドの酋長であり、イギリス人ではない。ポーランドを滅ぼしたのは、ポーランドの貴族であり、ロシア・プロイセン・オーストリアではない」と述べ、中国は自らの政策担当者の腐敗のせいで瓜分の危険性を招いているというのである（哀時客「瓜分危言三続」『清議報』一三冊、一八九九年）。具体的には、西太后《せいたいこう》ら清朝の政権中枢が康有為の政治改革を挫折させたことへの批判と理解できる。

『清議報』は、外国の新聞の記事を翻訳して掲載しており、そのなかには、列強が瓜分を企んでいるという内容のものも含まれている。しかし、それは、単に外国状勢について冷静な判断材料を提供しようとするよりは、多分に国難の危機感を刺激しようとする煽情的な記事を選んでいるように感じられる。もともとの記事が誤報に近いものであったり、強引な論理展開の社説だったりすることもあり、今日の目から見て信頼できる情報とは考えられない。誰が作り上げた説かは特定できないが、中国を瓜分するための国際委員会を作る構想も紹介されている。この会は、イギリス・フランス・アメリカ・ドイツ・ロシア・イタリア・オーストリア・日本によって平和的に中国を分割支配しようとするために組織されている（当然ながら、これは仮構の話である）。

一、この会は、平和瓜分中国公会と名づける。各国は委員三名を派遣して、全権をゆだねる。会議は、会のことを自ら決定する。

二、この会は、中国を主導的に処断する全権を有する。一切の会議は、本国政府の指示を仰がない。

三、各国が占領した土地は、各国が管轄する。現在その国の商務の売り上げの多寡、また、その国の権益の関係に従って、地図を使って境界を定める。

四、会員が互いに争ったときには、別の会員をつかわして公平に決定する。この別の会員は、抽選・公挙によって選出する。

五、ある国の会員が、会議の全体意見にあくまで反対し、会議の決定に従わない場合、この国については会議から追放したうえで、約束を守らず皆に反対した責任を皆で追及する。

六、この会が、新しい土地を得た場合、各国で分割して占領する。ある国の会員が故意に条約を結んで別の国の商務を妨害し利権を侵してはならない。あらゆる中国の土地はすでに万国の管轄に帰したのだから、万国が通商するのにまかせる。もし、一国が通商を阻害したら、各国は共同でこれを罰し、その国が占領するはずの土地を没収して、その利を各国で均霑《きんてん》する。
七、もし別の国が後から会に入りたいと希望した場合には、その国が中国に商務の勢力がなくとも、ともに協力して中国を瓜分することを認め、土地を与えて占領させることとする。
八、各国が中国に派遣して駐屯させる兵力は、多くてはならず、その国の土地を防衛するに足るだけとする。
九、会の規則として、永久に中国人が兵器を製造するのを許さない（「擬立瓜分中国平和会」『清議報』四冊、一八九八年）。

これを読む限り、まことに身勝手な構想である。さらに、翻訳された記事は、瓜分は中国人からも歓迎されると記す。瓜分して強国の支配下に入れば、腐敗した官憲の圧迫を逃れて生命・財産を守れるからというのだ。いうまでもなく、『清議報』がこれを掲載している意図は、危機意識を煽ることである。そこには、列強の侵略への批判とともに、無能な政府と愛国心の欠けた人民を問題とする意識を読みとることが可能であろう。このように、瓜分を警戒する言説には、愛国心を涵養し、しっかりと国土を守るべきだという主張が込められていることになる。

二〇世紀に入ると、ますます危機感が強まる。

二〇世紀の初年とは、支那は北京での敗戦（義和団戦争と辛丑条約）後の時代である。ここ数年のうちに、ロシアは北方に進出し、英国は揚子江流域に、フランスは雲南と広東・広西に、ドイツは山東に、日本は江西・福建にというように、勢力範囲が次第に固まってきた（衛種「二十世紀之支那初言」『二十世紀之支那』一期、一九〇五年）。

このような状況を踏まえると当然だろうが、辛亥革命前に康有為・梁啓超らと革命派とが政治路線をめぐって展開した論争の中でも、瓜分の問題は、重要な位置を占めていた。すなわち、康有為・梁啓超は、もし清朝を打倒しようとするならば、内乱の過程で外国の干渉を招くなどして、中国を瓜分する結果となることを指摘した。これに対して、革命派は反論して譲らなかったという論戦である（亓冰峯、一九六六年、一六八―一七八頁。寺広映雄、一九七八年）。

革命が瓜分を招くという想定は、革命に反対する論拠として提示された。しかし、この議論は、単に論争のためにもちだされたというだけでなく、梁啓超らの従来の視点と深く結びついていることに注意しなければならない。すなわち、右に見たように、梁啓超の編集する『清議報』こそが、瓜分という言葉そのものを流行させた有力な発信源であった。そこでは、厳しい国際環境という現状認識を前提として、それに対応するには西太后らの政権では不可能であり、政治改革を推進すべきことが主張されていた。

革命を推進しようとする者は、これに正面から対決する必要があった。その代表が、汪精衛《おうせいえい》の論文であり、要するに満洲政府を打倒しなければ中国は自立することはできず、瓜分の原因は残るということ、外国勢力の均衡に乗じて革命を成功させるのが平和に帰結するということである。「革命によって瓜分の禍を防ぐことができるのであり、革命が瓜分をもたらすのでない」（精衛「駁革命可以召瓜分説」『民報』六号、一九〇六年）。

この議論は、従来の辛亥革命史研究のなかでもよく知られてきた。しかし、汪精衛の理路整然とした論文に道理を認めたとしても、こののち辛亥革命後に成立した中華民国では、政権が実質的に分立し、それゆえ日本をはじめとする外国の干渉・侵略を招いたことは否定しがたい(皮肉にも、ついには汪精衛自身が、日本の中国侵略に荷担してしまう)。いっぽうで、革命が瓜分を招くという梁啓超の説も、西太后らによる現政府の無能さを指摘する以上は、瓜分を回避するために応急的に何をすべきかという指針を示さなければ、無力であろう。

しかし、ここで注目したいのは、政治的立場の相違に基づいて瓜分についての論争が起こったということ自体ではない。むしろ、その議論を成り立たせている前提とは何かと問いたい。その前提とは、論争のどちらも瓜分という語で、亡国の危機を語っていることに他ならない。瓜分が回避すべき帰結であることは大前提であり、方針を誤ると瓜分を引き起こすというのである(議論されているのは、その処方箋にすぎない)。当然ながら、国土分割への憂慮は、政治路線の対立を越えて共有されていたと考えられる。

そして、このような論争を展開することによって、中国の領域とは守るべき不可分の実体だという発想がますます広められていったのである。瓜を切り分けるという比喩は、もともとの国土が完全な一体性をもったものであるという前提を含んでいる。清朝の統治する版図とは、確かに一定の領域があったとは言えるが、それが不可分の一体性をもつなどという議論は、たとえば一八世紀に存在したとは考えられない。すでに述べたように、その支配領域とは、度重なる外征の結果として、多分に偶然性をもって統合されてきたものである。瓜分の恐怖を言い立てることは、実は、偶然に集積された領域という由来を忘却させ、かえって不可分の一体としての国土という観念を宣伝していることに他ならなかったのである。[2]

地図を思い浮かべる

浙江からの日本留学生の雑誌『浙江潮』に載せられた「中国地質略論」という論文は、以下の言葉で始まっている。

一国を窺うことは難しいことではない。その国に入り、市中を探してみて、自国で作った精密な地形図が一副もないようなら、その国は文明国ではない。自国で作った精密な地質図(および地形・土性などの図)が一副もないようなら、その国は文明国ではない(索子「中国地質略論」『浙江潮』八期、一九〇三年)。

これは、鉱山学を修めた周樹人《しゅうじゅじん》(魯迅《ろじん》)が書いたものとされている(彼は、江南陸師学堂附設礦務鉄路学堂の卒業生である。以上の訳文は学習研究社版『魯迅全集』に、ほぼ拠った)。この論文は、リヒトホーフェン Ferdinand Freiherr von Richthofen などが中国の地理・地質の調査を行なったことが布石となって、列強が中国の炭田・鉱山を狙うに至ったことを、鋭く指摘している。そして、中国の国土における鉱産資源を列国が争って奪うことで、「瓜分滅国の禍」がもたらされることを警戒するのである。ここには、この時代の地理への関心のあり方が、よく表現されている。

図14は、『新民叢報』の表紙である。ここには、中国の領域が色を塗られるようにして表現されている。これ以前、清朝にとって、一応の領域意識はあり、場合によってはロシアなど隣国との境界も存在していたが、全体としてみれば、その版図とは、あくまでも清朝の征服活動のなりゆきによって治下に組み込まれた断片の集積にすぎなかったとも言える。しかし、この地図では、国土の一体性を

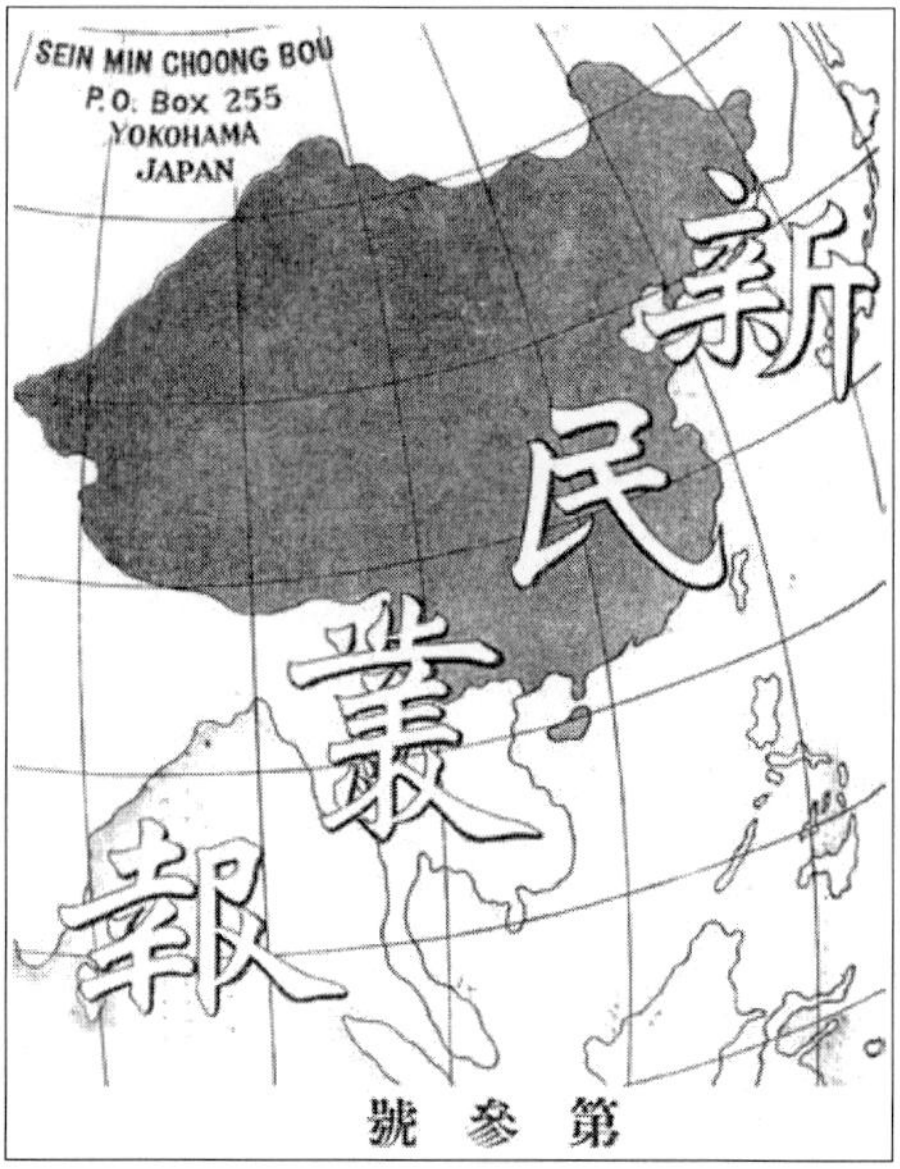

図 14　中国の範囲．初期の『新民叢報』の表紙は，中国の範囲を赤っぽい色で塗って，領域を明示している．
出典）『新民叢報』3 号，1902 年，表紙．

守るべしという主張と結びついて一色で領域が明示されている。まさに画期的な表象であった。

天津の日刊新聞『大公報』に、懸賞論文として「中国の亡びざるは、これ天の理なく、中国のもし亡ばば、これ地の理なきの説」と題された文章がいくつか載っている。そのひとつは、地図を眼前に置くようにして中国の地の理を考察しつつ、国土の広がりを概観している。

地図を自由に眺めて地域を較べて見ると、実は中国は決して滅びはしないことが知られる。西では、崑崙山から始まり、東は海に終わる。南は南海までで、北は黒竜江・内外蒙古というふうに、すべては中国の版図である（『大公報』一九〇五年五月一日、燕南公「中国不亡是無天理中国若亡是無地理説」）。

このように大国であり、気候・土壌など、地の理から言って、中国は滅亡するわけはないと言うのである。

『浙江潮』は、二期から、省内の府の地図を「杭州」「嘉興」というように毎号掲載している（図15参照）。この地図は、それ以前の地方志に見えるような「輿地図《よちず》」の類とはやや異なり、縮尺を意識し、山河・城鎮などの地勢をそのまま表現しようとしている（上が北を表している）。もちろん、これは、浙江省内の府ごとの同郷意識の強さを反映したものだろうが、おのおのの府の地理的な現況を可能なかぎり客観的に表現しようとする努力を示したものと言える。これは、いくつもの府の集合として省が構成されていることを、地図によって視覚的に示そうとしたものだろう。

浙江省そのものも、中国地図の中に位置づけられる。

我が国の地図を開いて、浙江省を見ると、山を背にして海に向き、左に江淮《こうわい》、右に閩粤《びんえつ》がある。その中央を銭塘江《せんとうこう》と甌江《おうこう》が貫いて流れている。これが我が浙江ではないか（公猛「浙江文明之概観」『浙江潮』一期、一九〇三年）。

現在からすれば、あまりにも当たり前の説明のようにも見えるが、なぜこのようなことを書く必要があるのだろうか。まさに、中国地図の上に浙江の場所を確認し、その帰属意識を喚起するためと思われる。しかし、その過程で、全体の構図を形作る中国の存在もあわせて意識されることに留意すべきである。以上のように、中国―省―府という階層性を認識させ、それぞれに対する帰属を確認する契機として地図が使われているのである。

楊毓麟《よういくりん》『新湖南』（一九〇二年）は、湖南人としての立場を激烈に強調しながら、清朝打倒を訴えたものであるが、そこでは、血で血を洗う抗争が呼びかけられている。

誰とも知れぬ人、何とも知れぬ色で、我が湖南の地図を何度も染めるよりは、我が湖南人の血で

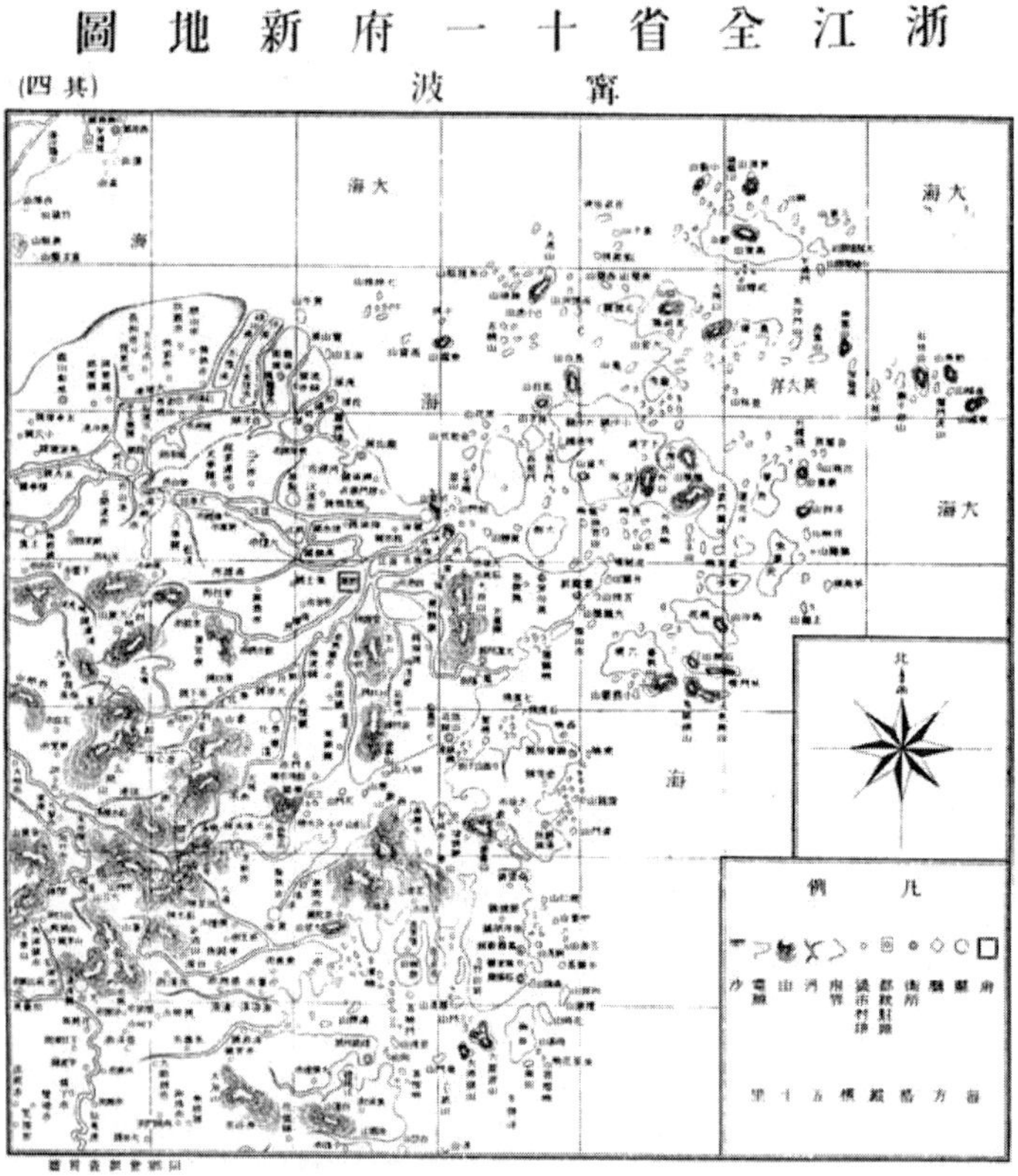

図 15　浙江の地図(寧波).『浙江潮』は，浙江省に属する各府の地図を連載している．これは，寧波府の地図である．旧来の地方志の地図とは少し異なり，北を上にして，高地は影をつけて表現されている．

出典)『浙江潮』5 期，1903 年，口絵．

もって我が湖南の血を染めた方が、厳かで美しいはずだ。さらに進んで、我が湖南人の血で我が中国の地を染めるならば、中国で中国を染めることになるのだ（『楊毓麟集』三八頁）。

このような認識の延長として出てくるのは、全世界の中に中国を位置づけ、そして自らの省をその中に位置づけるという発想である。留学生雑誌『江蘇』に以下の言葉が見える。

東アジアを見渡すと、広々とした大陸、四〇〇〇年以上の歴史を誇り、三九七万平方マイルの面積に広がり、四億七〇〇万あまりの人口を集め、一万六〇〇〇あまりの物産をもっていて、政教風俗が最も進んでいるために、文物・名声が全世界から仰がれているのは、我が支那ではないか。文化が三一〇〇年以上前から開けており、揚子江一二〇〇里あまりの流域を擁し、物産が豊富で人民の文化程度が支那の各省に冠たるのは、我が江南〔江蘇省〕ではないか（侯生「哀江南」『江蘇』一期、一九〇三年）。

こうして、人々の心の中には、世界地図のなかの中国、中国地図の中の自分の省、そしてそれ以下の府県などが描かれ、それが、自己と全体社会の構図となっていったのであろう。『江蘇』は、このように述べている。

支那は全体で、江南〔江蘇省〕は部分である。支那は支那という全体の者の支那であり、我は支那という全体の中の一分子である。江南は江南という部分の者の江南であり、我は江南という部分の中の一分子でもある（侯生「哀江南」『江蘇』一期、一九〇三年）。

清末には、「郷土」という言葉を用い、地元に即した教育活動と社会発展をめざす動きが見られる（郭双林、一九九八年。佐藤仁史、一九九九年）。注意すべきことは、右の例からもわかるように地元志向と愛国主義とは、相反するというよりは、相互補完的なものだったという点である。

たとえば、国学保存会は、国粋を尊び、そのために学術を「国学」として展開しようとしていたが（羅志田、二〇〇一年）、その延長として、郷土史志の教科書を刊行していた。広告によれば、これは国学に通じた者を集め、一八の省について郷土の歴史・地理・自然（「格致」）の教科書を編んだものである。その趣旨は、次のように説明されている。

弊会が思うに、小学校の段階は、国民の基礎を培養するものである。西洋各国の教育は、みな郷土史志という教科を重視し、見聞きするもののうち、もっとも身近で面白みがあることについて教えているので、記憶力や感覚力が活発となり、郷土を愛する心が刺激され、これによって国を愛することを知るのである（『国粋学報』合訂本第一年第三冊史篇の裏表紙広告）。

このように、郷土を愛する気持ちを、そのまま拡大することで愛国心になると考えられていたのである。

国土を防衛せよ

瓜分の話は、非常にしばしば、危機感を募らせるきっかけとして作用していた。前に述べたように、そのような情報の中には、真偽のほども不確かな点が含まれていたが、瓜分の危機が、実際のものか仮想のものかということは、ここでは、それほど重要なことではない。日本に留学していた宋教仁《そうきょうじん》は、日記に次のように記している。

〔新聞の〕号外を買った。なんと、ドイツが軍艦を江蘇省の沿岸に派遣し、海州口を占領し、祝砲をうち旗を揚げたとのことだ。ああ、この報道が本当ならば、支那の瓜分は、目前だ（『我之歴史』開国紀元四千六百零三年五月十六日条）。

日本とロシアの戦争の最中にドイツ軍艦が不審な動きを示したことは、日本で注目されても当然とも思われる。ただし、占領というのは誤報であり、宋教仁もその可能性を意識している。いずれにせよ、瓜分の危険性に対して鋭敏となっていることが、うかがわれる。

領土の不可分性の意識は、これより先、軍国民教育会の成立の出発点をなすものである。ロシアは、もともと義和団鎮圧のため派兵した軍を東三省（現在の中国東北地方）に駐屯させていた。その撤退は清朝と協定されていたが、一九〇三年、その撤兵条件七か条を示し、占領していた地域での既得権益を承認するように清朝に迫った。もちろん日本でも、この件は、大きな危機感をもって報道された。清朝から日本に留学していた学生たちは、強く反発し、自ら義勇隊を組織して袁世凱の北洋軍に参加して抵抗しようとした。この義勇隊が、軍国民教育会へと発展し、その後の革命運動にとってひとつの起点となったのである（黄福慶、一九七五年、二五九―二七六頁。中村哲夫、一九九二年、六一―九五頁。桑兵、一九九五年、二三八―二七八頁）。

この運動は、まさにロシアによる国土の分割に反発したという点、そして義勇隊の組織という方法が提起された点で注目される。留学生は、『時事新報』の号外に、ロシア外交官の談話として、「ロシアの現在の政策は、必ず東三省を取ってロシアの版図に帰属させることだ」とあったことに注目していた（「留学界記事」『浙江潮』四期、一九〇三年。「留学記録」『湖北学生界』四期、一九〇三年）。

留学生会館の幹事と評議員が議論したところ、鈕永建《ちゅうえいけん》が、義勇隊を組織する方策を提起した。そこで、神田の錦輝館で五〇〇人を集めた留学生の集会が開かれ、臨時議長に推された湯槱《とうゆう》が演説した。男たるもの、常々よい死に場所がないと言うものだ。今、ロシア人の東三省における勢力については、日本の緊急報道で諸君はよく知っているだろう。これこそ、我ら堂々たる国民が血を流す機会だ。イギリス・アメリカ・日本は、正義の論をなすとしてロシア人に反対しているが、彼らも各々の利権のために言っているだけのことだ。彼らが中国を愛しているわけはない。今日の大勢は、くどくどと述べるまでもない。戦っても滅亡するし、戦わなくても滅亡するのだ。いずれにせよ亡国だというなら、自ら開戦して主導しようではないか。生命を投げ出し、矢折れ兵尽きて一敗地にまみれるとしても、亡国の雄鬼となることはできよう。三国(イギリス・アメリカ・日本)が我々を助けなくとも、我々はもとより戦いを主導せざるを得ない。三国が我々を助けるならば、我々はまして先頭で戦わざるを得ない。東三省が失われれば、内地の一八省にも外国人が我も我もと国旗を立てるだろう。中国人には、足をつける土地が残るだろうか。そのときになって、一戦して死のうとしても、もう遅い。今日こそが、我が堂々たる国民が血を流す機会ではないか(「留学界」『江蘇』二期、一九〇三年。「留学界記事」『浙江潮』四期、一九〇三年)。

ここで、満場の拍手があり、演説は続いた。こうして、義勇隊に入ることを望む者は、次々と署名していった。時宜をとらえた巧みで熱烈な宣伝と、そして、自らの生命を国に捧げることの意思確認を義勇軍への編入という形で行なうという運動方式は、高揚感を広く共有させ、国土防衛に身をもって任じなければならないという意識を強めていっただろう。

義勇隊が実際に派遣されることはなかったが、このような反ロシア運動は、留学生だけでなく国内にも影響を与えていた。そして、度重なる瓜分の話によって、類似の反応を引き起こすことになったのである。

一九一〇年、英国の外務省は、ノースウィッチ Northwich という町に本社のあるブルナー・モンド社 Brunner Mond and Company から意見書を受け取った。[3] そこに添付されていた同社の上海駐在員エドワード・リトル Edward S. Little の報告は、清朝治下の各地で排外的な兆候が見られることを警告していた。そこでは、七六年ぶりに地球に接近しつつあるハリー彗星が人心に与える動揺や、鉄道をめぐる借款などが問題とされていたが、瓜分の危機感が煽り立てられていることも指摘されている。

中国では、瓜を切るというのが、政治的領域を分割することの隠喩(metaphor)となっている。インドで、反乱の起こる前に〔小麦粉を練って焼いた主食〕チャパティ(the chuputty cakes)が全国に神秘的に回し渡されるように、中国の帝国全体に同時に突如として現れたのは、表現こそ違え、同じ意味をもった回状である。すなわち、中国は来春に瓜分され外国列強の間で分け取られる、この災厄を避けるためには、すべての学生そして中国に忠誠を尽くす者は、義勇隊に入って武器の使用を学び、外国人と戦って国土から追い出すのに備えるべきだというのである。この文書は、様々な形で、たとえば、新聞紙上に、または、まちの城壁に張られる回状として、またはその他の仕方で、登場しており、至る所で人心を乱している。

このような指摘に基づき、北京のイギリス公使が各地の領事館に状況を問い合わせたところ、瓜分に関する話は、かなりの程度リトルの報告が正しいことが確認されたのである。

四川省の成都領事は、すでに瓜分の件については報告した通りと述べているが、確かに成都で見いだされた掲帖《けいちょう》（ビラ）の写しが、漢文の原文に英訳を附して提出されていた。

南京の四川省留学生の書簡によれば、以下のようにいう。フランスは既にアフリカ兵二〇万余りを動かして安南のトンキン湾に駐屯させており、五〇〇〇人を分けて広西省竜州の講武堂におき、また一〇〇〇人を広西省の各府に派遣した。その地を管轄する地方高官（「両広督撫」）は、断固たる態度で交渉しているが、かえって土地割譲の署名を迫られている。そこで、法律・政治制度を学ばせる広西法政学堂の監督である駱成驤《らくせいじょう》は、状況が緊迫しているのを見て、次の指示を出した。「国を強くするにはまず身体を強くすることが必要だ。我が身を守ってこそ国を守ることができる。中国は外から愚弄され危うい状態だ。そこで、諸君と一丸となって約したい。立憲の時代には誰もが参政の権利があり、それなら誰もが兵士となる義務がある。まして、諸君は、法律を深く学んでおり、大義を知っているはずだ。今日から、監督の私から全学生に至るまで、すべてが軍隊式の操練を行ない、軍事を学ぶことにする。愛国保種の心がない者は、去ってよろしい」。

この文章は、さらに領土分割の危機が迫っている事例をたくさん挙げ、イギリスのチベット侵攻は特に四川と関係が深いとしている。このように、自分の郷里についての危機感を前提としつつも、それを全国的な情報とつなぎ合わせて論じていることが注目される。全国の類似情報が強く希求されるあまり、不確かな話が混入する場合もあろう。危機感が増幅されるのである。そして、瓜分の危機の強調は、自衛武装という願望とあいまって、国家と自己とを、ふたつながら強く意識させることに帰結したと言えよう。「国を強くするにはまず身体を強くすることが必要だ。我が身を守ってこそ国を守ることができる」というのは、そのような関係を端的に示している文言なのである。

この後も、瓜分についての危機感はくり返し煽動され（小野信爾、一九九三年）、地理的な一体感を醸成していった。次には、通時的な一体性の問題を考えてみよう。

中国史の創成

梁啓超は、中国全国人民が維新五〇年の大祝典を盛大に開く様を描き出している。それは、西暦一九六二年のことで場所は首都南京とされているが、実は架空の『新中国未来記』の中での話である。もろもろの友邦は、慶賀のため特に兵艦をつかわし、臨席する貴顕としては、英国の皇帝・皇后、日本の皇帝・皇后、ロシアの大統領とその夫人、フィリピンの大統領とその夫人、ハンガリーの大統領とその夫人がおり、その他の諸国も、最高格の特使を派遣してきた。仮想として、ロシア・フィリピン・ハンガリーは、それぞれ一個の共和国ということになっており、中国も大統領制に移行している。祝典にあわせて上海では博覧会が開かれたが、無数の人が講演を行なう中で、京師大学校文学部の史学科が、博覧会場の中央に講壇を設け、三十余名の博士に中国政治史、中国哲学史、宗教史、経済史など分野を分けて講義した。それは、「我が国の人民の愛国心を激励し、外国人には我が黄帝の子孫が変遷・発達してきた過程を知らしめる」ためであった（「政治小説 新中国未来記」『新小説』一号、一九〇二年）。

ここには、梁啓超が理想とする史学の役割が、明確に示されていると言える。逆に言うと、当時の中国の史学のありかたに、梁啓超は不満を抱いていたのである。

それは、彼の「新史学」の構想を見れば、はっきりする（竹内弘行、一九九五年、一六七―二三八頁）。

梁啓超は、史学の意義を次のように説明している。

今日、西洋で広く行なわれている諸学問の中で、中国にもともとあるものと言えば、史学だけである。史学というのは、学問のうちで、もっとも広闊《こうかつ》で緊要なものだ。国民の明鏡《めいきょう》であり、愛国心の源泉なのだ。今日、欧洲で民族主義が発達し、列国が日に日に文明に進んできたのは、半ばは史学の功績である（中国之新民「新史学第一章　中国之旧史学」『新民叢報』一号、一九〇二年）。

しかし、中国の史学が欧洲と同様の役割を果たしてこなかったとして、梁啓超は痛切に慨嘆する。その理由は、「朝廷あるを知って、国家あるを知らない」、つまり王朝に即した君主中心の叙述であって、正統論にとらわれている、また「個人あるを知って、群体〔社会集団〕あるを知らない」、つまり、本紀・列伝などばらばらの個人伝にすぎず、集団としての国民の歴史になっていない、といったことである。こうして四億の同胞が優勝劣敗の世界において、しっかりした足場を得るために、「新史学」が不可欠だということになる。梁啓超が「史学革命」の旗手となったのは、この鋭い問題意識による（佐藤慎一、一九七九年。王汎森、二〇〇一年、一六五―一九六頁。Tang, 1996, pp. 80-116）。

梁啓超は、過去の史学が、王朝の正統について議論してきたことを、厳しく批判している。それは、君主中心の政治観に基づくという問題だけでなく、史学が道徳的な観点から（実は政治的な背景をもって）個々の政権・君主の「正」と「偽」を弁別しようと議論してきたという問題を意識してのものであった。梁啓超は、古く秦の時代に蜂起した陳勝《ちんしょう》・呉広《ごこう》から、近年では清朝に対して太平天国を建てた洪秀全《こうしゅうぜん》までを例に挙げ、これらの反乱指導者は、もう少しのところで永続的な王朝を建てられなかったため、史家から逆賊として扱われているが、もし王朝の始祖となっていたら、その徳を讃える称号を与えられただろうとして、ほとんど罵倒するように過去の学者を責めている（中国之新民「新史学三　論正統」『新民叢報』一一号、一九〇二年）。清朝に刃向かった洪秀全に言及しているように、ここでの梁啓超の態度は、清朝に対して必ずしも忠誠を尽くすものではなく、個別の王朝を超越した中国の新史学を希求していると言えよう。

同じ頃、章炳麟《しょうへいりん》も『中国通史』を執筆していた。章炳麟は、書簡を梁啓超に送り、その意欲を伝えている。そこで構想されているのは、従来の正史の構成を踏まえつつ、しかし、『漢書』以来の正史が各王朝ごとの断代史《だんだいし》であったのと違って、古代からの歴史を通観する『中国通史』なのである（「章太炎来簡」『新民叢報』一三号、一九〇二年）。その内容を表1に示す。

まず五表というのは、『史記』『漢書』の「表」の部分を先例として取り入れたものだろう。十二志というのも、正史の「志」を踏襲するが、まず「種族志」を第一におくのが目をひく。十記というのが、社会的な事象を通時的に説明するために工夫されたものであり、南宋の袁枢《えんすう》が『通《つ》鑑紀事《がんきじ》本末《ほんまつ》』で示した方式（事件の顛末を年代順にまとめた歴史叙述）を参考にしている。章炳麟の構想は、「胡《こ》寇《こう》記《き》」（北方諸族の侵攻を描くつもりだろう）、「光復記《こうふくき》」（具体的には清朝打倒の政治運動をさすのかもしれない）というように、特色がある。考紀そして別録とあるのは、既往の正史の本紀・列伝にあたる帝王と臣下の伝記であろう。この人選も興味をひくが、洪秀全別録のところに章炳麟は注をつけて「これは、考紀のほうに入れるかもしれない。検討中」としているのも注目される。

章炳麟の主張は、以下のようなものである。

通史で重要なことは、当然ながら二つの方面がある。ひとつは、社会・政治の進化・衰微の原理

表1　章炳麟の構想した『中国通史』

【五表】
帝王表　方輿表　職官表　師相表　文儒表
【十二志】
種族志　民宅志　食貨志　工藝志　文言志　宗教志　学術志　礼俗志　章服志　法令志　溝洫志　兵志
【十記】
革命記　周服記　秦帝記　南冑記　唐藩記　党錮記　陸交記　海交記　胡寇記　光復記
【八考紀】
秦始皇考紀　漢武帝考紀　王莽考紀　宋武帝考紀　唐太宗考紀　元太祖考紀　明太祖考紀　清三帝考紀
【二十七別録】
管〔仲〕・商〔鞅〕・蕭〔何〕・諸葛〔亮〕別録　李斯別録　董仲舒・公孫弘・張湯別録　劉歆別録　崔浩・蘇綽・王安石別録　孔・老・墨・韓別録　朱熹・王守仁別録　許衡・魏象枢・湯斌・李光地別録　顧〔炎武〕・黄〔宗羲〕・王〔夫之〕・顔〔元〕別録　蓋寛饒・傅翰・曾静別録　辛棄疾・張世傑・金声桓別録　鄭成功・張煌言別録　多爾袞別録　張廷玉・鄂爾泰別録　曾〔国藩〕・李〔鴻章〕別録　楊雄・庾信・銭謙益別録　孔融・李紱別録　洪秀全別録　康有為別録　游俠別録　貨殖別録　刺客別録　会党別録　逸民別録　方技別録　疇人別録　序録

出典）「章太炎来簡」『新民叢報』13号，1902年．ただし，明らかな誤植は訂正した．

を明らかにすることで、典志〔右でいう十二志〕に表現される。もうひとつは、民気を鼓舞し将来の指針とすることであり、これも必然的に紀伝〔右でいう考紀と別録〕に表現される。ただ、四〇〇〇年のなかで、帝王は数百人、将軍・大臣は数千人で、たとえ、よく知られた者だけでも数え切れない。通史は、おのずから体裁があるわけで、ひとりひとりの履歴を書き並べるわけにゆかない。そこで、君主・大臣・学者の類のためには、いずれも表をつくる。紀伝としては、現実的な観点からみて今日の社会に大きな影響を与えている者だけをとりあげて、数編を著す。

梁啓超が考える新史学に比べると、章炳麟はかつての史学の様式を可能な限り生かすことを前提として、新しい歴史叙述の方法を模索していたという印象が強い。『史記』以来の紀伝《きでん》体《たい》を多分に踏襲しつつも、梁啓超と同様に、歴史が人物伝記の集積となってはいけないと意識している。とはいえ、洪秀全を帝王の伝記のほうに分類すべきかどうかという発想は、梁啓超が否定する正統論だといってもよい。章炳麟は、既存の史学（皇帝制度と不可分の関係にある修史）の蓄積を強く意識しているがゆえに、梁啓超のように明快な議論ができないということになるのかもしれない。しかし、それでもなお、「中国通史」を構想していたことに、かわりはないのである。

紀年をどうするのか

ただ、もうひとつ考えなければならない点がある。そもそも王朝の正統論が歴史叙述と深く関係せざるを得ないのは、「正朔《せいさく》を奉じる」という暦法、つまり王朝の正統性と紀年・年号とが結びついてきた点にも起因している。しかし、かりに「乾隆何年」という表現をやめたとしても、歴史の叙述には何年に起こったことなのか指定する方法が不可欠である。そこで梁啓超は、二〇〇〇年間に三一六もの年号が使われてきたことによる煩瑣さも指摘しつつ、中国史を通じた紀年法を提唱しようとする。

西洋人が、イエス紀元を用いているのも、この一四〇〇年以来のことにすぎない。古代バビロニア人は、ナボナッサル王（「拿玻納莎王」）の紀元（今の西暦紀元前七四七年）を用いた（実は、二世紀の天文学者プトレマイオスがバビロニアの観測記録を論じるのに使った）。ギリシア人は、初めは、執政官や大祭司の在位の年で数えていたが、その後、オリュンピア（「和霊比亜」Olympia）の大祭を紀元とした（紀元前七六七年にあたる（正しくは、七七六年））。ローマ人は、ローマ府が初めて建てられた年を紀元とする（紀元前七五三年にあたる）。イスラームの国民は、教祖ムハンマド（「摩哈麦德」）

が避難した年を紀元とする（六二二年にあたる〔ヒジュラ暦〕）。ユダヤ人は、『旧約聖書』創世記にいうところの世界開闢《かいびゃく》を紀元とする（紀元前三七六一年）。イエスが教えを立ててのち、教会はイエスが処刑された年を紀元とした。西暦六世紀に、ローマの一教士がイエスの降誕を紀元とするよう提唱し、今日では世界の過半がこれを用いている。これは、西洋の紀年法がしだいに改良され、繁雑から簡易に変化してきた大略である。要するに、もし非常に野蛮な時代でなければ、決して一帝で一元号の紀年を設けることはない。それがあるのは、アジア洲の中国・朝鮮・日本の諸国だけである（日本も最近、神武天皇の建国を紀元とした）。（中国之新民「新史学六　論紀年」『新民叢報』二〇号、一九〇二年）

そこで、中国でも、歴史を通じた紀年法が必要となるが、それはどこを起点とすべきか。梁啓超によれば、上海で強学会をつくったとき、孔子が亡くなってから二四七三年という表記を大きく掲げた。これに対して、「これは今上陛下の暦に従わないものだ。イエス紀元のまねだ」とする批判があったが、実は『史記』にも先例がある。ただ、その後の議論を経て、孔子の没年ではなく生年を紀元としたほうがよいとする結論を得たという（『強学報』一号、一八九五年、には「孔子卒後二千三百七十三年」とあり、年代のずれがある）。

この構想は、確かに、史上の君主の正統性を議論する必要をなくし、簡明であるのだが、なぜ他でもない孔子の生年を起点とするかという点は、それとは別次元の問題のように思われる。確かに梁啓超は「孔子は我が国の至聖であって、これを紀年に使えば、教主を尊崇する気持ちを起こさせ、愛国思想も自然と湧いてくる」と述べている。しかし、梁啓超も挙げているように、他にも紀元の起点はありうる。①黄族（漢種）の始祖であるため、黄帝《こうてい》の紀元を用いる。②孔子が大同の治（理想の政治）の始まりを想定した帝堯《ぎょう》（五帝の一人）の紀元を用いる。③中国の開闢は夏后《かこう》氏なので、その始祖たる大禹《だいう》の紀元を用いる。④中国は秦によって統一されたので、秦の紀元を用いる。

梁啓超は、以上の別案はいずれも問題が残ると言っているが、具体的な指摘はない。梁啓超は言葉を濁しているが、これらの別案でなく孔子紀年を提唱するのは、孔子を教主とする孔教を国教としようとする康有為の改革理念に基づくものに他ならないだろう。村田雄二郎が詳しく明らかにしたように、康有為は、みずからの思想的主張の一環として、孔子紀年を提唱し、これを広めようと努力している（村田雄二郎、一九九二年、〔中文〕二〇〇〇年）。少なくとも、康有為・梁啓超と政治的に対立する者からすれば、康有為の提唱する孔教と孔子紀元との関連性は見紛うことはない。

このような理由から、革命派にとっては、どうしても孔子紀元を採用できないことになる。もちろん、清朝打倒をめざす革命派にとって、清朝の暦は意図的に無視すべきものであった。そこで、浮上してくるのが、梁啓超も一応は挙げていた黄帝の紀元である。黄帝とは、「漢種」の祖先として、この時期、急速に称揚されるようになった太古の君主をさす（孫隆基、二〇〇〇年。石川禎浩、二〇〇二年）。

黄帝紀年を明確に主張したのは、劉師培である。劉師培は、攘夷の立場から、満洲を排撃する議論を展開しつつあった（しばらく後に無政府主義に転じる。小野川秀美、一九六九年、三三九―三六六頁。森時彦、一九七八年）。革命的な宣伝をなす冊子『黄帝魂《こうていこん》』の巻頭におかれた「黄帝紀年説」には、以下のように述べられている。

　民族とは、国民が固有にもって存立する性質なのである。およそ民族というからには、起源に遡らないわけにゆかない。我が四億の漢種の始祖は、誰なのか。それが、黄帝軒轅《けんえん》氏だ。この黄帝こそが、文明を作り出した最初の人であり、四〇〇〇年の歴史を始めた教化者である。ゆえに、黄帝の事業を受け継ごうとする者は、黄帝の誕生を紀年の初めとすべきなのである。

西洋諸国を見ると、すべてイエスの降誕の紀年を用いている。イスラームの各国も、ムハンマドの紀年〔ヒジュラ暦〕を使う。我が中国の紀年は、すべて君主の年号を用いてきた。近年、康有為・梁啓超の輩などが、次第に中国の紀年の問題点を知り、代わりに孔子の紀年を使おうとしている。私は、それに反対する。おそらく彼らは、「保教」〔孔子の教えを守ること〕を口実としているので孔子誕生の紀年を用いようとしているのだが、私は「保種」〔種族を守ること〕を目的としているから、黄帝誕生の紀年を用いるのである。

そもそも黄帝の紀年を使うのは、良い点が三つある。(一)黄帝以前の歴史的事実は少ないが、孔子以前の歴史的事実は多い。ゆえに黄帝紀年を用いると、紀元前というものがなくなり記述が簡便になる。(二)日本の建国は、神武天皇の紀年で数える。建国の始めに遡っているということである。中国の帝王は、しばしば王朝交替があり、日本の万世一系というのとは異なる。しかし、昔から今まで、漢族で中国を支配した者は、すべて黄帝の子孫ではないか。ゆえに、ちょうど日本に神武天皇があるように、中国に黄帝があるということになろう。日本のやりかたから、良いものは採用するのがよい。(三)中国の政体は、専政の極点に達しているが、それはすべて、天下を君主の私有と思い込んでいることに由来する。今、黄帝の紀年を用いれば、君主の年号は単なる空文となり、王者を尊ぶ発想は、自然と消滅するだろう。

ああ。北の敵〔清朝〕が隙をついて中華に入り込んで君主となったのは、古今の大事件ではなかったのか。漢族が危機に瀕している今、漢族の生存を願うならば、黄帝を尊ぶのが急務なのだ。黄帝とは、漢族の黄帝であり、紀年とするならば、漢族の民族としての感覚を刺激することができよう。偉大なるかな、黄帝の功績は。うるわしきかな、漢族の民は。

黄帝誕生四千六百一十四年閏五月十七日に記す（『黄帝魂』、のち『劉申叔先生遺書』）。

ここには、黄帝紀年が、康有為らの孔子紀年に対抗する意図をもって考案されたこと、またキリスト紀元やイスラーム暦、そして神武紀元を意識して構想されたこと、また「漢族」の始祖としての黄帝

図 16　革命の時間．黄帝紀元 4610 年（西暦 1912 年から 1913 年にかけて）の暦．農暦（太陽太陰暦）と西暦（太陽暦）とを対照させている．中央には，宣統帝（溥儀），右上には武昌での革命勢力の指導者として推された黎元洪，左上には中国同盟会など海外での革命運動の盟主である孫中山が描かれている．「民国」の紀年はここには見えず，中華民国旗（五色旗）も示されていない．

出典）劉玉山・許桂芹・古薩羅夫編『蘇聯蔵中国民間年画珍品集』阿芙楽爾出版社／人民美術出版社，1991 年，No. 206.

を顕彰する意図によって提示されたことが示されている。これを孔子紀年と比べれば、孔子が象徴する「保教」と黄帝とが象徴する「保種」という意味が相違し、それは保皇と革命という政治的対立と重なっている。しかし、個々の君主・王朝を越えて、中国の歴史を通貫してひとつのものとして意識するという効果が期待されている点では、黄帝紀年は、前に述べた梁啓超のねらいと共通している点にも注目したい。

宋教仁も日記の中で、自分なりの数え方の黄帝紀元によって年代を記している。彼も、様々な紀年説に不満を抱き、自分なりに『中国新紀年』という著作をなそうとしていた。宋教仁も、黄帝紀年を主張しようとしていたのである。ところが、黄帝元年を、具体的に何年前に設定するかということは、伝説の時代のことであるから、自明のことではない。実のところ、いくつかの説があった。『国粋学報』で提唱されている黄帝紀年に対して、宋教仁は、紀年の数え始めに対して異議を唱えている(『我之歴史』開国紀元四千六百零三年一月十五日条、四月二十六日条、六月九日条)[4]。

一九〇五年、宋教仁が中心となって刊行した『二十世紀之支那』には、開国紀元四六〇三年の奥付が見られる。そして、それが、『民報』などに引き継がれて、革命運動の中では一般化していったものと思われる。清朝の側でも、黄帝紀元の使用を問題視していた。商約大臣の呂海寰《りよかいかん》は、学生の紀律の乱れを指摘し、監督の強化を求める上奏文で、留学生は辮髪を剪《き》って洋装をするだけでなく、「正朔を置きて奉ぜず」(清朝の暦を用いず)、黄帝の紀年を使うという現象について述べたところ、教育行政をつかさどる学部も厳しく取り締まる意向を表明した(『光緒朝東華続録』巻二百五、光緒三十三年三月乙卯学部等奏)。黄帝紀年は、使用する者からも、抑圧する側からも、清朝の正統性を否定する意味を込められていたと言える。

一九一一年、革命運動が現実の軍事的成功を収めてゆく過程では、革命側の政権は、黄帝紀元に基づく布告などを発していった。しかし、一九一二年が中華民国元年と定められ太陽暦が採用されると、これによる表記が一般化することになる。もちろん、現時点を表現するには、民国何年と書けば済むのだが、辛亥革命以前の歴史上の出来事を表記するのには、民国の紀年はほとんど用いられなかった。清朝打倒の革命運動について民国前何年というぐらいのことは言えても、過去のすべての歴史について、年代を逆に数える紀元前の方式で表すのは繁雑この上ないからだろう。しかも、民国という年号そのものが中華民国の政治的正統性を含意するように設定されていたのだから、中華民国の建国以前の紀年に用いるのは、適切ではないという考えもあったのだろう。民国成立以後、結局のところ、中国の歴史の紀年は、王朝の年号という旧来のものか、場合によっては西暦を用いて表記するというところに落ち着くことになった。

しかし、個々の王朝を越えて通貫する中国史という認識は、梁啓超のねらい通り、定着することになったのであり、その点に新しい紀年をめぐる清末の議論について歴史的な意味を求めることができるだろう(以上は、史料について先学の考証に多く依拠しつつ、特に通史の希求との関わりで解釈することを試みた。竹内弘行、一九九四年)。

個人の紀年——宋教仁の懐疑

ただし、旧来の紀年の否定ということをひとたび行なってしまうと、紀年を設定する基準は相対的・便宜的なものにすぎないことに思い至るだろう。黄帝紀元を主唱した宋教仁は、実はさらに一歩進んで、紀年というもの自体の本来的性格は何かと議論を進めていたのである。紀年とは、あくまで人間が主観に基づいて定めたものにすぎないという点で、相対的な意義を有するにすぎないという。私が思うに、紀年とはもともと時間を表現するための記号である。その空間との関係は人の都合で変わるものであり、或いは数か国でひとつの紀年を用い、或いは一国で二つの紀年を用いる（日本・韓国など）。紀年を共有する空間の範囲が大きかったり小さかったりするのは、便宜的に決めたからであって、人間が自ら決めたものなのである。もしも、私がイスラームの国民となりたければ、自然とイスラーム暦を用いるだろう。私が欧米の国民となりたかったら、自然とイエス・キリストの紀年を用いるだろう。私が中国の国民となりたければ、自然と黄帝開国の紀年を用いるだろう。また、かりに日本国民となりたいときには、自然と神武の紀年と明治の紀年を併用するだろう。私が越南《ヴエトナム》の国民になりたいときには、自然とフランスのイエス・キリスト紀年と〔阮《グエン》朝の〕成泰《タインタイ》の紀年を併用するだろう。いまもし、外国人と条約を結ぼうとするならば、自然と両国の紀年を併用するだろう。いま戦争の歴史を書こうとするならば、自然と両国の紀年を併用することになろう。いま私が日本の歴史を編集しようとするなら、自然と日本の皇紀と歴代天皇の年号の紀年を併用するだろう。いま私が朝鮮の独立時代史を編集しようとするなら、その建国の紀年と現皇帝の定めた建陽・光武の年号を併用するだろう。私がいま中国の編年体の通史（『通鑑』）を編集しようとするなら、自然と黄帝開国の紀年と歴代皇帝の年号と干支の紀年を併用するだろう。以上に挙げたものは、すべて自己の主観によって自由に定めたものである（自然の理法から言っても当然のことである）。ただ、これらの紀年法は、どれも初めに誰かが定めて他の者も使うようになっただけのことだ。しかし、人が定めたというのも、初めはやはり主観性に基づいて決めたのであり、他の人がそれを用いるのに、どの範囲で使われるのかは、やはり使う者の主観性によって決まっているのである。

このように考えると、普遍的に妥当な紀年というのは、ありえないことになる。すべての紀年は、便宜的に主観的に定められたものである。それなら、個人の主観性に基づいて紀年を立てることも自由である。

私はこう思う。以後、日記を書くのに、来年からは、記録・感想および一切のただ私個人に関わって他人に関係ないことは、すべて私個人の紀年法を使うことにする。君主・教主などという者の紀年法で、私個人の自由を汚すわけにゆかないのだ。私個人の紀年とは何か。それは私が世界に出現して初めてこの身があることになった年を元年とするのである。私はずっと中国紀年説を書こうとして果たせなかったが、今日は、たまたまこのことを思いついたので、すぐ書いて、将来の参考とする（『我之歴史』開国紀元四千六百零四年十月十一日条）。

これは宋教仁の個人意識確立という思想史的文脈の中で理解すべき事柄である（狭間直樹、一九八九年）。実に、興味ぶかい発想と感じられる。しかし、いっぽうで疑問も生じる。そもそも「私個人に関わって他人に関係ないこと」などというものは、社会生活をする個人にとってありうるのだろうか。そもそも、時間秩序の共有というのは、人間関係のなかでは不可欠なものではないのか。もちろん、紀年に含まれた政治性・権威性を宋教仁が鋭く指摘するのは、納得できる。しかし、あらゆる社会性を離れたところに想定された個人とは一体、何なのか。その問題は、宋教仁にも答えられまい。しかし、ともあれ、紀年をめぐる思考は、世界の中に、独自の一貫性をもった実体として中国史をおくことをめざしただけでなく、そのような歴史を見る「主観性」をもった個我の意識を見いださせたのである。

一体性を求めて

清末の政治的・社会的思考のなかでは、「中国」の団結・一体性をどのように考えるかということが問われていた。それには、国土の一体性、国民の一体性、そして通時的な歴史的一体性があろう。

国土の一体性とは、もちろん「中国」の領土にかかわるイメージである。まず、ロシアによる「東北」占領、イギリスのチベット侵攻といった事件は、みずからの領土が強国によって侵犯されているという印象を流布させ、そのことを通じてこれら地域を含めた「中国」は不可分の一体であるという思念を強めていったのである。孫中山も国土の統一性について指摘している。

支那は国土が統一されて、すでに数千年になる。その間、ばらばらになった時期もあったけれど、まもなくまた統一された。ここ五〇〇―六〇〇年は、一八省の土地は、ほとんど金の瓶のように団結し、分裂のおそれはない。その面積は広大で、ただ福建省・広東省だけは言語が中原《ちゅうげん》とは異なるが、その他の各地は方言がやや違うものの大体が一致する。文化・風俗は、全国同じである。かつて外国人と交渉がなかった時代には、各省は分け隔てする見方がまだあったが、今は、そういうことはなくなり、お互いを兄弟のように思いやる感情が、日ごとに深くなっている（逸仙「支那保全分割合論」『江蘇』六期、一九〇三年)。これは、明らかに瓜分の危機という議論を意識しつつ、これに対抗して、中国の国土の本来的な不可分性を指摘したものである(ただし、ここでは、モンゴルやチベットが含まれているかは明確でない)。中国が列強によって瓜分されるという危機感は、瓜を切り分けるイメージを中国の領域に比喩したものであるが、ひるがえって考えてみると、切られる前の瓜＝「中国」が外形の定まった実体性をもっていたかのように人々に思い込ませる効果をもっていたのである。

これに対して、国民としての一体性の表出は、前章で検討した華工に対する「同胞」としての共感が代表例であろう。重要なことは反アメリカ運動を通じて、それまで大きな意味をもってきた本籍地アイデンティティに加えて、「中国人」の一体性という観念がますます広くもたれるようになった点である。それは、華工たちの問題というより、天津・上海・広州などの海港都市の人々、さらには運動が伝播した内陸の地域の人々の意識の問題である。特に四億人という人口の数字を挙げ、それが団結することを願うのが流行した。

世間では我が中国をそしって一八の省は一八の国だ(地域ごとにばらばらだ)、中国の民をそしって四億人はお盆の中の砂だ(「一盤散沙」、砂のようにばらばらで団結しない)、という。愛国者はこれを恥じる(『大公報』一九〇五年六月二九日「論天津解散団体之可惜」)。

そして、国土と国民が、通時的に一体のものであるということから、新しい歴史認識と紀年法が求められたのである。これは「国粋」と呼ばれる実体を想定する意識にもつながってゆく(鄭師渠、一九九三年。王汎森、一九九六年。兪旦初、一九九六年。川上哲正、二〇〇一年)。「伝統」とみなされた学知も

「国学」として再編される（桑兵、二〇〇一年。羅志田、二〇〇二年）。

王朝の興亡を超越した連続性を想定するために「支那」という語も用いられた。

> そもそも支那は世界文明最古の邦であり、世界最大のアジア洲にあり、アジア最大の国である。四〇〇〇年続いてきた愛すべき歴史があり、三〇〇〇年前から今日に至る愛すべき典籍があり、四億の愛すべき同胞があり、二〇省の愛すべき版図があり、五《ご》岳《がく》四《し》瀆《とく》の愛すべき明媚な山川があり、全国共通の愛すべき言語文字がある（衛種「二十世紀之支那初言」『二十世紀之支那』一期、一九〇五年）。

類似の発想は、清朝の側が主導して作り出そうとしたという部分もある。しかし、中国を不可分の一体とみる観点は、むしろ清朝に対抗する運動の中で力づよく形成された側面を重視したい。そして、これは、「愛すべき」対象への強圧的な統合論というだけではなく、他方では、全体社会のなかで個人が占める位置はどこかという問いも脳裏に浮かばせたのである。こうして、愛国の運動を通じて、個人意識が強められ、主観的・主体的な能動性が構築されていったと見てよいだろう。

第四章

辮髪を剪る——尚武と文明への志向

なぜ辮髪を剪ったのか？

清代の成年男子が辮髪《べんぱつ》と呼ばれる独特の髪型をしていたことは、あまりにもよく知られている。また、清末に至り、辮髪を剪《き》るという実践が登場したのも周知のことである。しかし、それでは、その意味は何だったのだろうか。この章では、この辮髪を剪ること（つまり剪辮《せんべん》・剪髪《せんぱつ》）の社会的・政治的意義について考察してみたい。

清末の剪辮について、しばしば指摘されるのは、清朝の統治を離脱する意思表示としての意味である（厳昌洪、一九九二年、二三五—二三七頁）。特に打倒清朝をめざす革命家たちの場合が、これにあてはまる。しかし、後に詳しく述べるように、一九一〇年には、皇帝が剪辮令を下すべきだという意見が朝廷内に現れ、ジャーナリズムや資政院（全国から議員が北京に集まって政治の諮問に応じる機関）においても盛んに議論された。それゆえ、辮髪を剪ることを単に反清朝の象徴と考えて済ませるわけにはゆかない。

また、剪辮を「近代文明の伝播」という視角でとらえることも可能であるかもしれない(陳振江、一九九一年)。これに対して、ここで主題として扱いたいのは、剪辮を主張・実践する者の論理・動機である。つまり、巨視的に見れば「近代文明の伝播」と思えるかもしれない現象を、当時の人々の願望と戦略の問題として考察してゆくこととしたいのである。魯迅《ろじん》の短編の登場人物は、「僕は留学すると、辮髪を剪った。別に深いわけがあったわけではなく、とにかく不便だったからだ」と述べている(「頭髪的故事」『吶喊』)。ここには、魯迅らしい韜晦を読みとるべきだろうが、実際に便宜的な理由で辮髪を剪った者もいるに違いない(魯迅と辮髪については、厳安生、一九九一年、一二八—一三三頁)。しかし、多くの史料が示すところによれば、清末の剪辮論議は、危機的状況にある国家・国民の未来のために何をすべきか、という甚だ大きな問題意識を起点としていたと思われるのである。もちろん、剪辮を主張する動機は様々であるとはいえ、そのための言説を整理しつつ、考えうる多様な歴史的文脈の中において考察することで、理解してゆく道筋をつかめるだろう。

先行研究としてまず挙げるべき劉香織《りゅうかおり》の著書は、清朝だけでなく日本・朝鮮の断髪の問題をもあわせて広い視野からとらえており、大いに参考になる(劉香織、一九九〇年)。ただしエピソードの集積という印象の強いもので、上述のような問題関心からの掘り下げは不充分である。清末の剪辮に関する実証面でも、日本への留学生の事情については詳しいものの、国内の剪辮熱《ブーム》はほとんど紹介していない。これは、劉が主に著名知識人の回想録といった史料に依拠し、当時の国内定期刊行物をあまり参照していないことによると考えられる。

それにも増して不満が残るのが、「近代化」の一環として「断髪が人々にもたらした心理的な振動」（同、二二〇頁）に主な関心を寄せている点である。劉は「洋風の散髪という近代社会の平均値的な審美観によって」（同、二二一頁）断髪することになった人々の心情に迫ろうとしており、その点では貴重な業績である。劉が断髪にあたっての個人心理の葛藤に関心を集中させるのは、なぜ断髪しなければならなかったのかという点は「近代化」によって説明でき、おおむね既知だとみなしているためと思われる。

しかし、ここではむしろ、全男性が辮髪を剪るべしという自覚的主張に焦点をあてたい。つまり、当時の人々は、なぜ辮髪を剪らねばならないと考えたのか、どのような論理によって辮髪を剪る必要性を説明していたのか、ということである。また、髪型の制限から自由へという図式ではなく、辮髪から断髪へという流れを提起することになる要因、すなわち、なぜ、必要な一部の人だけでなく、全男性に一律に断髪が求められたのか、これも問うべきことだろう。実は、これらの問題について劉も全く無視しているわけではなく啓発される記述も多い。ただ議論は散発的で結論は曖昧すぎるのである。以下では、辮髪を剪るべきだという議論を手がかりとして、当時の人々が理想としたところの、社会なり国家なりが進んでゆくべき方向を考察してみたい。

私の視角に最も近いのは王爾《おうじ》敏《びん》の研究である。王が検討の対象とした剪辮論の事例は数点のみではあるが、「なぜ断髪しなければならなかったか」という問題の分析に先鞭をつけている。しかも、清朝打倒の革命運動との関係ではなく、政治改革との関わりの中で辮髪の問題を扱っている点でも、示唆に満ちている（王爾敏、一九八二年）。そこで、王爾敏の視角を継承しつつ、革命論との関係をも無視できない要素としてあわせて論じることにする。また剪辮をめぐる言説だけでなく、剪辮の実態を追うことも試みたい[1]。

なお、剪辮と並んで、伝統的な礼服を西洋の服に易《か》えるという「易服《えきふく》」も、当時あわせて問題となっていたので、必要に応じて触れることにする。容易に予想されるように、髪型と服装は組み合わせのものとして議論されていたからである。以下では、清末の定期刊行物を頻用するが、『ノース・チャイナ・ヘラルド』*The North-China Herald and Supreme Court & Consular Gazette* は、*NCH* と略記する。

剪辮論の登場

辮髪は元来、女真《じょしん》の風俗であり、一二世紀の金《きん》の時代から存在が確認される。一七世紀半ば、清朝が入関し北京をおさえて各地に軍を進めるや、新たに支配下に入れた住民に辮髪を強制したため、これに反発した人々の武力闘争すら招いたことは、よく知られている。しかし、清朝の統治が安定するに従い、辮髪も当然のことのように受け入れられるに至ったとみられる（桑原隲蔵、一九六八年。Wakeman, 1985, pp.646-652. 馮爾康・常建華、一九九〇年、一七〇―一八〇頁）。

江戸時代の日本人も、清朝の習俗として辮髪に言及している。男子の成人儀礼についての中川忠英《なかがわただてる》『清俗紀聞《しんぞくきぶん》』の説明には「剃髪人、湯にて頭《かしら》をしめし、頭の真中に髪を丸く残し、その余は残らず剃りおとして真中の髪を木梳《モスウ》をもって梳《スウ》し、竹篦《チョビイ》にて垢をとり、よく揃え三つに辮分け打ち立て、これを辮子《ベンツウ》という」とある（平凡社東洋文庫版第二巻、七二頁）。また一八六〇年、日本通商航海条約の批准書交換のためアメリカ合衆国に派遣された使節団の一員も、帰路たちよったジャワ島バタヴィアの華僑について「首ハ中央ニ髻髪《きはつ》周囲二寸許《ばかり》残シ、他皆剃シ、其長サ腰ヲ過グ。若シ短髪ナルモノハ糸ヲ以テ接続ス。組紃《くみひも》ノ如シ。常ニ背後ニ垂レシメ、事アルトキハ首ニ廻《まわ》シ纏《まと》フ。是即《これすなわち》辮髪ナリ」と説明している（玉虫左太夫「航米日録」『西洋見聞集』二〇三頁）。

太平天国軍が、髪を剃らずに蓄えて清朝と対決したことも周知の通りである（菊池秀明、一九八七年）。楊秀清《ようしゅうせい》と蕭朝貴《しょうちょうき》が発した檄文（『頒行詔書』所収）に「そもそも中国には中国の姿かたちがある。ところが今満洲は、髪を剃って一本の長い尾を後ろに垂れ下げるよう皆に強制している。これは中国の人

図 17　辮髪のイメージ（アメリカの風刺画）．辮髪を非難する言い方として「胡尾」という表現があり，これは，禽獣にも等しい野蛮な夷狄の習俗という意味合いがある．同時に，通俗化された進化論を前提にした差別意識が欧米で広まっていたのを，内面化したということも考えられる．

出典）胡垣坤・曾露凌・譚雅倫合編『美国早期漫画中的華人』三聯書店（香港），1994 年，111 頁．

を禽獣に変えるものだ」(『太平天国印書』一〇九頁)とあるように、辮髪に対する嫌悪の姿勢は明確だった。忘れてはならないのは、辮髪を拒否するために、髪を長くしたのであって、短くしたのではない点である。それゆえ、太平軍の「長毛」を清末剪辮論の先蹤とする主張は成り立たない。

清末において海外に出た者の中には、辮髪を剪る者もいた。まず、留学生である。一八七二年以降、清朝はアメリカへ留学生を派遣しはじめたが(李喜所、一九九二年、二七―八一頁)、彼らは辮髪をつけたまま生活していた。ただし中にはキリスト教に入信し辮髪を剪ったため禁令に触れ、敢えて帰国しなかった例がある(Phelps, 1939, p.83. 傅維寧、一九七二年、九〇頁)。後の留日学生の剪辮の例については枚挙にいとまない。また、在外商人にも剪辮易服を行なう者がいた。横浜で出版業を営んでいた馮鏡如《ふうきょうじょ》は香港育ちであったが、日清戦争の後、剪辮易服して英国領事に営業の保護を求めた。息子である馮自由《ふうじゆう》によれば、在日華僑で最初に辮髪を剪った事例だという(馮自由、一九三九年、一―二頁)。

とはいえ、以上の動きは、外国での生活・商売の必要にかられて個人的に辮髪を剪ったということにすぎない。以下で注目したいのは、辮髪は好ましくないから、全社会的になくしてゆくべきだという議論の存在である。

譚嗣同《たんしどう》は、遺著『仁学《じんがく》』の中で、中国にとって自強のための方策が不可欠だとする文脈の中において、以下のように述べている。

ところで中国には、緊急に改めなければならないことがある。それは髪を剃り辮髪を垂らしていることだ。これが北方野蛮の風俗に由来することはさておくとしても、生活上、大いに不便である。ここでは、古今内外の髪の処理法を示し、各自に選択していただこう。頭髪の処理法に四つある。①全髪。中国の古制である。髪は天の授かりもので、必ず用途がある。すなわち脳神経の保護である。これの長所は、全面的であって一面的でないこと、欠点は重すぎて不自由なことだ。②全剃。僧侶の制である。長所は、清潔で煩わしくない、欠点は脳が保護できない。③半剪り。西洋の制である。脳が保護できるうえに煩わしさが少なく、利便がそろっている。④半剃り。蒙古・韃靼の制である。大脳にあたるところを剃って、前方の保護がない。そのうえ辮髪が長く垂れてうしろに重さがかかることになる。弊害がそろっている。どれが得でどれが損か、どれを捨ててどれを取るか、わかる人ならわきまえのつくことで、解説に言葉を費やすに及ばない（『譚嗣同全集』増訂本、三六二―三六三頁、岩波文庫版の訳をほぼ用いた）。

譚嗣同の議論は、明快に辮髪の不合理さと西洋風の髪型の便利さを説いている。しかしこれだけでは、髪の処理がなぜ中国の自強にとって不可欠なのか、充分明確とは思われない。

これまでも述べてきたように、日本への留学生の中には、省ごとの同郷的結束に基づいて雑誌を刊行する者があったが、そのひとつとして『湖北学生界』がある。その第三期（一九〇三年刊）には「翦辮易服説」と題された投書が掲載されている（署名なし）。その趣旨は、制度を変えるべきでないとする保守論、および富強に髪や服の問題は関係ないとする剪辮易服無用論をともに批判し、剪辮易服の必要性を八項目にわたって指摘するというものである。

①変法のきっかけとする。変法の上諭（一九〇一年一月の新政の論）が下ったにもかかわらず、官僚は朝廷の真意を疑い改革は遅れているから、剪辮易服の令によって朝廷の決然たる態度を明らかにすべきだ。②服制を簡素にして官僚の無駄な出費を減らせば、汚職もなくせる。③強兵に役立

つ。兵士は邪魔な辮髪を剪ることで、動きが敏捷になる。④強種〔強い種族にすること〕に役立つ。西洋人は体育を重視するので心身ともに強壮となるが、中国は衣冠が煩わしくて体操に不便で尚《しょう》武《ぶ》の精神が育たない。⑤服装が簡単になると旅行の際の荷物が少なくなる。⑥工業を発展させられる。髪型・服装を機械操作に便利なようにすべきだ。⑦外交によろしい。西洋人と同じ服装になることで、西洋人に対する偏見がなくなり、交渉もうまくゆく。⑧教案がなくなる。反キリスト教感情は、排外感情に由来する。誰もが洋服を着れば、教徒と非教徒の融和が進む。

最後に筆者は、「天下の大勢が赴くところ、どんなに強い力があっても引き戻すことはできない。今剪髪易服をしなくても、いつかは必ずそうする日が来る。これがいわゆる変じても変じ変ぜざるも変ず〔梁啓超「論不変法之害」『時務報』二冊、一八九六年、の語〕ということだ。〔どうせ変わるなら〕外から変えられみすみす異族の侵略を受けるよりは、自ら変わり自強の気概を示すほうがましだ」と結論づける。辮髪を剪り洋服を着る方向への変化は、意志を働かさない場合すら必然的に起こることだというのである。

以上見た『湖北学生界』への投書の骨子は、剪辮易服を行なうならば、人心を一新し、富国強兵の実をあげ、外交問題の解決をもたらすことができる、ということである。剪辮易服は、経済的・軍事的発展に有利だというだけでなく、すでに国際関係において覇権を握っている諸国の風俗でもあるという理由から、導入すべく主張される。そして、この改変は朝廷の命令によって行なわれるべきだとすることに注目したい。

さて他方で、辮髪を剪ることに清朝打倒の意味を込めたのは章炳麟《しょうへいりん》である。一九〇〇年、唐才常《とうさいじょう》が上海で「国会」と称する著名人の大会を開いたが、章炳麟は唐が「勤王」のスローガンを唱えることに不満で、辮髪を剪って決別の意を表したという（『太炎先生自定年譜』。湯志鈞編、一九七九年、一〇九―一一〇頁）。

章が自己の思想の変化を反映させて改訂した著作『訄書《きゅうしょ》』は、彼が蘇報《そほう》事件（清朝をそしった筆禍事件）により獄中にある一九〇四年に東京で刊行された。その新『訄書』の跋文《ばつぶん》の位置には「解辮髪」という文章が加えられ（高田淳、一九七四年、一三四頁）、章炳麟自身の剪辮の理由が説明されている。これによれば、「私は三〇歳を越えたのに、なお夷狄の服を着ている。全く変化もなく、〔辮髪を〕剪ってしまえずにいる。これは私の罪だ」とし「昔、祁班孫《きはんそん》・釈隠玄《しゃくいんげん》は、いずれも明の遺老として断髪して死んだ。『春秋穀梁伝《しゅんじゅうこくりょうでん》』に「呉《ご》は断髪す」とあり、『漢書』厳助伝に「越《えつ》は剪髪す」とある。私は昔の呉・越の閑人であり、辮髪を剪ってもちょうど昔のやりかたに従うようなものだ」と述べている。洋服についても「明代の礼服に似ており、東の日本もこれに習っている」という（『章太炎全集』三巻、三四七―三四八頁）。

明らかに章炳麟は辮髪を強制した清初の歴史を意識して、排満の意思を示すため剪辮を行なっている。これは、この時期の章炳麟の排満思想の徹底化と関係あろう（小野川秀美、一九六九年、一八五―三三八頁。王汎森、一九八五年、七二―九〇頁）。それにしても、章の主張は、明代のように（あるいは古代からの例にならって）髪をのばし総髪にするというのではない。結局のところ、やはり西洋・日本と同様に断髪するしかなく、古代の呉・越の記述を持ち出して（章炳麟は浙江省餘杭の人）それを強引に正当化しているとみられる。逆にいえば章炳麟にとっては、総髪でなく断髪にするのは自明ではなく説明が必要であったことになる。この一九〇〇年の段階では、拠るべき断髪の先例は乏しかったのであり、章炳麟の実践こそが政治的立場表明としての剪辮の先例を作り出したと見ることもできる。

ここで検討しておきたいのが孫中山（孫文）の剪辮についてである。馮自由が一四歳時のことを回想した文章によれば、一八九五年のある日、長く髪を剃っていない客二人が父である馮鏡如を訪ねてきた。孫中山と陳少白であった。彼らは、数日後辮髪を剪り洋服を着たという（馮自由、一九三九年、二頁）。劉香織は、このことを紹介した後、孫中山の断髪は「反満革命という確固たる信念に基づく行動と解することができる」（劉香織、一九九〇年、一三〇頁）と説明している。しかし、孫中山が革命運動の指導者であったという以外の根拠は示されておらず、疑問の余地がある。

孫中山は、日本に来る前すでに、ハワイで興中会を創立し、広東で清朝転覆をはかる軍事行動を起こしており、剪髪の直前の頃に反体制的見解をもつに至ったのではない。この前後の状況は、清朝官憲の追及を逃れて、密航して日本に渡り、さらにハワイを経て米国に渡り、ロンドンで清朝の公使館にとらわれるといった、お尋ね者の生活であった。してみると、日本に来る前に辮髪を剪らなかったのは、あるいは怪しまれず逃亡に好都合にするためかも知れない。そして、横浜で剪辮易服を行なったのは、これからアメリカ・ヨーロッパに向かうにあたっての準備であろう。孫中山と同行してきた鄭弼臣《ていひつしん》は折り返し帰国するため服を変えなかったことも、これを裏づける（馮自由、一九三九年、二頁）。

もちろん、孫中山の剪辮にも清朝に反対する意味があったことを全面否定するつもりはない。しかし、国外亡命にあたり、また横浜で馮鏡如の先例を見て、剪辮易服を行なったという解釈でも充分なように思われる。これに対して章炳麟の剪辮は、排満の立場が明確に示されている最初期の例として甚だ注目に値するのである。

次に検討したいのが「論髪辮原由〔辮髪の由来を論ず〕」という論文であるが、二つのテキストを見ることができる。第一に、一九〇四年頃横浜で出版された『清議報全編』巻二十六にサンフランシスコの『文興日報』（康有為派の新聞）からの転載として収録されている。第二は、一九〇三年に上海で発行された革命宣伝論集『黄帝魂』所収のテキストである（典拠は記されていない）。この両者の字句の異同はおびただしいが、議論の展開の相違はないので、以下では共通した論旨を見ることにする。[2]

「論髪辮原由」は、オランダ領東インドにおいては、辮髪を剪る者が多く、故郷に未練がある者も笠の下に巻いた辮髪を隠している、と述べている。それは、海外では辮髪のために軽侮されるためであるという。

さらに、清朝が辮髪を強制した歴史を回顧したうえで、「満洲の清朝の支配から脱するには、満洲の外見をやめるのが先決だ。この無駄で汚らしく煩わしい物を除去してこそ、政治も根底から改めることができる」と主張する。辮髪によって「中国退化の局」がもたらされたのだ。衣服も洋服に改め、次第に「大同」（世界が斉一になること）に進み、精力的な「西装の精神」を身につけるべきだという。目指すは「満洲の清朝のくびきを脱し、世界の文明に比肩する」ことである。

この論説の特徴は、剪辮易服の実利的な有用性というより、髪型服装の象徴的な意味を重視している点である。しかも、章炳麟とは異なり、剪辮易服を進歩発展の文脈に位置づけ、ひいては清朝打倒すら「文明」の前提と見るのである。辮髪は満洲による支配の標識でもあり、遅れた中国の表徴でもある。辮髪問題に関して、反清の主張を進歩観念で根拠づけようとしているところに、この論文の特徴があると言えよう（ただし、この文章を収録する『黄帝魂』の編者は、『水滸伝』『七俠五義《しちきょうごぎ》』等の劇にみる昔の服装も「尚武精神」にかなっており、洋服より「文明」的に思われるとコメントしている）。

最後に、『万国公報』所載の論文に触れておく。『万国公報』とは、アメリカ人宣教師ヤング・アレン Young J. Allen（漢名としては林楽知）らが上海で広学会を組織して出していた月刊誌である。林楽知著・范褘《はんい》述「改装為変法之要務」（一八一冊、一九〇四年）、同「中国截髪問題」（二〇一冊、一九〇五年）も剪辮を主張する。ロシアのピョートル帝や日本の明治天皇の政治改革の例を引きつつ、そのような改革の一環として剪辮を行なうべきだとの論旨であり、辮髪の好ましくない点としては外国人の嘲笑を受けるという指摘に重心があると言ってよい。議論の姿勢は、外国人からみて今後あるべき中国のあり方を提示するという印象を与えるものである。

さて、ここまでいくつかの論説を検討してきた。本格的な剪辮の主張を最初に行なった人物は、おそらく譚嗣同であり、反清の立場を明示する意味を込めて剪辮の実践に踏み切った最初の事例は一九〇〇年の章炳麟の行動であろうと考えられる。さらに注意すべき点は、清朝の主導による剪辮を説く『湖北学生界』所載論文とあからさまな反清の主張を込める『黄帝魂』所載論文は、ほぼ同時期（一九〇三―一九〇四年頃）に公刊されていることである。この時点における剪辮論は、広範な政治改革の一環として取り上げられてもいたのであり、決して自動的に革命論に帰結するわけではなかったと考えねばならない。

剪辮論の展開

以上でみたのは、比較的特殊な場での議論であったと言える。ことに、打倒清朝を目指して辮髪を剪るということが特別な決意を必要としたのは当然であろう。しかしながら剪辮論は決して少数の人々の特異な主張にとどまったわけではない。むしろ、次の例から知られるように、ごく普通の新聞すら剪辮を鼓吹しようとしており、その主張はますます広まっていったのである。

一九〇六年、天津の日刊新聞『大公報』が募集した懸賞論文の題名は「翦髪易服議」であった。その募集広告によれば、「中国の辮髪は百害あって一利なし」で、よい論説が集まれば、無用の長物を除き去り尚武の精神を奮るい立たせることができるという。賞金は一等十元、二等五元、三等二元である(『大公報』八月五日「徴文広告」)[3]。

この結果、同題目の論文六本が『大公報』に連載されることになった。一等は山東省登州府福山県の人で八旗学堂師範班に属する于天澤(a論文とする、八月二〇日—二三日掲載)と(身分所属不明の)沈鄂(b、二四日—二六日)、二等は日本から寄稿した湘郷季子(c、二七日・二八日)、(身分所属不明の)山東省育黎の王采五(d、三〇日・三一日)、京師高等師範の張兆蔭(e、九月一日・二日)、同じく京師高等師範の張濬源(f、三日・六日)である。このうち一等の于天澤は、所属学校からして八旗の出身であったに違いない。

彼らの主張は多岐にわたるが、基本的な趣旨では相互に重なる点も多い。そこで、この六本の文章の論点を整理することで、剪辮を正当化する論理をたどることにしたい。

［辮髪長服の害］　まず動作の不自由さが挙げられる。「学生の体操、軍人の訓練、商工業者の労働、

旅行のいずれにとっても長い服・長い髪は不便である」(b)。また実業にとって不可欠の機械の操作の妨げともなりかねない(a)。若者の英気もこの髪と服のために無用の束縛を受けている(d)。

衛生への関心も顕著である。「衛生は体育の出発点であり、自強の最優先事項である。我が国では衛生の学は久しく講じられていないが、最近の生理学者の研究によれば、毛髪はもともと血垢の表れたものであり、[4]剪ってきれいにしなければ体の働きに悪影響がある」(a)。また、不潔になりやすく、夏の汗も甚だしい(c)。学堂の講堂や軍営など集合の場の空気をよごす(b)。

また外国人の嘲笑をうけることも深刻な問題と言える。「ただ我ら中国だけが犬・牛・鹿・馬のありさまに倣い、しっぽを肩・背中から垂らして、みっともない。人類の一般に従わず、畜生の仲間に甘んじている。こうして人から嘲られ後ろ指をさされるのだ」(c)。「豚のしっぽ・女子の服」と罵られる(b)。外国と同じ髪型・服装にすれば、差別されることはなくなる(f)。

また髪や服を整えるため無駄な時間や金銭を必要としている(b・c・e)。

［剪辮易服の益］　まず注目すべきことは、「文弱に失するより雄武を尚《たっと》ぶべきだ」(c)という発想である。「尚武」が鍵となる語である(a・b・d・e・f)。この「尚武」理念は、軍事と結びついた男性の身体的能動性を強調するために当時しばしば宣揚されていた(朱英、一九九三年)。「国民は国家という有機体を構成する。人民の文弱は、すなわち国家の文弱であり、人民の強武は、すなわち国家の強武である」(f)。剪辮易服を行なえば、動きやすくなり尚武の基礎になる。それだけではなく、勇猛な精神を鍛えることにもなるのである。もし従来のまま風雅の外見を誇るなら柔弱・萎縮に陥ってしまう(b)。「およそ人の体というものは、外見がきちんとしていれば、内面もしっかりするものだ。

峨冠博帯《がかんはくたい》〔士大夫の様子〕ならば、その気はたおやかにその心は文弱になる。短服雄冠〔軍服など洋装と帽子〕ならばその志を正しその体をまっすぐにすることになる。この弱肉強食の時代にあって、このように改めれば国民は即みな軍人の資格をもつのだ」(e)。「この天演の世界にあっては、弱肉強食、少しの猶予もない。我が中国が存続を願わないなら、それまでだ。しかし、もし存続を願うなら、旧習を打ち破り尚武を重視しなくては前に進むことはできない」(a)。

人心の一新という意味もある。「いま決然とこれを行なえば、全国の精神は必ず奮い立つ」(a)。もし期限を決めて剪辮易服することを皇帝が命じるならば「すべての人民は旧習を洗い流し、喜びは並大抵でなかろう。雷鳴によって夢から覚めて起きるようなものだ。まさに万事振興の起点となろう」(c)。

外国人との交際にも好ましい。断髪短装はすでに全世界が共通に認めるいでたちである(d)。服装が同じになれば友好の情も増す(e)。

〔剪辮に反対する議論への反論〕　辮髪長服は清朝にとって伝統ある国家的制度であるという論に対しては、昔は閉じられた世界(「閉関之世界」)であったが今は交流が広まり一体化している世界(「大同之世界」)になっているのだから、仮に康熙帝《こうきてい》が現在に生まれていたなら、みずから剪髪易服して海外視察に出たかもしれないと反論する。また「国粋」を守るべしとの論に対しては、剪辮易服よりも重大な制度改革(洋式教育の導入など)がすでになされている現在にあっては、真に守るべき「国粋」とは外面的なものではなく愛国心であると説く(a)。

また別の論文は、「国粋」保守論に対して、近代兵器導入や科挙廃止をしているのに、剪辮易服に反対するのはおかしいと述べる(d)。最も重要な「国粋」「国体」であるはずの祖宗《そそう》の版図すら次々と失われ、利権も外国に奪われている状況で、いたずらに髪型服装の「国粋」に拘泥するのは、本末転倒と批判する(a・b・d)。

さらに、剪辮易服を行なったら物事がわかっていない輩が騒動を起こすかもしれないという危惧に対しては、開明的な者は学界(教育関係者)・工商界にもすでに多数おり、しかも専制の余習で上が唱えれば下が倣うはずだ、と反駁する(a)。

[剪辮の時期と方法] 立憲政体をめざして準備しつつある現在こそ剪辮易服を行なうべき時期である(a・c)。おりしも政治考察のために海外に派遣された五大臣が帰国する(a・b・d・e・f。五大臣出洋については、孫安石、一九九四年)。

そして、剪辮易服の実現方法としては、朝廷の命令が前提とされている。しばしば「新政」の先行者としてのピョートル(彼得)大帝と明治天皇に言及される(a・d・f)。最上なのは朝廷が全国臣民に実行を命じることである。次策は軍界・学界の者にのみ強制的に行なわせ、その習慣が自然と広まるようにすることである。もし、これらの策が不可能なら、剪辮易服を妨げてはならないとの命令を朝廷が下すとよい(a)。別の論文も、まず学生・兵士・工業労働者は、義務的に剪髪易服させ、それ以外の者にも許すことを提議する(b)。まず官からはじめ学堂・軍に及び一般民に至る「一定の秩序」が求められたのである(d)。

以上、六本の「剪髪易服議」の内容を整理してみた。中には、外見を改めることに急であるより国民の精神を改めることが重要と指摘する論文もあり(e)、それぞれ議論の仕方に個性があるのは当然であろう。とはいえ、題が与えられた懸賞論文という性格からして、議論の仕方に多くの共通点を見てとることも容易に思われる。要するに、剪辮易服は、身体的活動性を高め、ひいては精神的能動性を発揮する前提となり、それゆえ国家的危機を克服するために不可欠だということである。また、外国人の視点と重なる形で、辮髪が恥ずべき野蛮な（禽獣にも等しい）習俗と感覚されていることも重要である。

「尚武」のためには、男性の身体的活動性の開発が求められる。長い袖にこだわるのは「舞が上手な婦人として自らを遇する」（a）ようなものである。そもそも従来の男性の服は「女子服」として外国人から嘲られていた（b）。否定的なものとして女性らしさが指摘される。それだけではない。「もし剪髪易服すれば男女の区別も明らかとなる」（f）というのである。つまり、男性のみ髪を剪り洋装をするならば、女性との髪型服装の面での性差を強調することになる。剪辮易服のための議論は、従来の文弱な士大夫像を否定し、身体的活動性ゆたかな新時代の男性像を新たに提示しようとしたのであり、それは女性との性差の再構成でもあったと言えよう。

そして、朝廷の主導によって剪辮を行なうことは、これら懸賞論文の前提とするところであった点に留意すべきである。

一九一〇年の剪辮論議

朝廷内部での剪辮論議の先駆けとなったのは、外交経験豊富な伍廷芳《ごていほう》による上奏であった。この上奏は、一九〇九年一一月にアメリカ合衆国から行なわれた。しかし、この文章が一般に明らかにされるのは、翌年の夏である。[5]

上奏文において、伍はまず、以前アメリカ合衆国の公使となり、またペルー・メキシコ・キューバに使節として赴いた際の見聞を挙げる。それらの地の華僑の大半は辮髪を剪り洋服を着ており、辮髪をまだ剪っていない者も頭の上に巻き上げて帽子で隠していた。そこで伍が国家の制度に従えと勧告したところ、彼らは、現地の人々から嘲笑され、また機械操作に不便なので、やむを得ない旨を説明したという。そこで、伍廷芳の朝廷に対する提案は、辮髪は剪るべきだが、服制は変えるべきではないということである。なぜ辮髪を剪るべきかと言えば、無用なものを残して外国人に笑われるよりは、剪って改革の気風を起こした方がよいからである。しかも、ますます辮髪を剪る者は多くなり禁止するのは難しいので、かえって皇帝が正式に全人民の剪辮を許すことが望ましいというのである。

しかし、これをうけて監国（宣統《せんとう》帝の後見の任にある父載灃《さいほう》）が軍機処の会議を開いたところ、那桐《なとう》の強硬な反対にあって、伍廷芳の提案は棚上げとされた（*NCH*, July 22, 1910, p.205）。朝廷が反応を示さないので、伍の友人で辮髪を剪ることを望む者は再度の上奏を促したという（『盛京時報』一九一〇年七月一〇日「伍前使請剪髪辮之伝説」）。

朝廷内で議論が本格化したのは、海外視察より帰国した考査軍政大臣載濤《さいとう》が、一九一〇年夏以降、熱心に剪辮を進言してからである。[6] 監国は決定を留保していたが、某邸（皇室に連なる高官であろう）は会議の場において「剪辮易服のことは形式上の措置であり、留学生の意見にすぎない。強国となるか否かは決してそんなことに関係ない。なにゆえ濤貝勒《ベイレ》（載濤）は洋行したとたんに、そんな習慣に染まってしまったのか。全く不可解だ。我が輩は今後、辮髪を守るために力を尽くす」と述べたという

（『盛京時報』七月一七日「枢老之力保髪辮」）。

載濤が監国に上奏したところによれば、軍人の操練に不便であることから軍事関係者は一律に剪辮させるべきだという。さらには、朝廷が本格的に改革に取り組むという意思を示すために剪髪令を下すべきであると主張している。また「辮髪をなくさなければ〔列強と〕強盛を競うことはできない」として、各王公が率先して辮髪を剪り、以下政府部内、民間までが倣うようにすることを提唱している。しかし、監国は載濤の進言を却下した上、軽挙妄動で根本がわかっていないと彼を譴責したのである（『順天時報』七月七日「軍界髪辮之将薙」。『盛京時報』八月一二日「剪髪之先声」、九月二日「濤邸提議変服剪髪之確聞」、八月一七日「請剪辮髪阻力之由来」。*NCH*, Aug.26, p.490）。その後、毓朗《いくろう》が召見のおりに辮髪の害を力説したので、監国も動かされたという。ただし服制を制定した上で皇族から実行してゆくという議論になった（『盛京時報』八月三〇日「国粋将失之先声」）。

陸軍部尚書廕昌《いんしょう》も監国に召見した際、軍人はすべて軍服を着、辮髪を剪るべきであると主張した。廕によれば、これは形式的な変更ではあるが精神上の効果があり、心機を一転し、また朝廷が軍人を重視することを知らしめることができるのである。また、駐イタリア公使呉宗濂《ごそうれん》も電報によって剪髪を請願した。このような情勢の中で、来年から軍人と在外公館勤務の外交関係者は剪髪することになるという風聞が流れるに至った。載濤も再度、剪髪を奏請した。しかし、実のところ容易に認可されなかった（『盛京時報』九月八日「蔭尚書奏請剪髪易服述聞」、九月八日「剪辮有明年実行之消息」、九月一一日「呉公使電請剪髪之述聞」、九月二〇日「濤貝勒又請剪髪之述聞」、九月二四日「剪髪事尚難実行」）。剪辮易服による営業不振をおそれた杭州の帽子業者や反物《たんもの》商の動揺は、商務総会による電報で北京に伝えられた

（*NCH*, Sep.16, p.672; Sep.23, p.738）。

外交官については、結局その剪髪が認められるに至ったという風聞がまたも流れた（『盛京時報』一一月一七日「准外交官剪髪」、*NCH*, Nov.4, p.305）。これは外務部が剪辮易服を求める上奏を行なうなど改革に積極的であったことと関係しよう（*NCH*, Nov.25, p.484）。

軍人にとっては、操練の便や愛国の念といった剪辮の動機は十分だった。軍学校の生徒の剪辮は以前から進んでいた（Fung, 1980, p.79）。一九一〇年に至って剪辮に向けたさらなる議論が続けられた。しかし、剪髪の利点を認めながらも「ただ各省新軍の知識はまだ完全に開けているとは言えないから」、剪髪を拒否する兵士がいるかもしれず、問題となるだろう、とする意見もあった（『盛京時報』九月一四日「剪除髪辮之一大阻力」）。

毓朗は、翌年からの陸軍の剪髪にあたって皇帝の宿衛である禁衛軍《きんえいぐん》が範を示すべきだと考え、禁衛軍のある統帯《とうたい》（軍官の官職）に諮り、まず歩隊一営から兵士に剪髪を勧め、希望により剪らせることになった。その統帯は、日本に留学したことがあり、早くから辮髪を剪っていた。彼は、毓朗の指示を受けると兵士を集めて、辮髪の由来、剪髪の必要性を演説した。兵士のうち五人は感動して剪髪を願い出たので統帯はこれを許した。ところが、他の兵士たちは剪髪の奨励に不満で、その五人に難癖をつけたので、統帯が叱責したところ、営の全部数百人が逃亡してしまった（『盛京時報』九月二二日「禁衛軍逃避剪髪述聞」）。

このような事件はあったものの、軍人の剪髪は急速に進んだようである。南洋海籌兵艦では、統領の命令により、全員が辮髪を剪った。海軍大臣薩鎮冰《さつちんひょう》が剪髪した後、海軍処では半分以上の者が剪髪した。禁衛軍もほとんどの者が剪った（『民立報』一〇月二八日「不要辮孜的当兵」。『盛京時報』一一月二四日「海軍処剪髪之踴躍」、一二月一日「辮髪之末運」）。

学界の者の剪髪はひとまず必要ないという議論（『盛京時報』九月一三日「学界髪辮可保無恙」）の存在にもかかわらず、剪髪熱《ブーム》はむしろ学堂で盛んであった（桑兵、一九九一年b、三九八―四〇〇頁）。天津では、北洋法政学堂の学生百余人が剪髪した他、軍医学堂で四十余人、北洋師範学堂で六十余人が、高等工業学堂で十余人が剪り、長蘆中学堂・新学書院の学生の多くもこれに続いた。営口《えいこう》の商業学堂では、はっきりした剪髪令が出てから剪るべきだという汪一庵《おういつあん》監督の指導も空しく、学生の剪髪熱は押しとどめがたかった。四百余人中一三九人までが剪髪したという。営口商業学堂の剪髪者はまもなく二百三十余人に達した。鉄嶺《てつれい》でも学生百人余りが剪った。北京では京師法政学堂・財政学堂・閩学《びんがく》堂《どう》・湘学堂《しょうがくどう》の学生の大半が剪ったが、各学堂の学生は連合大会を開いて年内に全員が剪髪することを決議しようと計画した。奉天では、森林・農業・中学の各学堂の学生が、辮髪は損あって益ないもので結局のところ進化の過程で淘汰されるものであるとして、わざわざ同志を呼び集めて剪った（『順天時報』一〇月一三日「剪髪者之多」。『盛京時報』一一月一二日「学生之剪髪熱」、一一月一八日「学生剪髪益多」、一一月一三日「学生之剪髪」、一二月一日「辮髪之末運」、一二月三日「辮髪之死刑宣告」）。

そもそも、学堂での剪髪は官憲によって以前から問題視されていた。一九〇七年、湖広総督張之洞《ちょうしどう》は、学堂で洋風の服装を採用するほか、よからぬ書物を所蔵したり、剪髪したりする傾向があることを批判していたのである（『張文襄公全集』巻六十八「請定学堂冠服程式摺」）。一九一〇年に学部尚書となった唐景崇《とうけいすう》は、当初、辮髪を剪ることを大目に見ていたが、学堂における剪髪熱の「一人が唱えれば百人がこれにならい、ふるまいはほしいまま」という勢いを憂慮して、学生の剪辮易服を厳禁した(『盛京時報』一二月一一日「学部厳禁自由薙辮」、一二月一三日「学部禁阻剪髪之原文」)。

軍界・学界以外にも、剪髪熱は伝わっていた。天津では宋桂舫《そうけいほう》・宋則久《そうそくきゅう》らが「剪髪不易服会」を発起し、報界(ジャーナリズム)の者も剪髪を実行した。その後、学堂関係者もこれにならった。さらに、治安維持にあたる巡警局からも中五区分署の巡官馬驥雲、巡長温有慶・魏国祥、巡警馬化麟・劉玉山・李蓮舫らが「辮髪に死刑を宣告した」。いっぽう、唐山《とうざん》では、鉄路・鉱山の工場労働者で剪髪する者は一〇〇人以上に達した(『盛京時報』一二月三日「辮髪之死刑宣告」)。清朝治下の動きは、香港にも伝わって大規模な剪辮の流行がみられた(*NCH*, Nov.25, p.473)。

折しも、立憲制度準備の一環として北京に議事機関である資政院が設置され、一〇月三日に正式に開会していた(張朋園、一九六九年、八三―一〇四頁。侯宜杰、一九九三年、三四三―三七八頁。韋慶遠・高放・劉文源、一九九三年、四二一―四五八頁)。議員羅傑《らけつ》は剪辮易服を命じる上諭を求める議案を提出し、その他、周震麟《しゅうしんりん》・李樹良《りじゅりょう》も提議したため、一二月二日の第一一次会議において議長は一八人の特別委員(『特任股員』)を指名し審議させることにした(『資政院第一次常年会議事録』一一号、一三号)[7]。翌三日、周震麟・羅傑は自ら剪辮を実行した(『時報』一二月一二日「京師剪辮之風雲」)。

これをうけて政府部内でも対応のための会議が開かれた。ここでも改革の必要性は認められたが「現在のところ風気はまだ開けていないので、もし突然剪髪令がはっきりした上諭の形で出れば、きっと流言や当惑による混乱を招き、治安に問題があろう」との判断から、軍界の者は剪髪するとしても、平民は自由にまかせ無理に剪らせないこととされた。しかし、政務処における瞻昌の主張は、強制的手段を用いなければ纏足問題と同様で効果があがらない、という強硬なものであった（『盛京時報』一二月九日「枢府対於剪髪之辦法」）。

北京の学生たちも敏感に反応した。各専門高等学堂（殖辺・財政・税務・実業・法政・巡警・交通）の学生は、一致団結して剪辮した。大学堂には「ほしいままに辮髪を剪るならばマイナスの評定材料とする」という掲示が出ていたが、剪る者は絶えなかった。北京の学生のうち四百五十余人が剪ったという（『民立報』一二月一一日「一大過換一辮子」。『時報』一二月九日「専電」）。

一二月一〇日、資政院が特別に任命した委員会が剪髪易服問題について討論した。劭羲《しょうぎ》が「いずれ陸海両軍は剪髪することになるのだから、大元帥たる皇帝陛下がまず辮髪を剪って手本を示すのがよかろう」と述べると、牟琳《ぼうりん》は「いまや軍学工商の各界は、とどめ難い勢いで辮髪を剪っているのだから、すべての臣民に剪髪すべしという諭旨を下すべきだ」と主張し、この意見に賛成が集まった。さらに服制については、剪髪ののち長服が不適当ということになれば、制定し直すことで合意が得られた（『盛京時報』一二月一四日「辮髪之命運尽矣」）。

一二月一五日、いよいよ資政院においてこの問題が討議・表決される運びになった。特別委員会の長（「特任股員長」）壮親王の委託により、牟琳が委員会で出された案を報告した。賛否両論の討論が続いたが、たとえば易宗夔《えきそうき》は辮髪が種々の不便をもたらす上、各国から「豚の尻尾」とそしられることを理由に挙げ、剪髪を主張した。議論が白熱する中で、江西の民選議員である閔荷《びんか》生《せい》が腕まくりして剪髪反対を叫んだことを発端として、議場内は一時騒然となった。報告書について、記名投票による表決が行なわれたが、白票（賛成）一〇三、藍票（反対）二八、無効票六で可決された。また、皇帝に対する上奏の案についても可決された(『盛京時報』一二月二〇日「資政院記事」)。

ところが、二〇日、農工商部が京師商務総会の請願を取り次いで上奏したために、資政院の動きに反対する朝廷の意思が示されたのである。京師商務総会は、資政院の議決した剪髪易服により服飾業界が被害を受けることから保護を求めたのであるが、上諭は国家の服制は容易に変わるものではなく、いい加減な話に惑わされるな、と述べていた(『政治官報』一二月二二日、二四日)。

それでも資政院は、一二月二八日、上奏文の議決案を通過させた(『資政院第一次常年会議事録』三一号)。しかし結局、三〇日、剪辮易服を許さない、との上諭がおりたのである(『政治官報』一二月三一日)。こうして、資政院での議論の積み重ねは水泡に帰したことになる。

以上の経過から明らかなように、一九一〇年にあっては辮髪を剪ることは必ずしも清朝に反対することを意味しなかった。むしろ宮中において剪辮が盛んに議論され、皇帝の親衛隊とも言える禁衛軍すら辮髪を剪っていたのである。しかし、高官の中には従来の髪型の制度を固持しようとする者もおり、おそらくそのような改革反対論が剪辮易服を禁じる上諭をもたらしたのであろう。いっぽう、学生や民間人の剪辮の動きはすでに押しとどめがたい勢いをもっていた。とはいえ、資政院で剪辮が議決され、朝廷もこれを認めそうだという状況においてのことであり、剪辮に打倒清朝の意義を込めたとは考えにくい。

また、一九一〇年の剪辮運動の中心は、以上の事例からみる限り北京・天津などの北方都市にあったという印象を受ける(『時報』『申報』のような上海の新聞には関係記事が比較的少ない)。この点は、革命後の状況と対照的である(後述)。

辛亥革命時期における剪辮の実践

朝廷の不許可にもかかわらず、辮髪を剪る人々は後を絶たなかった。上海の張園では剪辮のための大会が開催された。浙江省嘉興《かこう》でも府の学堂の教師の多くと七〇人ほどの学生が剪った。剪辮の結社の組織化も試みられた。また、嘉興では風刺画も盛んで、長い尾をもつ豚の絵で辮髪を揶揄する者や、逆に「鬼」に両眼と短髪をつけた絵によって、辮髪を剪ると「洋鬼」（外国人の蔑称）になってしまうことを訴える者もいた（*NCH*, Feb.10,1911, p.308; Mar.3, p.489）。

『大公報』は天津において剪辮を実行した者の名をいちいち報道し続けた。天津の普通体育社（体を鍛練し、自衛・自強をめざす団体）の社員二百余人のうち、社長の楊以徳《ようい とく》が辮髪を残している以外、すでに三分の二の者が剪りおとし、残りも長さを半分にした。操練の際に敏捷になり「大いに尚武の精神がある」（『大公報』一九一一年三月三一日「社員剪髪」）。またベルギー経営の電車が事故を頻発させることに対する天津人の抵抗運動においては、「仔細に観察すればおよそ辮髪を剪った志士の多数が電車に乗らなくなっており、辮髪を剪っていないにせよ以前から開明的であることを自認する者もまた電車に乗らないことで対応している」（『順天時報』一九一一年年八月三〇日「電車公司注意」）という状況があった（この運動については、吉澤誠一郎、二〇〇二年、二八一―三二四頁）。

しかし、剪辮を決定的に加速させたのは、一九一一年秋の武昌蜂起以降の革命政権成立であった。たとえば、上海を統治する革命政権は成立後まもなく以下の告示を出した。「武漢の蜂起以来、各省もこれに呼応した。すべて我ら同胞は一律に剪辮せよ。野蛮人の尾を取り除き、漢民族を再興しよう

(「自漢起義、各省響応。凡我同胞、一律剪辮。除去胡尾、重振漢室」)」(『時報』一一月一二日「上海軍政府示」)。黄帝紀元四六〇九年(一九一一年)一一月一〇日付けで、都督陳其美《ちんきび》によって、さらに詳しい告示が出された。そこから、革命政権にとっての剪辮の論理が知られる。

そもそも髪を結って辮髪とするのは、野蛮人の特殊風俗であり、元来は地球五大洲にも見られぬ奇怪なありさまで、数千年の歴史にも先例がない。しかし、満洲の清朝が山海関から入って以来、強圧的な猛威をふるい、野蛮な風俗に同化させようとした。試しに髪史をひもといてみるなら、なべて我が同胞の祖先で辮髪に抵抗したため虐殺された者は数えきれない。もとより我が同胞が二百六十余年の清朝統治のもと、心を痛め恥を忍び復讐しようと願いつつ機会を得なかったことである。今、幸いにも天は中国を祝福し漢土は再び回復された。およそ血気ある者が祖先の苦しみを追憶し、先を争ってこの数寸の野蛮人の尾を剪り我らに好ましい髪型を取り戻そうとするのは、当然のことである。しかし、一般下流社会の無知識の輩は、まだ旧習にこだわり成り行きを眺めている。しばしば各団体または個人が都督府に来て辮髪の禁止令を請願するものの、本官は強制的な命令によって個人身体の自由に干渉しようとは全く思わない。とはいえ、この因循《いんじゅん》がひどくなれば、政体に甚だ合致せず、かつ万人が一丸となって共和を渇望する真情を表せない(『民立報』一二月二九日「都督示令翦髪」)。

それゆえ、民間において剪辮の勧誘を徹底して行なうよう指示を出すことになる。この告示においては、排満を大義としてきた革命政権である以上、統治下の人民には辮髪を剪ってもらわねば困るため、二六〇〇年以上も前の祖先の苦しみを追想するのを当然とみなすという議論が展開されるのである。

上海の閘北《ざほく》地方自治公所は「義務剪辮団」を設立し、団員を派遣して道路で人々に剪辮を勧めた。ただ「無知の愚民」が誤解して騒動を起こすことを慮り、巡警・軍士とともに勧誘を行なうことにした。また、各軍の兵士が道行く人の辮髪を無理に剪り落とすということが物議をかもし、これを禁じる告示も出された。いっぽうで、辮髪を剪らず帽子の中に隠している兵士が騒動の原因となることがあったため、軍人は人民の模範であるという理由で、すべての兵士に即日の剪辮が命じられた（『申報』一九一二年一月一日「剪辮問題彙紀」、一月四日「重申軍人剪辮之命令」）。

民間人に剪髪を強制しないという方針は、臨時大総統である孫中山の命令によって変更された。孫中山は、清朝が辮髪を強制し心ある人士がこれに抵抗した歴史に触れ、現今では世界中から笑われ衛生にも好ましくないとして、全人民に対し、命令をうけてから二〇日以内に辮髪を剪るよう、周知徹底させようとしたのである（『臨時政府公報』二九号、一九一二年三月五日）。上海民政総長李平書もこれを受けて一律剪辮令を出した（『時報』四月六日「不剪辮者以違法論」）。

以上は主に上海の状況であるが、他の地域でも類似した経緯が見られた。中華民国の首都となった南京では、一九一二年春までに辮髪を剪った者は八―九割に上った。巡警総庁は孫中山の命令に基づき、また自分たちは「風俗」を維持する責務があるとして、まだ剪っていない者に対して二〇日以内の剪辮を命じた（『臨時政府公報』三六号、一九一二年三月一二日）。

広東諮議局《しぎきょく》（広東省の自治機関）が共和独立を宣言すると、広州の各階層の男性はみな床屋に押しかけ、その一日だけで二十余万人が辮髪を剪ったという。広東軍政府民生部長陳景華は、巡警の一律剪辮を命じた（大漢熱心人輯、一九六一年、四五六頁、四六〇頁）。

浙江においては、軍政府都督の湯寿潜《とうじゅせん》が政府職員・軍隊・警察の剪辮を徹底した。さらに満洲王朝の陋習《ろうしゅう》たる辮髪を剪って漢国を復興したことを慶祝すべく、全省人民に対して一か月以内の剪辮を命じ、違反の罰則として公民権剝奪を提示した。そこで学生・軍人の剪辮は進んだが、他方ではこの政策を批判する者もいた。[8]

奉天では、政府の指令を待たずして辮髪を剪る者は漸増し、床屋は繁盛した。南方出身の者は初めから五分刈りなどにしたが、土着の満洲人には躊躇の色が見え、剪る者でも首筋のあたりまで髪をとどめていた。これはこの地を実効支配する趙爾巽《ちょうじそん》都督の政治的態度がいまだ明白でなく、場合によっては清朝支持にまわるかも知れないので、そのとき頭髪が短すぎれば偽の辮髪を附けられないという思慮によるものである。[9] 哈爾濱《はるびん》では剪髪の動きは盛んであったが、遼陽《りょうよう》一帯では張作霖《ちょうさくりん》が剪辮を抑圧していた(『民立報』一九一一年一二月三〇日「剪髪之大会」)。

以上のような各地の展開から知られるのは、辮髪の有無は清朝と革命政権のどちらの支配下にあるかを表示していたということである。革命政権は打倒満洲王朝の大義から一般人民の剪辮を期待し、また新政権を支持しようとする人々は自ら辮髪を剪ったのである。対する朝廷も資政院の要請に基づき、遅ればせながら「自由翦髪」を許したが(『宣統政紀』巻六十六、宣統三年十月辛亥諭資政院)、この諭旨の意味が大きかったとは考えにくい。

以上から、単に「剪辮は排満の表示」ということを指摘しただけでは剪辮の政治的意義の理解としては不充分であろう。以前の章炳麟の剪辮が体制と決別する強い意志を示すものであったのに対し、雪崩をうったような剪辮は大勢に乗り遅れまいとする行動であり、自覚的な政治的態度の表明(反逆)

と新体制下での自己保身（順応）という全く対蹠的な政治的実践であったからである。

こうして、剪辮を行なわない者に対する風あたりは強くなったとはいえ、すぐに辮髪が消滅したわけではない。

このたびの民国の革命は、辮髪を剪ることが第一の目印（「標記」）になっている。辮髪をそのままにしている者がいれば、豚の尻尾とそしったり満洲の奴僕とののしったりし、はては辮髪をつけた者の選挙権を剝奪することで強制手段としようと考える者もいる。しかし、北方では政界・報界・学界はよいとして、軍・商・農・工の各界でまだ剪辮しない者は今なお多数にのぼっている。これは習慣のせいであり、共和に反対するというわけではない（『大公報』一九一二年一一月二〇日「間評二」[10]）。

このことからも分かるように、革命後の剪辮は南方諸省の方が北方より徹底していたと考えられる。その理由は、奉天の事例に示されるように、北方では革命派による政権掌握がなされなかったため、大勢順応的な剪辮の流行が起こらなかったことによるのであろう。この点、革命前の一九一〇年の剪辮が北京・天津など北方において盛んであったのと対照的である。

さらに政府関係者や教育関係者が少ない郷村では、都市部以上に辮髪は残っていたと推測される。魯迅が「風波」（『吶喊』）で、張勲《ちょうくん》による復辟《ふくへき》事件（一九一七年に起こった清朝復活の試み）頃の郷村において辮髪が一般的であったことを活写しているのは、よく知られている。陝西省涇陽《けいよう》県冶峪《やよく》区では一九二七年に始まる農民運動が、男性は辮髪を剪り女性は纏足をはずすべきことを宣伝し、観劇に人が集まった折りを利用して辮髪を剪るようにしむけた（楊吉蘭・劉炳乾、一九八五年）。

一九三〇年、毛沢東が江西省尋鄔《じんう》県を調査した。それによって知られるこの県の理髪の歴史をみると、一九一二年から洋式のはさみ(「洋剪」)が用いられたが、みな坊主頭であった。その後、鏡や櫛など器具も備えられ洋式の髪型が普及していった。調査の時点では、県城や市鎮では坊主頭は見られなくなったが、郷村ではまだ坊主頭がいたという。地主の中には辮髪を残している者がいたが、それは例外的であったようである(毛沢東、一九八二年、八八頁、一一五頁)。

辮髪からみた風俗問題

辮髪を剪るべきか否かという議論において、しばしば引用されるのが、『孝経《こうきょう》』開宗名義章の文言である。「身体髪膚《はっぷ》、これを父母に受く。敢《あ》えて毀傷《きしょう》せざるは、孝の始めなり」。つまり辮髪を剪るのは親より受けた身体を傷つけることになり「孝」の倫理に反するから好ましくないという意見もあれば、辮髪にするのは髪の過半を剃っているから実は孔子の教えに背いているという反論もあった(前掲『大公報』懸賞論文のb)。また『論語』憲問篇の「管仲微《な》かりせば、吾《わ》れ其《そ》れ被髪左衽《ひはつさじん》せん」をひき、「被髪は夷俗である」として、辮髪は被髪(ざんばら髪)に近い、と指摘することがあった(同前)。暗に、辮髪も満洲の「夷俗」だと非難するわけである。ともあれ、髪型(そして服装)の問題は、儒教の価値観に照らして論じるような、倫理にかかわることがらであった。

古典の記述はともあれ、衣冠風俗の問題が社会秩序全体に関係するという発想は、ごく当たり前のことであったとみられる。管見のかぎり、清末においては、個々人が髪型や服装を自らの感性によって自由に選択すべきだという議論はごく稀と言える。剪辮易服に対する賛成論にせよ反対論にせよ、以上で検討した論説のすべてが、剪辮易服の問題を、今後の政治・社会秩序のあるべき像の構想と関係させて議論していたのである。このようなことは、現代の日本ではほとんどありえないことであり、まず指摘しておくべきこの時期の特徴であろう。

一般的にいって「風俗」は、志ある者の働きかけによって改良しうるものであった（森正夫、一九九五年。岸本美緒、一九九六年）。辮髪や服制は清朝の制度であったから、朝廷に制度の改変を迫るという形がまずとられたが、しかし風俗改良については誰にも責任があるとすれば、辮髪という陋習をなくすべく運動する民間人の登場は避けられない。先に述べたように、天津では「剪辮不易服会」が作られ、嘉興でも剪辮をめざす会を作る動きがあり、上海では張園で大規模な集会がもたれた。これは、同じ頃、鴉片を吸うこと、纏足を施すことを陋習とみなして攻撃する社会改良運動と軌を一にすると考えられる。鴉片吸引や纏足を戒める結社や「風俗改良会」などが、盛んに作られていたのである（王爾敏、一九九五年、一三四―一六五頁）。

ところが、この時期、開明的であることを自認する人々の動きは、彼らによって愚昧とみなされた民衆の抵抗にあう。風俗改良の基地となるはずの学堂や警察署はしばしば焼き討ちにあい、鴉片栽培の禁止は農民暴動を惹起した（波多野善大、一九五四年）。辮髪を剪ることについてはどうであろうか。

先に紹介したように政府部内の剪辮消極論の根拠として、「現在のところ風気はまだ開けていないので、もし突然剪髪令がはっきりした上諭の形で出れば、きっと流言や当惑による混乱を招き、治安に大いに問題があろう」と指摘されていた。現に山東省周村店から報告する『ノース・チャイナ・ヘラルド』通信員は、一九一〇年の剪辮論議が終結した頃、郷村に広まっていた剪辮令の噂を報告している。すなわち、「ある日以降、すべての男性は辮髪を剪らねばならないことになり、すべての女性は纏足をやめなければならないことになる。そしてある官僚がすぐ任命されるが、その任務は各県の主な町や村を回って布告について説明し、時限どおりに規定を守らせることだ」というのである(*NCH*, Jan.6,1911, p.25)。しかし、このような噂が「混乱を招き、治安に大いに問題がある」のはなぜだろうか。

推測するならば、髪に「魂」が宿るという民俗信仰と関係があろう(谷井俊仁、一九八七年。Kuhn, 1990, pp.94-118. キューン、一九九六年、一一八—一四三頁)。この時期、巡警によって行なわれた戸口調査は、「八字」(生年月日時刻)を知られること(それによって呪いをかけられること)から、恐怖の対象となった(波多野善大、一九五四年)。鉄道建設(特に鉄橋架設)は、人柱を必要とする工事と考えられ嫌悪された。新しい中国の建設のために要請された剪辮も、民俗信仰からの反撃を受けることが懸念されたのであろう。このように風俗改良は、民俗的世界観を迷信とみなして破壊してゆくことを使命としていたことになる。

ところで先に挙げた「論髪辮原由」(『清議報全編』『黄帝魂』)は、明代の結髪→清代の辮髪→西洋人の短髪という発展モデルを提示し「進化文明の程度」との関連を想定しているが、新聞記事も、韓国人は剪髪を願わず台湾人は辮髪をとどめているが、いずれも植民地とされたことを指摘した上で、「文明を模倣して」剪辮を行なうことを提唱する(『時報』一九一〇年一二月一〇日「剪除辮髪之潮流」)。このように剪辮は、より先進的な風俗を導入するという目的を有していた。

その発想の根源は二つ想定できる。まず直接的には、当時のヨーロッパや日本における文明観の受容と内面化である。「辮髪を垂らし、胡服を着て、うろうろとロンドンの街を行くと、道行く人でpig tail（豚の尾）、savage（野蛮）と言わぬ者がない」「うろうろと東京の街を行くと、道行く人でチャンチャン坊主と言わぬ者がない」（鄒容『革命軍』第二章）というような侮蔑をなくすために野蛮な習俗は改良されねばならない。しかしもうひとつ、歴史的に形成された華夷観の系譜もある。辮髪は「狩猟遊牧の賊・満洲人」が自らの習俗を強制したものであり「我が同胞が今日朝廷と言い、政府と言い、皇帝と言っている者は、我らが昨日まで、夷《い》と言い、蛮《ばん》と言い、戎《じゅう》と言い、狄《てき》と言い、匈奴《きょうど》と言い、韃《だつ》靼《たん》と言っていたものにほかならない」（同前）のである。辮髪を非難して「胡尾」というとき、それは禽獣に近い夷狄のものであることが含意される。髪型服装を華夷の別の表徴とする発想の系譜が動員されているのである。

ここで注意しなければならないのは、則るべき先例として日本の「文明開化」が存在したことである。渡辺浩は、日本人にとって「ある意味で西洋こそが真の「中華」であると思われるようになり、そうなったことを背景として、「中華化」としての「文明開化」が起きたのではあるまいか」「それは、こちらを見下しつづけてきた当の中国をだしぬいての「中華化」である」と指摘し、「ザンギリ頭」と洋服が「文明開化」の象徴であったことに注意を促している（渡辺浩、一九九七年、二四九―二五〇頁）。「文明開化」を経た日本人は辮髪に対する軽蔑を強めてゆく。これに対して中国も安閑としていられないという反応は自然なものだろう。

さらに渡辺は「日本では、諸国の格付けの意識とそのなかでの番付上昇の願望が、「進歩」観の代役を果したのではあるまいか」とも述べている。このような「格付けの意識」、そしてそれに基づく差別感は、清末の議論でも珍しくない。前掲の「論髪辮原由」には、なぜ漢人が外国人から蔑視されるのかと言えば辮髪を附けているからであり、黒人やアメリカ先住民などの「賤種」すら装いを改めているという議論がみえる。「中国は文明が発生した国であり、文物衣冠は世界で称賛された」のに、ここまで落ちぶれたのは満洲王朝のせいであると論旨は進む。ここにおいて、オリエンタリズムの「文明 - 野蛮」、旧来の華夷観念の「華 - 夷」というふたつの軸は容易に重ねあわされ、この軸上でよりよい地位を占めることがめざされるわけである。

ある西洋人は「審美的見地」(aestheticism)から中国人の辮髪や服制を擁護して、洋服を着る日本人の醜悪な姿のようになってはならないと主張する(*NCH*, Oct.7,1910, pp.36-37)。しかし、そのような発想は、西洋人の中でも特殊なものであろうし、中国の輝かしい未来を夢みる積極的剪辮論者を説得するのは難しいのに違いない。

辮髪は野蛮で後進的な満洲の風俗である。このようなイメージは、本来、極端な議論であったと思われる排満論を受容しやすくする効果をもっていたと言ってよかろう。それは、清朝こそが中国の後進性をもたらした元凶であるということの換喩(metonymy)である。それゆえ、辮髪という風俗からの離脱は、中国の後進性を招いた清朝の滅亡と重ねあわされた。いずれも「野蛮」から「文明」へ、「夷」から「華」への移行であった。剪辮によってこそ、中国は再生できるというのである。

こうして成立した「中華民国」は、しかし漢人だけの国家ではなかった。満人も含まれ、またチベット仏教やイスラームに依拠した独自の政治文化・習俗をもった人々も含まれた。孫中山の「臨時大総統宣言書」は「漢・満・蒙・回・蔵の諸地域をあわせて一国となし、すなわち漢・満・蒙・回・蔵の諸族をあわせて一人となす。これを民族の統一という」(『臨時政府公報』一号、一九一二年一月二九日再版)と高らかに宣言する。「五族共和」の理念は、決して孫中山が発案したものではないが、この時期には、真剣に議論されるに至っていた(片岡一忠、一九八四年。村田雄二郎、二〇〇一年)。このような国家観を前提としつつ、南京の江寧《こうねい》巡警総庁は以下の論理で人民の剪辮を命じる。

現在の中華民国は、漢・満・蒙・回・蔵の五族人民をあわせて一共和大国としたものである。あらゆる法令・制度は、みな改革すべきであり、五族人民をひとしなみにして民国統一の標準とすべきである。満人も五族のひとつであるが、清朝の制度は〔全人民の〕一部分にすぎないはずの満人がつくったものであるから、五族全部の規定とするには全く適当でない。辮髪について言えば、世界各国には絶えてこの制はなく、現在の開放の時局にあたって共通の様式を相互に定めている。我が中華民国のみ異なるわけにいかない(『臨時政府公報』三六号、一九一二年三月一二日)。

この論理では、満人にも辮髪が禁止されることになる。各族の固有・伝統の習俗を否定し、全世界に通用する(として漢人が選び取った)髪型・服装を「民国統一の標準」とするのである。そして、それは世界的潮流にも合致するものとして正当化される。このように剪辮についての思考は、やはり文化的多元主義や個性尊重の原理からはほど遠いところで行なわれていたのである。現在、中華人民共和国の少数民族が「伝統」的な髪型・服装を捨て、パーマをかけジーンズをはくのは、欧化なのか、「漢化」なのか、あるいはもっと普遍的な進歩の如きものなのか。これらが弁別困難な理由も、以上に述べた歴史的経緯に由来するのだろうか。現代中国の「民族」観と進歩意識の相関という問題(Gladney, 1994)について、じっくり考えてゆくべきである。

清末剪辮論の歴史的意義

本章では、清末の多様な剪辮論議をなるべく詳しく追ってみるとともに、どのような人々がどの時点で実際に辮髪を剪ったのかを考察してきた。以上から、なぜ辮髪を剪らなければならないかという理由づけは、様々な組み合わせが可能としても、いくつかの基本要素に還元されると考えられる。①辮髪は体が動かしにくいなど富国強兵にとって不適合である。②辮髪ゆえに外国人から軽蔑される。③辮髪は満洲王朝によって強制されたものであり、漢人はこれを拒否すべきである。

これらは当時流行していた多様な論点と関係しており、議論を展開するうちに容易に相互に重なり合ってくるのも当然であろう。しかし、今日の我々から冷たく論評するならば、個々の理由にはそれぞれ弱点があるかに思われる。①については髪型と富国強兵が実はどれほど連関性があるか疑問であり、②とは逆に辮髪を国粋として昂然と護持しようとする方向性もあろうし、③の論理ではなぜ明代の総髪でなく洋式の断髪にするのか答えられまい。すなわち、大きな流れとしては、これらの各理由は複合してゆくことによって剪辮を正当化する説得力をもち得たと考えられるのである。

そして、剪辮論はあるべき男性の類型として、伝統的な文人士大夫でなく、身体的能動性に富んだ男性像を提示していた。そこで強調されたのは「尚武」の理想であり、端的には中国の軍事的強国化が願望の対象であった。

しかも、髪型の問題は中国の将来と密接に結びつけられていたので、髪型を自由にするべきだという発想の余地は、ほとんどなかったと考えられる。依然として、髪型は政治・社会秩序の問題として把握され続けたのである。

一九一〇年には宮廷においても剪辮が論議され、資政院も剪辮令を求めることを議決した。これは結局、挫折したものの、軍人・学生や民間人の剪辮の動きは止まらなかった。これは、清末の風俗改良運動の一環としても考えられる。一九一一年の革命以前に、特に開明性を自認する都市エリートの間では、剪辮はすでにある程度進んでいたのである。その後、革命政権は、剪辮を推進する布告を出していったので、大勢に順応して辮髪を剪る人々は非常に多かった。

辮髪の問題には、西洋・日本に由来する「文明 - 野蛮」、伝来の「華 - 夷」という二つの観念が融合してゆく過程がみえる。この過程は、「野蛮」な「夷」である満洲人を打ちのめして世界の文明に比肩する中華民国を作りたいという願望ないし運動の存在ゆえに促進されたと考えられる。革命派が、清朝の支配体制を覆すための宣伝に辮髪の歴史的由来を利用したとみるのは、誤ってはいない。しかし、辮髪を剪って「野蛮」から脱却したい、世界から尊重される新しく強い中国を作りたいという願望は、革命論とは一応別個に存在しており、むしろ打倒清朝という政治的目標はこの願望と結合することで現実的力量を獲得できたとも言えよう。

辮髪を剪るべきだという議論には、必ずしも清朝に反対する意味が込められていなかった。むしろ、積極的に改革の気風を作り出し、また「尚武」の理念を実現したうえ、外国人からも侮蔑を受けないようにすることが目標であり、そうである以上、清朝の朝廷が自ら剪辮を推進する可能性もあると考えられていたのである。それゆえ、慣れた髪型を遅れて野蛮なものと見なすだけでなく、世界に通用する進歩の名のもとに画一的に剪辮することを提唱したのであり、また、軍事重視の発想のもとで男性の身体性を直截に問題とすることになった。もうひとつの意味、つまり清朝の否定ということは、たまたま清朝の滅亡という形勢のもとで、表面に出てきた。しかし、それ以外の剪辮論の意味についても、愛国主義に含まれる重要な要素として注目してゆくべきだろう。

第五章
愛国ゆえに死す――政治運動における死とその追悼

政治運動と死

これまで、清末の革命運動の研究では、各個の政治思潮とそれを担う集団について、考証が積み重ねられてきた。

これに対して、本章では清末の政治運動の様態そのものを注視し、その中で死がどのような意味づけを与えられていたかについて考察したいと思う。戊戌《ぼじゅつ》変法の挫折以降、清朝を立憲君主制に変革しようとする路線や、清朝を打倒して共和制をうちたてようとする路線など、いくつかの政治目標を追求する集団が存在し、ときに厳しく対立した。しかし、必ずしも特定の政治路線と死の意味づけとが対応するとは限らない。むしろ、一八九八―一九一一年の政治運動において、政治路線の多様性をこえて共通する発想があったかもしれないという観点から、具体的事例を見てゆくことにしたい。これを通じて、政治運動を様式と心態に即して理解する視角を示すつもりである。

すなわち、政治運動における死を主題とするが、その政治運動とは、中国の将来をいかに切り開いてゆくべきかという問題意識に由来していたと、ほぼ概括してよい。つまり、「中国のための死」ということが問題となるわけである。生命よりも中国の将来のほうが大切なものと称賛する論理・心情はいかなるものか。また、ある死がどのように政治的な意義を帯びさせられていったのか。これらが本章で考えてみたい問いである。

なお、ここで死の意味と言うとき、二つの側面を想定できるだろう。①死のうとする者が自らの死をどのように考えていたのかという点、②死んだ者の死を他者がどのように理解したのかという点、である。ただし、実際には①について、あまり議論することはできない。死のうとする者が自ら死の意味を最もよく説明する史料は遺書である。しかし、それが死後に公表されたとしても、それを刊行するに際して何らかの意図から別人の手が加えられている可能性を考慮すべきである。一例として遺書の偽造がなされたとされる事件すらある(土屋洋、二〇〇〇年)。

いっぽう、②のような視角に立つとき、公刊された遺書は、当時の人々が死の意味を解釈する重要な手がかりとなったに違いないと言える。また、追悼文は、これまで人物の事績を簡便に知る素材として読まれてきたが、本章では、まさに追悼という言語行為そのものに関心を寄せたい。また追悼式典は既存の研究の中では大して注意を向けられなかったが、以下ではなるべく詳しく追悼式の様子を紹介してゆく。早くは小野信爾が「追悼に藉《か》りて革命を宣伝し」たという納得のゆく指摘を行なっているが(小野信爾、一九七八年、八八頁)、本章では革命宣伝に限らず様々な意図で追悼がなされたことに着目し、追悼自体の歴史的意義を考えてみたい。

ここで注目するところの、「政治運動のなかで強い意味づけを与えられた死」の範型を提供したのは譚嗣同《たんしどう》の死である。はじめに、譚嗣同の死の問題についてやや詳細に考え、ついで二〇世紀に入っての革命運動・愛国運動における事例を分析してゆく。最後に、「暗殺」という実践を、やはり当時の政治運動における死のとらえかたという文脈で解釈してゆくことを試みる。

譚嗣同の死——梁啓超による「譚嗣同伝」

まず、見ておく必要があるのは、戊戌政変の後の譚嗣同の死である。一八九八年九月二一日〔光緒二四年八月六日〕、光緒帝が西太后によって幽閉され、戊戌の変法の「百日維新」は終結した。この後、この変法に深くかかわった譚嗣同は捕らえられ処刑される。

梁啓超が著した譚嗣同の伝記には、譚嗣同の最期が感動的に描写されている。やや長い引用となるが、訳出してみたい〔文中の日付は旧暦である〕。

〔八月〕六日になって、ついに政変がおこった。そのときちょうど、私〔梁啓超〕は、譚嗣同君の家を訪ねており、寝台に対座して、計画をたてていた。すると突然、〔康有為先生の居所であった〕南海館へ官憲のていれがあったとの報が来た。つづいて西太后の命令を聞いた。譚君は従容《しょうよう》として私に言った。「かつて皇上〔光緒帝〕を救おうとしても、救えなかった。今は〔康有為〕先生を救おうとしても、救うことができない。私にはもうできることはない。ただ死期を待つのみだ。といっても、天下のことは、無理とわかっていても行なうものだ。君〔梁啓超〕は試しに日本公使館に入り伊藤〔博文〕氏に会い、彼に頼んで上海領事に電報してもらい先生を救うようにしてくれ」。私は、この夕方、日本公使館に泊まった。譚君は終日、自宅にいて捕り手を待ったが、捕り手は来なかったので、その翌日、日本公使館に入り、私に会った。譚君は、私に日本亡命を勧め、さらに著書および詩文辞の稿本数冊および家書一箱を携えてきて、私に託して言った。「生きて活動する者がいなければ将来の計を図ることはできない。死ぬ者がいなければ、聖主〔光緒帝〕に申し訳がたたない。今、南海先生〔康有為〕の生死は何とも言えない。〔春秋時代の〕程嬰《ていえい》・公孫杵臼《こうそんしょきゅう》、〔日本の〕月照《げっしょう》・西郷隆盛のように、私と君でこれを分担しよう」と〔程嬰・公孫杵臼のことは『史記』趙世家にみえる故事。趙氏の滅亡の危機に際して、唯一の継嗣を救うため二人が謀り、公孫杵臼が替え玉の嬰児と死に、その偽装のもとで程嬰が趙の継嗣を保護した〕。ついに、ひとたび抱擁して別れた。七日から九日にかけての三日間、譚君はもういちど俠士とともに皇上を救出しようとしたが、果たせなかった。〔譚嗣同は〕ついに八月一〇日に捕らえられた。捕らえられる前日、日本の志士数名が譚君に対して日本への亡命を勧めたが、彼は聞き入れなかった。再三にわたって強く勧めると譚君は言った。「各国の変法はいずれも、血を流すことによって成ったものです。今日の中国では、いまだ変法のために血を流した者の例を聞いたことはありません。それだから、この国は不振なのです。私がそのように血を流す最初の者となりましょう」。ついに亡命せず、逮捕されたのである。……八月一三日、市で斬罪に処された。享年三三。義のため死す日、見守る者は一万人もおり、譚嗣同は慷慨して神のごとき気迫は変わることがなかった。このとき、軍機大臣剛毅《ごうき》が処刑を監督していたが、譚嗣同は剛毅を呼んで前に出て「言いたいことがひとつある」と述べた。しかし、剛毅は去って耳を傾けず、そうしたところで従容として処刑されたのである。ああ烈《れつ》なるかな（梁啓超「譚嗣同伝」『清議報』四冊、一八九八年）。

この記述で強調されているのは、譚嗣同が変法のために血を流す最初の者になろうとの自覚的な選択の結果として刑死したということである。亡命後の梁啓超が、どのような経路から情報を得て、譚嗣同の最期の様子を知ったのかはつまびらかではなく、その情報の真偽を疑う余地もあろう。このような描写が『国聞報』などの報道によった可能性があるが（李喜所、一九八六年、二七七頁）、それとても譚嗣同自身の考えをそのまま伝えた材料と考えることはできまい。しかし少なくとも、梁啓超が、同志たる譚嗣同の死の意味をうけとめようとして、譚嗣同の生前の言行に照らして解釈したとは言えよう。[1]

さらに、譚嗣同の主著『仁学』を『清議報』に連載するにあたり梁啓超は、「ああ、これは支那で国のために血を流した第一の者である烈士・亡友たる（湖南省）瀏陽《りゅうよう》の譚君の遺著である。烈士《れっし》の烈たるや、誰でも知っているが、烈士の学問はほとんど知る者がない」と、まず紹介している。そのあと、譚嗣同と自分とが康有為の思想的影響のもとで何でも語り合った仲であることを回顧し、著作の意義を説明する。

『仁学』は、何のために書かれたのか。すばらしい康南海（康有為）先生の理念によって、世界の聖人・哲人の思想を考察し、全世界の衆生を救おうとしてのことである。康南海先生の教えには「仁を求めるのを理念とし、大同を原理とする。はじめは中国を救うことをめざし、ついには自己犠牲に至る」とある。『仁学』こそがこの言葉を詳論した書物であり、烈士譚君こそがこの言葉を実行した人物である（梁啓超「校刻瀏陽譚氏仁学序」『清議報』二冊、一八九八年）。

そして『仁学』の主な主張を自分なりに要約した後、以下のように説明している。

烈士譚君は、衆生《しゅじょう》のために血を流すという大願を久しく抱いていた。とはいえ、全世界の人を救うために血を流すのか、ある種の人を救うために血を流すのか、一国の人を救うために血を流すのか、または一人を救うために血を流すのか。その大小の範囲が異なることになる。しかし、仁者から見ればすべて同じことなのだ。なぜか。仁者は平等であり、対象に差等をつけず方法に区別を設けることはない。だから大小を問題にしないのである。それゆえに烈士譚君は衆人に先んじて血を流したのである（同前）。

以上のような『仁学』推薦文で注意すべきことは、譚嗣同が死を選んだのは、譚嗣同の思想の結果だと理解させようとする梁啓超の説明である。譚嗣同が従容として刑死したのは、『仁学』などに示される譚嗣同の思想の自然な帰結だというのである。

しかも、梁啓超は「烈士」という言葉を用いることで、その死から遡行して譚嗣同の生涯を意味づけていた。いうまでもなく、亡命者となった康有為・梁啓超らは、自らの政治的正当性を主張するなかで、譚嗣同ら戊戌政変後の刑死者を顕彰しようとしたのである。このような追悼の過程で、自らの思想に対して忠実に変法のため血を流した「烈士」譚嗣同という形象が作られたと言える。

そして、そもそも『仁学』が康有為の強い影響のもとで書かれたという梁啓超の説明も、譚嗣同を自らの同志とみなす強い真情と政治的意図の現れと理解される。このような梁啓超の説明はあまり適切でなく、今日知られる譚嗣同の思想は康有為・梁啓超との交流以前におおむね形成されていたという指摘もある（張灝、一九八八年、五頁、九〇頁）。しかし、友の死を積極的に意味づけ、そして自分の同志として称讃しようとする梁啓超の強い思いまで否定する必要はないのかも知れない。

譚嗣同の伝記を著した李喜所は、譚嗣同が逃亡せず自ら死を選んだことの意義を分析し、「結局のところ、譚嗣同が死を選んだことは、彼の思想発展におけるひとつの重要な階梯であった。これは、彼が『仁学』を著した後の政治実践に対するひとつの集中的な結論である」（李喜所、一九八六年、二七七頁）と述べている。このような評価は、そもそも梁啓超らによって作られ、その後も広く支持されてきたものと思われる。

烈士を追悼する

このような「烈士」像は、追悼の集会という儀式によって、さらに強調・拡散させられた（次の引用文中では旧暦が使われている）。

八月一三日は、殉難六烈士たる楊深秀君・劉光第君・康広仁君・譚嗣同君・楊鋭君・林旭君が、義のため死して一周年にあたる。横浜の有志熱血の士は、紀念会を開き死者を祭ることにした。それによって、烈士が血を流して人を救おうとした志を記憶にとどめ、愛国保種の心を発揚しようとしたのである。その志を同じくして参加した者は、一〇〇人あまり。その当時、横浜根岸の山の上の地蔵王廟で祭りを行なった。……思うに、かつて各国が改革の時代に、仁人・志士は、惜しむことなく仁のために身を殺し義のために生を捨てることで、国家の犠牲となったのである。その志は何とも苦渋に満ちたものであった。その後、全国が開明の成果をうけ独立の栄光に浴すと、誰もが彼らのお陰として喜んだ。そこで、石碑を刻したり像を立てたりして、ずっとお供えを続けるのである。そもそも全世界で文明の導入は、いずれも血をもって購《あがな》ったものだ。六烈士こそは、四億人に先んじて血を流し、我が中国のために文明を購う道となった。それゆえ、愛国の志があれば生死を顧みない義士はみな慷慨・激昂し、こうして六烈士を祭るのである。一三日午前一〇時に祭りが始まった。日本の志士でも参加する者がいた。みな向きあうと悲しみでいっぱいになり、誰も声を発する者がなかった。礼が終わると、祭文を読んだ。……読み終わらぬうちに、みな声をあげて泣き始め、地に伏して顔をあげられなかった(「記殉難六烈士紀念祭」『清議報』二八冊、一八九九年)。

このような催事を通じ、烈士が中国のために自己を犠牲にしたという意味づけが改めて強調され、悲しい式典の雰囲気の中で心情的に烈士の死の意義が納得させられていったと言えよう。

烈士は、さらに増えてゆく。一九〇〇年、義和団を鎮圧しようと八か国連合軍が天津から北京に進軍し、西太后・光緒帝が逃避行を余儀なくされる状況のなか、「自立軍」を組織した唐才常が「勤王」のため蜂起を試み、失敗して刑死した。唐才常の政治的意図については議論が重ねられてきたが、明瞭な結論が出ていないように思われる(菊池貴晴、一九五四年。永井算巳、一九八三年、三一—五七頁。小野川秀美、一九六九年、二三一—二四〇頁。湯志鈞、一九八四年、四五九—四七三頁。中村哲夫、一九九二年、一五一—五二頁)。ここで注目したいのは、唐才常の死を梁啓超らの『清議報』が顕彰してゆく動きである。周知の通り、唐才常は譚嗣同と同郷(湖南省瀏陽県)の出身であり、交友であった。それゆえ、梁啓超としては、唐才常は譚嗣同の遺志を継承して活動し死んだと宣伝することが容易だった。つまり梁啓超は、譚嗣同とともに唐才常も、自らと同じ志をもっていたとして顕彰することで、政論活動を

図 18　現在の地蔵王廟．横浜市中区の小高い丘に中華義荘がある．ここは華僑の人々の墓地であり，かつては郷里に遺体を送る前の保管所だった．そこには，清末につくられたとされる地蔵が祭られている．著者撮影．

進めようとしたと理解できる。唐才常の意図に反するかどうかは、死後には確認できるわけもない。死者を追悼しつつ、その死を意味づけする行為は、必然的に創造的な要素を含むのである。

自立軍の蜂起が失敗して、唐才常ら主謀者が処刑されると、さっそく追悼の動きが横浜で起こる。譚嗣同ら戊戌六君子の二周年目の紀念祭において「唐〔才常〕公等二八烈士、また先月〔七月〕二八日、武漢で義のため死した。同志は謹んで位牌をつくり祭りを行なう」（「横浜祭六君子文」『清議報』五七冊、一九〇〇年）という運びとなった。ここからも知られるが、唐才常らは「戊戌六君子」とあわせて烈士として祭られたのである。この頃の祭文においても、唐才常の志が戊戌の烈士を引き継いだものと説明され、一体として追悼の対象とされた（「祭唐烈士佛塵等及六君子文」『清議報』五九冊、一九〇〇年）。

こうして、唐才常の死の意味は譚嗣同のそれと同一視され、追悼表現も定型化する。唐才常は「自分を度外視して命を捨てた」「身を殺して仁をなした」（後死人「義士唐才常伝」『清議報』五八冊、一九〇〇年）、譚・唐は「一身をもって国民のための犠牲とした」（傷心人「瀏陽二傑集序」『清議報』五九冊、一九〇〇年）といったものである。

以上を要するに、戊戌政変で死した譚嗣同らを烈士として祭ることが、表現としても祭事の実践としても梁啓超らによって様式として作られ、唐才常の刑死に際しては容易に応用されたということである。しかも「ああ、世界各国の文明はいずれも義烈の志士が鉄血を流して購い得たものに他ならない」（同前）というような追悼言説は、さらなる「義烈の志士」の自己犠牲を促すものだったと言える。

中村哲夫が「譚嗣同は戊戌の年にあえて逃亡せず、刑場につく。唐才常は義和団の年に自立軍を建て、追うように大義に殉じる。この両人の死の、真の意義を知るものが、梁啓超を慕い、彼の亡命先である日本へとぞくぞくと渡航してくる」（中村哲夫、一九九九年、二九四―二九五頁）と指摘するときの「真の意義」とは、まさに梁啓超らによって解釈・宣伝されたものだったと言えよう。

死の政治的意味を論争する

管見のかぎり、これまであまり注目されていないが、実は以上のような譚嗣同・唐才常理解を批判する動きがあった。彼らの死が康有為派に利用されているというのである。

『民報』には、戊戌・庚子《こうし》の殉難者を祭る会でのある広東人の演説というのが掲載されている。戊戊（一八九八年）・庚子（一九〇〇年）の殉難者とは、譚嗣同・唐才常らに他ならない。この祭りは東京で行なわれたとあるが、上で紹介した追悼会の流れを汲むものであろう。このような演説が現実になされたものかどうかはさておくとしても、『民報』が掲載したのは康有為・梁啓超を批判する意図からに違いない。演説文は、本当に追悼の場で語られたとすれば、あまりに不遜な内容と言ってよい。つまり、譚嗣同・唐才常は、康有為にだまされて死に、死後も彼らに利用されつづけているというのである。この非常に長い文章は、康有為がいかに狡猾な輩であるかを執拗に強調している。梁啓超による『戊戌政変記』も自己の立場の正当化のために捏造されたものであって、全く史実に基づいていないし、戊戌の六君子をほとんど康有為の門人にしたてあげてしまったというのだ。譚嗣同らの死は、人々を憤激させるという宣伝の具とされたのである。唐才常も、康有為・梁啓超にだまされていた。

私の考えによれば、この何人かの死者は、追悼すべきであり紀念すべきだ。しかし、それは、彼らが保皇（光緒帝のもとで政治改革を進めようとする康有為らの主張）の立場だからとか革命の立場だからではなく、ただ純粋に悼ましいだけだ。どのような者であろうと、一人の人間として、自分の目的を追い自己の主義を掲げて、自己の身命を熱い気持ちで捧げたのだから、それだけで悼ましいのだ。まして、彼らは生前には人に愚弄され、死後には人に利用されているのだから（「記戊戌庚子死事諸人紀念会中広東某君之演説」『民報』一号、一九〇五年）。

これによれば、先に引用した譚嗣同の最期についての叙述は、ほとんど偽であるということになる。確かに、先学の研究において「譚嗣同伝」をふくむ『戊戌政変記』が時間を経て版を重ねるうちに改変され、それが梁啓超の思想の変化に対応するという重要な指摘がなされているものの（狭間直樹〈中文」、一九九七年)、全くの捏造という議論は相当大胆である。とはいえ、譚嗣同・唐才常に対する追悼言説がもっていた恣意性・政治性を鋭く指摘するものであろう。

さて、章炳麟は、論文において唐才常を「保皇」の立場とみなし、さらにその性行をも批判したが(太炎「革命之道徳」『民報』八号、一九〇六年)、これに対して特に(唐才常と同郷の)湖南人革命家は納得できなかったらしい。『民報』発刊一周年の紀念大会において劉揆一《りゅうきいつ》が演説して、その章炳麟の見方に訂正を求めた。唐才常は保皇党などではなく、「唐才常はすでに死にましたが、康有為・梁啓超がこれを利用しています。勤王の名目を得て、愚弄され党派の道具となっているのです」というのである。司会を務めていた黄興《こうこう》も、これに同意した(「紀十二月二日本報紀元節慶祝大会事及演説辞」『民報』一〇号、一九〇六年)。

ここにも、追悼ということの政治的操作性が明確に指摘されている。注意すべきことは、その内実はともあれ、彼らが自己の主義に殉じたことが疑いない前提とされている点である。つまり、当時にあっては、譚嗣同・唐才常が政治的な大義のために死んだということ自体は広く信じられ、それゆえ敬慕されていたと思われる。死んだ後も「保皇党かどうか」の論争の対象にされる理由は、まさに彼らの死が政治宣伝に利用価値のあるものだったからと理解されよう。

陳天華の死の再検討

一九〇五年、留日学生たちを動揺・憤激させたのが、文部省が清朝との相談によって定めた留学生取締規則であった。これは、激増する留学生に対する管理・監督を強化しようとするものだった(さねとうけいしゅう、一九六〇年、四六一―四九四頁）。これに反対する留学生の運動が起こるなか、大森海岸で陳天華《ちんてんか》の遺体が発見された。陳天華は留学生のひとりだったが、革命運動にも積極的に参加していた。当初には運動のなかで殺害されたという風評もあったが、その遺書たる「絶命書」が『民報』二号（一九〇五年）に掲載されたことで、自殺であったという理解に落ち着いていった。

その死については、多くの研究者が議論してきたが、陳天華の思想と結びつけて解釈するものがほとんどを占めている（永井算巳、一九八三年、一七三―二一三頁。馮祖貽、一九八六年）。しかし、私には、彼の平生の思想によって、その死が説明できるとは納得しがたい。そうでなく、もしも自失状態で入水したとするなら、今度は「絶命書」の論理的な行文と符合しないように感じる。結局、彼の死の理由はわからないと言うのが厳格な態度であろう（それでは、彼の死から教訓を得ないことから彼に対して誠実な態度ではないかも知れないが）。ともあれ以下では、彼の死がどのように解釈されたかに注意をむけたい。

この『民報』二号は、陳天華（字は星台）の写真を巻頭口絵に掲げ、その写真の裏頁には「烈士陳星台小伝」を掲載した。この「小伝」には「一一月、日本の文部省が留学生に関する規則を頒布すると、烈士（陳天華）はますます中国が滅亡の危機にあると見て革命が一日も早く起こるべきだとして「絶命書」を書いて万言を費やし、ついに日本の大森海岸に自ら身を投げて殉じたのだ」とある。つまり「革命」を促進するための死である。そもそも「革命」という語の意味も多義的なものなので、様々な解釈ができただろう（佐藤慎一、一九七八年。川尻文彦、二〇〇一年）。とはいえ、『民報』としては、清朝打倒という政治的立場を共有する同志として陳天華を追悼しようとしたことは言うまでもない。

図 19　よく知られた陳天華の肖像. 実は,『民報』誌上に追悼のため掲載されたものである.
出典)『民報』2 号, 1905 年, 口絵.

その「絶命書」には、『朝日新聞』などが留学生をけなしたことを忘れないために「身を東海に投げて諸君のための紀念となる」といい、「一〇年後に死ぬよりも今日死んで諸君の目を覚まさせるのがよい」と述べる。一緒に掲載された宋教仁による「跋《ばつ》」は哀切な筆致で陳天華を悼んでいる。

ところが、陳天華の死の背後に彼の思想を別様に見ようとした議論も起こる。『新民叢報』に掲載された文章は、陳天華の政治的立場は暴力革命を避けようとするものだという点を強調している。つまり、陳天華を烈士として追悼しながら、実は彼の思想は『新民叢報』の鼓吹するものに近いと言いたいのである。例証として、陳天華の文章が多く引用されている（佛蘇「対于陳烈士蹈海之感歎」『新民叢報』七四号、一九〇六年）。たしかに、陳天華の生前の主張を見ても、その主張の重点は、強烈な「排満」主義だけでなく、むしろ国民的団結を可能とする民主政体の創出ということにもおかれていたから(熊月之、一九八六年、三九三―四〇五頁。中村哲夫、一九九二年、一七七―二〇八頁)、『新民叢報』のような議論をする余地は、もともとあったとも言える。いずれにせよ、死んだ者から「それは自分の本意ではない」との苦情が寄せられはしない。烈士が自派の立場に近いとの解釈をすることで、死者を味方につけようとしたのである。

この自殺の報は日本の留学生界だけではなく、本国にも伝えられていった。研究史のなかでは陳天華は「革命派」であるとされているが、本国では当時そのような理解は必ずしもなされておらず、「革命派」の傾向のない新聞でも陳天華の死が追悼されている。たとえば、『大公報』は陳天華が「〔留学生取締〕規則の過酷さに痛憤して」「東海に躍入して死した」との情報が寄せられたことを報道している。しかし、抗議のため授業に不参加を決めた学生たちが、それを破って授業に出た学生を海に投げ入れたなどという話も載っていて、情報は混乱している。まもなく詳しく事情がわかると陳天華への追悼文も掲載される。また、留日学生のあいだで、取締規則に対する対策の違う党派が対立し、「敢死党が最も声望がある。たとえば、陳天華が東海に死し、某某らが文部省に抵抗して続いて死ぬことを願う、そのような者たちである」という(『大公報』一九〇五年一二月二八日「留学風潮紀聞」、一二月三〇日「日本留学生撃斃人命」、一九〇六年一月四日「弔湖南烈士陳天華」、一月一八日「日本学生分党之確聞」)。

『大公報』はさらに「絶命書」を引用しつつ、右とかなり異なる論旨で、陳天華の死について論じている。これによると、留学生の抗議帰国を推進しようとする一派は、陳天華の死を宣伝のために利用しているだけであって彼の死の意味を正しく説明していない、むしろ日本で勉学を続けて有為の人材となることが陳天華の意図にかなうものだというのである（『大公報』一九〇六年二月八日「辨陳天華烈士死事之誣」）。このような穏健路線と自殺を結びつけるのは、あまり説得力がないように感じる。それだけに『民報』『新民叢報』と比べると陳天華の死の意義についての解釈が大きな幅をもっていたことがわかる。

そして、そのような政治的立場の相違からくる解釈の多様性にもかかわらず、一様に陳天華を烈士として称賛していることは注目に値する。梁啓超も、北京の新聞に留学生問題について記事を寄せる中で陳天華の自殺に触れ、もし残された学生が抗議して授業に参加せず熱狂的な運動を続けるなら陳天華の遺志に背くという論法をとっている（『順天時報』一九〇六年一月一一日、飲氷室主人梁啓超寄「記東京学界公憤事並述余之意見（其三）」）。やはり陳天華を人物としては評価したうえで、その意図を自分なりに解釈しようとしたのである。

潘子寅の死と追悼

さて、まもなく同様に悲憤慷慨して自殺する者が出た。報道によれば、直隷《ちよくれい》学務処会辦《かいべん》や学董《がくとう》（地元の学務を取り仕切る有力者）らが日本を視察して船で天津に帰ってきたが、その中の通州学董の潘《はん》子寅《しいん》という者が海に身を投げて自殺したというのである。韓国で国に殉じた臣下の遺書を読んで悲痛のあまりのことだとある。「昔から燕・趙は慷慨の士が多いと言うが、まさにそうだとわかった。湖南の烈士陳天華と並んで二〇世紀の歴史の烈士となったという」。どうも、北方人で祭るべき対象ができて喜ばしいというような感じの記事と言える。さらには、陳天華と潘子寅の二人の「烈士」の死の意義を並べて論じる記事もある（『大公報』一九〇六年一月一〇日「陳天華以後復有烈士」、一月一六日「論陳潘両烈士之死節」）。

報道によれば、潘子寅は以下のような人物であった。子寅とは字《あざな》で、名は宗礼。日本の留学生取締規則に憤慨し、日本よりの帰国の途上、仁川で韓国の臣下による殉国の遺書を読み、何か条かの提言をまとめて学務処が代奏するよう託して海に入水自殺したのだという。享年四二。科挙の合格をめざさず、剣を学んだりしていた。また数学・英文など新しい学問にも関心を示しており、通州の風気を開くため尽力した。京師大学堂教員の江亢虎《こうこうこ》を講演のため招いたりしている（『大公報』一九〇六年一月一六日「蹈海烈士潘明経之歴史」。また、熊達雲、一九九八年、二六九頁、にも簡単な言及がある）。

この潘子寅に対する追悼活動がなされてゆく。まず、学務処会辦の盧《ろ》道台が天津城隍廟《じょうこうびょう》後の西馬路宣講所で追悼会を開き、学生などが集められた（『大公報』一月一一日「挙行潘烈士追悼会」、一月一三日「再紀追悼会」）。一月一二日のその追悼会の様子は以下のようであった。

〔宣講〕所内に潘君の小さな遺影をおき、梅花と果物を台上に供えた。彼の息子である潘致遠《はんちえん》がその台の横に跪《ひざまず》いた。弔問する者は三拝揖《さんはいゆう》の礼をした。一緒に〔日本に〕遊学した諸君は、それぞれ弔いの言葉を対句にして紙に記した対聯《たいれん》を贈り、それが至る所に張られていた。遺影に相対して遠くに演説台が設けられ、林墨青〔学務処衆議の職にあった〕・胡玉孫・李子鶴・王明遠の諸君が順番に演説した。その大意は「潘君の死は、韓国滅亡の惨状を意識すべき先例としていた。我が国四億の同胞は何とか精神を刷新すべきで、韓国のようになってはならない」というのであった。一時は聞く者すべてが涙した。巡警・工業・工藝・電報・軍医・官立・民立の中学堂・小学堂の学生が、奏楽を行なった。弔問に訪れる者は一日じゅう途絶えることがなかった。学務処は、会辦の盧木斎道台以下、入れ替わり弔問に行った。式が終わると丁重に西関外の慈恵寺小学堂の前に場所を移し、学員・学生など数百人が、みな粛然と立っていた。位牌を焼き終わると、陳蔗圃《ちんしょほ》君〔学務処課員〕が台に登って追悼する理由を演説した。また「我が国の士農工商はそれぞれ自立自強すべきで、韓国の例を戒めとしなければならない。おのおのが潘君の憂国の心をもって固く団結するなら弱を転じて強となすのも難しくはない」とも言った。演説が終わり、盧道台は潘致遠になぐさめの言葉をかけた。各学堂の学生は順次に班を作って奏楽を行ない、それぞれ学堂に帰った〔『大公報』一九〇六年一月一七日「紀追悼会」〕。

この記述は、たいへん興味ぶかい。このような追悼会の形式は、一般の葬儀の様態をふまえる部分も多いが、新たに追加された要素もある。葬儀と類似する点は、①供物がささげられる、②〔楽器はちがうかもしれないが〕奏楽がなされる、③郊外まで葬送の行列が行われる、などがある。もちろん異なる点も多く、①道師・僧侶などが関与しない、②血縁者が息子だけしか参加しない、③死者の死の意味を説明する演説がなされる、④〔意味がわからないが〕位牌を焼く、などの相違がある。ここから、このような追悼会の様式は、従前の葬儀の式次第を換骨奪胎して考案されたものと思われる〔華北の葬礼については、Naquin, 1988. ナキャーン、一九九四年〕。たとえば、どの程度、意識的な踏襲かわからないが、城隍廟〔城隍神をまつる廟で、冥界裁判と関係づけられることがある〕に死を報告したり、行列を作って棺を城外西方に移動させたりするのも従来の葬礼に見られる点である〔張燾『津門雑記』巻上「出大殯」所引の梅成棟の詩〕。

この潘烈士追悼会の特徴は、官が中心となって開催した点である。しかも通州での潘の活動を高く評価していた官僚である毛慶番も追悼の対句をつくり「一死をかけて中国二二省を奮い立たせようとした」と述べた（『大公報』一九〇六年二月二日「直藩為潘宗礼請郵典之伝聞」）。さらに直隷総督たる袁世凱も潘子寅を哀れんで追悼の対句を贈ったのである。「彼は行ってしまった。同胞よ、いかんせん。哀れむべし、志士は命を惜しまず、ついに怒濤と化し大海に飛ぶ。諸君、勉励せよ。匹夫《ひっぷ》も責任がある。願わくは国民の団結をかため共に努力して難局をのりきろう」（『大公報』一九〇六年三月二日「直督旌表烈士」）。

さらに、潘が死ぬ前に残した政策提案は、袁世凱によって代理上奏された。袁世凱は、潘の略歴をたどった後、日本から帰国するときに、韓国大臣の閔泳煥《ミンヨンファン》が「一死をもって国恩に報じたてまつった」ことなどに感激し、甲板に靴をのこして船から海に身を投げたと述べ、「時局に憤激して、国を憂え身を捨てた」潘の最後の提案を紹介するとしている（『袁世凱奏議』一二五七―一二六四頁）。ただし、そのなかでも不適当と判断された「〔正装の〕服色を変える」といった条項は削除されたという話もあり（『大公報』一九〇六年一月一九日「潘烈士之条陳」）、袁世凱の上奏文は、意図的に選別を経たうえで潘の事績を叙述し、称賛していると読むべきだと思われる。しかも、多くの情報が陳天華の死と潘子寅の死を結びつけて議論しているのに対して、袁世凱が陳天華に全くふれないのも、単なる偶然・失念によるのではなかろう。あくまで潘は「忠義の意気にもえて」いるというのが袁世凱の評価条件と思われる。死んだ者は、今後も決して革命運動に参加したりすることはないから、忠義の士にしたておいて安全なのである。

以上から、まず指摘すべきことは、憂国の志士を追悼するということは、決して革命運動に携わる集団に特有のことではなく、清朝の官憲すら追悼会を組織していたことである。もちろん、たとえば袁世凱が排満思想を肯定するはずはなく、そのような意味での政治的立場の相違はあった。しかし、国に殉じた者を祭ろうとする発想そのものは、宋教仁など革命運動家と清朝官僚とで大略共通していたと言ってもよかろう。

さらなる愛国の死

第二章で議論したように、一九〇五年、アメリカ合衆国での移民排斥の動きをきっかけとして、広東をはじめ全国的に大規模な反アメリカ運動が発生した。この過程で、馮夏威《ふうかい》の自殺事件が発生した。馮は広東省南海県籍のメキシコ華僑であった。ところが、合衆国に抗議して、在上海アメリカ領事館の前で服毒自殺したのである。アメリカ製品不買など反アメリカ運動を推進しようとする者は、抗議運動に対する官憲の取り締まりを避けるため、馮夏威の追悼のかたちで運動を進めたことが指摘されている（黄賢強、一九九五年）。その点は首肯できるが、追悼会の様式そのものは、そのような政治的意図によってほとんど左右されてはいないと私は考える。

馮夏威の棺が、埋葬のため広州に送られてくると、三日間にわたって拒約会（反アメリカ運動のための団体）や商人たちが追悼会を開いた。馮の遺影を華林寺内に掲げ、多くの者を集めた。これを北京に報告する総督岑春煊《しんしゅんけん》は新聞報道によって以下のように伝える。初日は一万人、三日目は三万人が追悼に訪れ（かなり誇張があろう）、その場の演説は、アメリカへの抵抗を続けるべきことを主張し、

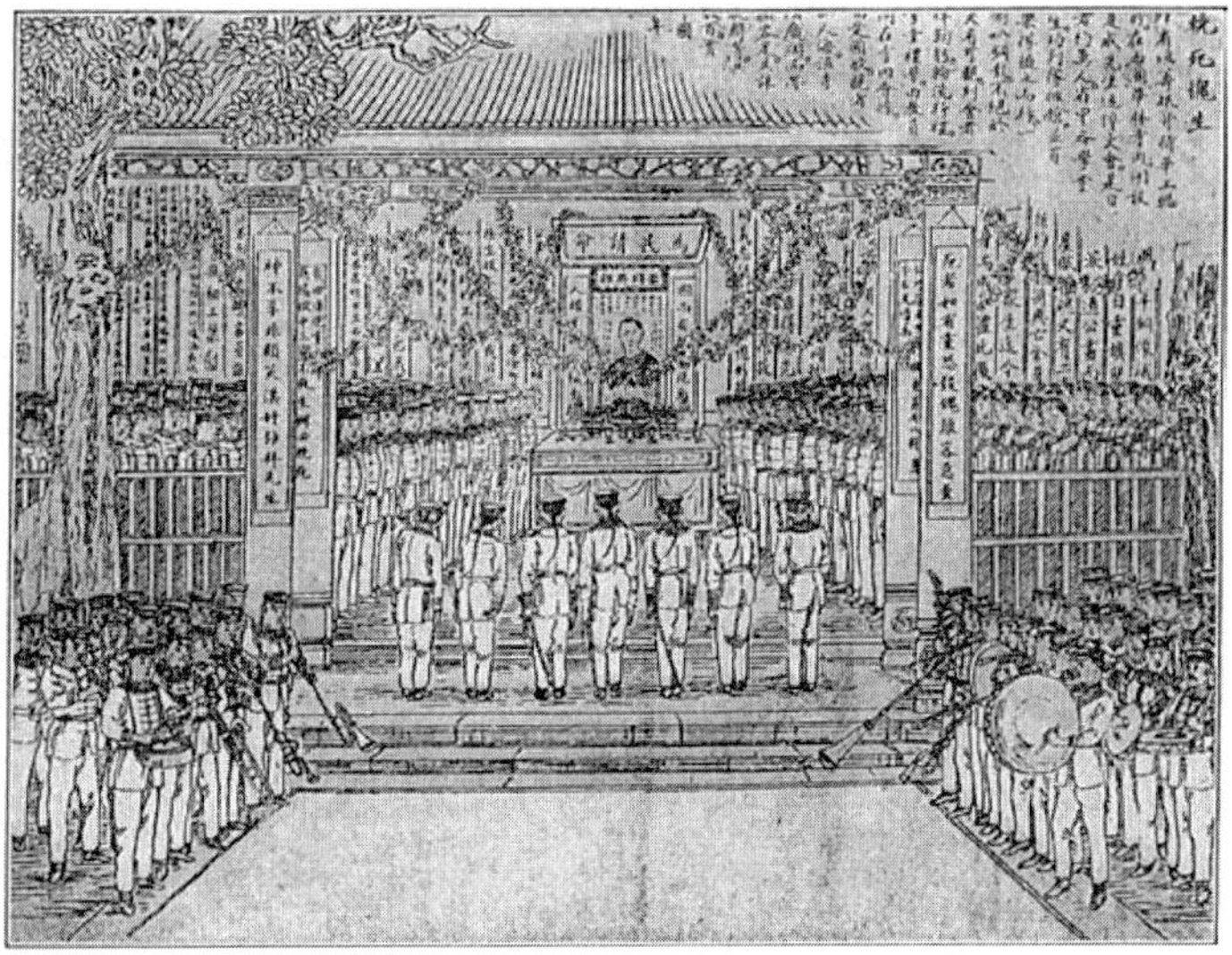

図 20　馮夏威の追悼式典．遺影の周りには，死者の功績をたたえる文言を記したものが張られている．洋服の楽隊（ブラスバンド）の演奏のなか，愛国の大義のために死した者を追悼する．中国語の画報から英字誌が転載したもの．

出典）Arthur H. Smith, "A Fools' Paradise," *The Outlook*, March 24, 1906.

「馮夏威が節烈ゆえに命を国のために捨てたことを称えた」。追悼者の多くは学生であったので、巡警も妨げることがなかった(『清季華工出国史料』二一五頁)。

香港では、杏花楼《きょうかろう》というところで追悼会が行なわれたが、二〇〇人あまりの参列者があった。部屋の中に烈士の遺影を掲げ、鮮花でぐるりととりまく。係員が参加者を誘導して遺影の前で一鞠躬《きっきゅう》礼(おじぎ)を行なう。そして別室にゆき、主席(会の代表)から(式典進行の)規則を聞き、何人か演説する。そのあと着席となる。参列者はみな馮烈士の遺影一枚を配布され、あとでも敬仰することができる(『華字日報』一九〇五年一〇月三〇日「志追悼会」)。

図20は、漢文の画報に描かれた馮夏威の追悼会(広州)の様子である。文字による描写から知られる追悼会の様式を確認することができる。

さらにもう一例、大いに関心を寄せられた自殺事件とその追悼を見てみたい。杭州の駐防《ちゅうぼう》(各地に駐在する八旗)の娘に生まれた恵興《けいこう》は、女子教育につとめ、貞文女学校を設けていた。しかし経費不足で行き詰まり、女子教育の重要性を説く遺書を残して、鴉片の服用によって自殺したという(『順天時報』一九〇六年二月八日「補記杭州貞文女学校校長恵興女傑歴史」)。

北京の淑範女学校では、校内において恵興に対する追悼会を開いたが、報道によれば、四〇〇—五〇〇人も参列した追悼会の様子と式次第は以下のようなものであった。まず大講堂に恵興女傑《じょけつ》の肖像を掲げ、四周に花輪(「花圏」)をかざる。校門の外には国旗二つを交差させるようにおく。また、参会者に配るため式典の注意書きを謄写版で印刷しておく。参列者はまず簿冊に姓名を記したあと、会長につれられて堂に登り、女傑の前で三揖の礼を行ないつつ、女傑の遺影を仰ぐ。そのあと、接待所で休憩する。これは男女別々に行なう。参列者は、襟のところに花をつけて、敬意を表していた。振華武備学校の学生は体操着を着て参列し、勇壮な気風をもたらした。そのあと、再び参列者は会長につれられて順々に女傑の前でしかるべき礼を行なった。そして、会長文石泉ほか数人が「この死は「国魂」を喚起するものだ」などと演説をした。最後に会長が写真屋をよんで集合写真を撮影した（『順天時報』一九〇六年二月六日「記北京淑範女学校為恵興女傑挙行追悼会礼式」）。そのときなされた追悼演説の一節は以下のようなものだった。

恵興女傑のこの死は、身を愛さず国を愛したものだ。身を愛すとは個人の関係で、国を愛すとは公共の関係だ。中国の四億人は、恵興女傑がかくも激烈な死にかたをしたことを知れば、必ず自ら恥ずかしいと感じるだろう。恥ずかしく思えば怒りが生まれ、きっと自強をめざす。恵興女傑がかくも栄光ある死にかたをしたのを見れば、必ずうらやましいと感じるだろう。うらやむ気持ちがあれば崇拝の念が起こり、きっと自強をめざす。こうして誰もが自強をめざせば、国はきっと強くなる（『順天時報』一九〇六年二月七日「続記淑範女学校追悼会演説詞」）。

このような報道において『順天時報』は決して清朝とは異なる「国」を想定しているわけではない。右に述べたように恵興は、杭州駐防つまり八旗の出身なのであり、まさに恵興の「愛国思想」が全国を感動させたことから、満・漢の調和を促進するものとして論じられたのである（『順天時報』一九〇六年二月九日「中論学界報界開会追悼恵興女傑為調和満漢界限助動力」）。

さて、果ては、「愛国」だけでなく「愛種の血誠」ゆえに憤死するという事例も報道されている。ここでの「愛種」とは「満族」の将来を思うことを指している。遼陽の曾某という一八歳の青年の自尽事件である。彼は、満洲正白旗人であったが、「遺言」を紙に書いて母親に渡し、自刎《じふん》した。その「遺言」の主旨とは、我が種族は、いたずらに快楽をむさぼっているが、そのままゆくと優勝劣敗の原理によって敗北し滅亡に至るだろうという危機感の表明である。そして、我が種族・我が祖国(大清)の栄光を守るために何とかしたい。特に、近年、康有為・梁啓超の一派が海外に跳梁し、また革命排満の風潮も高まっているからである。

私は、我が種族に対する責任としては、どれほどのものを負っているのか。自分は、ビスマルク(「俾士麦」)にも西郷隆盛にもなれない。またソロン(「梭倫」)にもコッシュート(「噶蘇士」)にもなれない。まして、福澤諭吉・マッツィーニ(「瑪志尼」)・ヴォルテール(「福禄特耳」)は無理だ。ああ。思うに任せないことばかりだ。どうして死なずにいられようか(『盛京時報』一九〇六年一二月二八日「慷慨自尽」)。

切迫した危機意識のみなぎる「遺言」と感じられる。このように満族の側においても悲憤慷慨して死すという事例が見られたのである。これは、あまりに戯画的とも言える報道であるから、そのまま受け取るべきかどうかはひとまずおくとしても、切迫感に追われるようにして集団の未来を憂慮し自尽するという様式がいかに流行しており、定型化したものとなっていたかを示しているとは言ってよかろう。

国に忠たれ

日本への湖北省留学生の雑誌『漢声』六期(一九〇三年)の「小説」欄に「天半忠魂」という物語が

載せられている。まず簡単に話の大略を紹介したい。

一八五九年、フランス・イタリア連合軍がロンバルディーア（「竜伯徳」）の独立を助ける戦争を遂行しているとき、騎兵隊が敵オーストリア軍の動向を探るため斥候に出た。住民が逃げ去った村に一人の少年がおり、一軒の家のみにイタリアの三色旗が翻っていた。士官が少年に尋ねると少年は天涯孤独の身で戦争を見るために残ったという。その様子には「愛国精彩」が見えた。士官が少年に向かい、高い木に登って敵情を見てくれないかと依頼すると、少年は突然「愛国熱潮」を表した。オーストリアの命令ならば死んでも承諾しないが、我が国、我が愛するロンバルディーアのためなので、褒美などいらないと言うのだ。士官はいう。「なるほど愛国の小英雄だ。まことに恥ずかしいではないか。東方において喜んで外国人の奴隷となり他人を祖先とみなしているなどは。ロンバルディーア万歳」。

少年が木に登ったところ、敵弾が飛んでくる。しかし「俺は子供だけど軍人に見本を見せたいんだ。運命は天にまかせた」と言い、ついに被弾する。全く「愛国熱血」は野蛮な銃弾を防いではくれなかった。少年は「天上で祖宗に面目が立つ」と言って、こときれる。士官たちは、これを悼み、三色の国旗で遺体を覆った。

まもなく、本隊にこの話が伝わり、みな少年の「毅魂」「忠魂」を空に仰いで敬礼した。そして軍隊がその村を通過するとき、士官・兵卒たちは、その三色の国旗めがけて花を投げて行った。ある士官は祭文を作った。その文章によれば、東方に秦 Chin という国があるが、これは他人の先祖を自分の祖先と思いこんでおり、獣の尾のような辮髪をしている奴種であるという。そして祭文は、少年の「忠魂」が教訓を与えるよう祈るのである。

さて、この物語の意図するものが「排満」の主張であることは明らかだろう。しかし、かなり強引に物語に添加した主張であるように感じられる。そこで、原話が何かを考えてみると、デ・アミーチス『クオーレ』Edmondo de Amicis, *Cuore* の一話「ロンバルディーアの少年監視兵」であることは間違いないと思われる。この『漢声』に先だって、杉谷代水《すぎたにだいすい》による『クオーレ』日本語翻案『学童日誌』が出ているものの、該当の物語は「日本人」と題されており、日清戦争が舞台である。こともあろうに、日本軍に協力する朝鮮の少年の話に転換されている(杉谷代水、一九〇二年)。『漢声』版が翻訳に当たって拠った原本が何であるかは、後考に待つしかないが、原典に忠実と思われる最近の日本語訳と比較するならば、かなり細部まで一致する点が多い(デ・アミーチス、一九九九年、八三—九〇頁)。もちろん、排満の主張は、『漢声』に寄稿した人物の添加したものであるから、相当に不自然な挿入という印象を免れないのも当然だろう。

周知の通り、清末の政論においては、イタリア統一の歴史は踏まえるべき故事を豊富に提供していた。特に、マッツィーニ Giuseppe Mazzini やガリバルディ Giuseppe Garibaldi などの人物が英雄としての称賛対象となる場合があった(松尾洋二、一九九九年)。[2]『クオーレ』も、そもそも巧みに愛国主義を鼓吹する書物であるから、清末にあって注目されるのも自然ななりゆきである。

特に「ロンバルディーアの少年監視兵」は、歴史的背景として、類比が容易な状況に基づいている。ミラノを中心とするロンバルディーアは、ウィーン体制下においてはオーストリアに支配されており、外国人による統治への不満があったからである。それゆえ、満洲人による支配を否定する議論にはつなげやすいのだが、漢訳者がその点まで意識していたとすれば、かなり深いヨーロッパ史の知識があるというべきであろう。

逆にいうと、そのような知識を前提としない読者にとっては、なぜ少年の行動が排満論を根拠づけるのか理解するのは難しいに違いない。むしろ感動するのは少年の勇気と「愛国」性に対してであろう。しかも、現代の日本語訳では（そしておそらく原典でも）「愛国」少年らしさの描写は示唆にとどまっているのに対して、漢訳は繰り返し「愛国」の語を用いて説明しようとしている。また、原典にみえるだろう国旗の象徴性の重視も、よく漢訳に反映されているように思われる。

つまり、この漢訳は、意図としては排満の宣伝をめざしたものではあるが、愛国少年の勇敢さと徳性、自己犠牲の精神が主題となっていると読むのも自然であろう。もちろん、これらは原典『クオーレ』の主題を引き継いだものである。

『漢声』版において鍵となる概念は、題名にも見える「忠魂」である。この時代には、「国魂」など様々な「魂」が希求・鼓吹されていた。章開沅《しょうかいげん》が指摘するように、革命派のいう様々な「国魂」と梁啓超の重んじる「民徳」とは思想的には相通じるところがあった（章開沅、一九八五年。また、狭間直樹〔中文〕、一九九八年、参照）。その局面で重んじられている国民道徳は、日本において修身教育などにおいて涵養されるものとされていた（陳弱水、二〇〇〇年）。まさに、『クオーレ（こころ）』と同様の課題が、問題となっていたのである。イタリアや日本では、政府が積極的にそれを作り出そうとする志向と力量をもっていたが、中国では、まさに革命派や梁啓超などが、運動を通じて新しい国民精神を形成しようと尽力していたのである。もちろん、張之洞や袁世凱も類似した志向をもっており、教育・軍事・警察などの施策を通じて忠君愛国から衛生に至る様々な国民倫理を確立しようとしていたとも考えられる。特に、この時代の教育は、そのような方向性を確かにもっていた(高田幸男、二〇〇一年。Judge〔中文〕、二〇〇一年)。つまり、「天半忠魂」の物語は、あからさまな排満の表現が加えられているものの、本来の主題である「愛国」「忠魂」の理念は、革命派だけが唱えていたわけではなく、かなり広汎な政治改革の志向においても重視されていたと言える。

ところで、『二十世紀之支那』の創刊趣旨によれば、国家を父母にたとえていう表現がドイツ語でVaterland、英語でMotherlandとして存在しており、このことは西洋人の国家像を反映しているという。だから「ひとたび国家に危機が迫ったとき、生命を捧げて国を守るのは、父母の急を救うのと同じだ。たとえ力つき負けがきまっても身をもって殉じ、外敵に降らないのだ」(衛種「二十世紀之支那初言」『二十世紀之支那』一期、一九〇五年)。ここには、国家に対する忠誠が説かれているが、その場合の国とは、個別の王朝ではなく、黄帝以来四六〇三年の歴史をもつ「支那」に他ならない。

このように「忠魂」といっても、そもそも何に対する「忠」なのかということが、論争的な問題となる。「古来の腐れ儒者は、国に忠たることを説かず、ただ君主に忠たることのみ説いてきた」(陳天華『警世鐘』)という批判である。

そもそも「忠魂」という言葉は、清朝の官僚の用語でも使われていた。それは軍官などが敵と戦っていて落命したとき、その補償のための措置をとるための文書に出てくるのである[3]。広東省のある県を治めていた官僚が家族とともに匪賊に殺害されたとき「忠烈」などの言葉が使われており、祠も建てられた[4]。これら「忠」が何に対してのものであるかは明示されないが、少なくとも右の陳天華の言葉のような明晰な弁別に基づくものでないとは言えよう。辛亥革命の際に武昌《ぶしょう》で蜂起軍と戦って死んだ清朝側の将士の「忠魂」を慰めるため、馮国璋《ふうこくしょう》にその実態を報告せよと命じた上諭では、やはり清朝側について戦うことが「忠」なのである（『宣統政紀』巻六十五、宣統三年十月壬寅諭内閣。同様の事例は、呉慶坻修・金梁増訂『辛亥殉難記』一九二三年重印本、巻首にまとめられている）。

国家のために死ぬことが推奨されていること自体は共通しているとも言えるが、やはり「忠」の対象が、「大清」であるか否かは、政治的立場としては大きな相違である。特に注意すべきことは、君主ではなくて「国に忠たれ」というふうに忠誠観念が再編されるとき、「忠」の質的な変化がもたらされ、個人の強い情念を促す場合があることだろう。このような観念性の強い個人倫理感情の生成が、上でみてきた愛国の憤死の背後にある歴史的状況と考えられる。

死に急ぐ暗殺者——呉樾の場合

一九〇五年九月二四日、立憲制度など海外政治視察に派遣されることになった五大臣が鉄道で北京を出発しようとしていた。学生・軍人がこれを見送り、一般人民も取り囲むようにして見物していた。ところが列車が動き出そうとしたとき爆発が起こり、その場は大混乱に陥った。死者五人・負傷者二〇人余りが出た。五大臣のうち三人が負傷したものの軽傷ですんだ。これを報道する新聞記事では、すでに爆弾が暗殺の手段として使われたことが認識されており、以下のようにいう。「このたびの変事は、中国数千年来、前例のないことであり、実に今日はじめて目にするところである。文明の利器を手にして暴力的手段をほしいままにするものだ」（『順天時報』九月二六日「論北京汽車場奇変」）。

同じ記事は、この事件をロシアの虚無党の事例に照らして以下のように論じる。「ある人は言うかもしれない。このようなことは文明国では各国でしばしば見られるもので、ロシアで最も甚だしい。だから、そいつの所行はロシアの虚無党を崇拝して、それに倣ったものだろうかと」。そして虚無党がロシアで皇帝・王公大臣を多く殺害してきたが、それでもロシアの専制は変わらず、暗殺者は刑に処せられるだけであって、暗殺は無意味な活動であることを論じている(同前)。さらに、警察制度の整備によって危機管理能力を高めることが提唱された(『順天時報』九月二九日「続論北京汽車場奇変」)。

これは革命党が組織的に起こしたものではないかという推測がなされた(『大公報』一九〇五年九月二六日「論出洋五大臣臨行遇険事」)。しかし、列車内から爆死した犯人の死体が発見されたので(『袁世凱奏議』一一九七―一一九八頁)、実行者は一名であったことがわかった。清末で最も著名なこの暗殺事件は、呉樾《ごえつ》が起こしたものであった(永井算巳、一九八三年、二三〇―二三四頁)。上引の『順天時報』が「中国数千年来、前例のないこと」というような大事件とはいえ、今日からみれば、暗殺そのものは清末革命運動の中で珍しいものでなかった。しかし、それ以前の一九世紀と比べてみれば清末の一時期に暗殺が空前の流行を見せたと言えそうである(横山宏章、一九八六年、五〇―一四八頁)。

それでは、暗殺という政治的手段がなぜとられたのだろうか。暗殺やテロリズムという言葉の汎用的定義は容易ではなく、「刺客」という言葉もやはり曖昧さを含んでいるが(長尾龍一、一九八九年、一〇―一二三頁、一四六―一五六頁。戈春源、一九九九年)、ここでは清朝を打倒しようとする個人または集団が、その政治的意図の実現のため、清朝の側の人間の殺害を目指す事例に関心を向けたい。

まず呉樾の事例である。『民報』三号(一九〇六年)は、「烈士呉樾」の写真を掲げ、また「烈士呉樾君意見書」なる文章を掲載している。この「意見書」は、立憲を推進する朝廷を厳しく批判し保皇派の論を斥けるものだが、なぜ暗殺の手段をとらなければならないかは、ほとんど説明していない。『民報』が宣伝したいのは、必ずしも暗殺という手段ではなく、立憲や保皇の不可であるから、この「意見書」は『民報』の趣旨に適合している（あるいは適合させてある）と言える。ただし、『民報』記者の評語として「秦漢より以降、我が族は武を貴ばず、〔春秋戦国時代の〕荊軻《けいか》・聶政《じょうせい》のような刺客は、ほとんど見られなかった。しかるに、呉君はひとりで民族のために血を流し死んだ。ああ、その壮烈に及ぶことはない」と述べている。

さらに『民報』の臨時増刊『天討』（一九〇七年）は、かなり長い「呉樾遺書」を掲載している。また、図版として「烈士呉樾」「烈士未婚の夫人」の人物写真と「烈士遺書の真跡」という遺書原本の写真複製がつけられている。

ここには、強い排満の主張が見られる。「自序」には「そもそも排満の道には二つがある。ひとつは暗殺であり、もうひとつは革命である。暗殺は「因」であって革命は「果」である。暗殺は個人でもなしうるが、革命は集団でなくては無理だ。今日の時代は革命の時代ではなくて、実に暗殺の時代である」という。ここで注意すべきなのは、「暗殺」と対照される「革命」の語義である。以上の対句だけ読むと「革命」は同盟会などの結社による革命運動を指すように見えるが、実のところ「革命主義」と題される文章には激烈な排満の言辞が並ぶだけである。「遺書」全体を見ても、組織的革命運動という発想がほとんど欠如していると言ってよい。つまり、上の対句における「暗殺」とは個人で満洲人（またはその協力者）を殺害すること、「革命」とは清朝権力が最終的に転覆されることを意味しているのかもしれない。革命党の組織的活動による清朝打倒を選択肢として持たず、しかも強烈な排満意識をもつことを前提にして、暗殺という手段が枢要な意義を与えられるのである。「遺書」は、暗殺の標的として高官である鉄良《てつりょう》をあげ、その理由を詳しく説明している。

「自序」によれば、呉の思想は『革命軍』『清議報』『中国白話報』『警鐘日報』『自由血』『孫逸仙』『新広東』『新湖南』『広長舌』『攘書』『警世鐘』『近世中国秘史』『黄帝魂』などの政治宣伝の刊行物を読むことで作られたという。「暗殺主義」の最初には、譚嗣同『仁学』から次の文章が引かれている。「志士仁人は、自分から〔秦末の反乱を起こした〕陳渉《ちんしょう》〔陳勝〕・〔隋末の反乱を起こした〕楊玄感《ようげんかん》となって聖人のための露払いをするなら、死しても悔やまない。もし、そういう機会を得られなければ、任侠となるのが最もよい。これもまた民気を伸ばし勇敢の風を導くことで世直しの手段となろう」。また「暗殺時代」には、「革命の始まりは、暗殺によって種まきをしないものはない。ロシアの虚無党はその近い例である。今日の世界で、その激しさに人の耳目をひきつけるのは、虚無党の名に及ぶものはない」とある。さらに、当時、頻発していた高官暗殺として、万福華が王之春を暗殺した事件、ある者が鉄良を暗殺しようとして遂げず逃亡した事件、王漢が鉄良の暗殺を試みたが未遂のまま自尽した事件が言及されている（自序）。また、呉が章炳麟にあてた書簡では『蘇報《そほう》』での筆禍事件による鄒容《すうよう》の獄死が強く意識されている。このように、政治運動において意味づけられた死の事例、特に暗殺の先例が挙げられているのであり、それをふまえて自らも暗殺を推進するというのであろう。

満洲に対する罵倒や殺害計画と並んで注意をひくのは、自己犠牲の意義を高らかにうたい、自らの死を強く願う言説である。「そもそも今日に至って建設を言い平和を言うのは、ほとんど死を恐れるということを美化して言ったにすぎない」（敬告我同志）。死に場所を得ることが大切である。

人の死と生は、小さいことではない。生きるのが死ぬより勝るときにこそ生きるべきで、死ぬのが生きるに勝ってこそ死ぬべきだ。生きるべきなら生き、死ぬべきなら死ぬ。これが天命を知るということで、これを英雄というのだ。……かりに、天命を知る英雄と自称し、人に向かっては「自分が血を流さなければ誰が血を流すのだ」と言う者がいたとしよう。すなわち「自分が死なければ誰が死ぬのか」という意味である。血を流すような場合に臨んで、「自分はこの身を保全して将来の機会を待とう」という。ずっとその機会というのを待っているうちに病気か何かで死んでしまう。その死に際に、意気は消沈し良心にとがめて、最初の言葉を実践しなかったことを後悔する。「いま死ぬより、あのときに死ねばよかった」と。しかし、後悔は先にたたず。ただ、ますます悲しくなるだけだ。私は、これを教訓とし、なるべく早く自分の計画をたてるのだ（与妻書）。

このように死に急ぐとしか言いようのない発想は、基本的に前にみたような悲憤慷慨して死すというのと、ほとんど同じである。暗殺が、政治的手段として選択されているという特徴はあるとはいえ、（梁啓超の筆になる）譚嗣同の烈士精神の継承とする理解も、さして無理ではない（というよりも、「呉樾遺書」は『仁学』の引用によってその理解を誘導している）。してみると、既往の研究で強調されてきたような視角、つまり「暗殺」と「無政府主義」（アナキズム）を思想的・理論的な結びつきがあるとして論じるのが、どれだけ適切なのだろうか。「呉樾遺書」は、無政府主義の文献と言えるのだろうか。

暗殺をめぐる情念と思考

既往の研究においては、ロシアの虚無党の活動が清末の暗殺実践に大きな影響を与えたと指摘されており、そのことは首肯できる。さきにあげた『順天時報』記事すら、すぐロシア虚無党のことを挙げる議論のしかたから、当時にあって虚無党の活動が常識となっていたことが知られる。先学が指摘されたように、煙山専太郎《けむやませんたろう》『近世無政府主義』の漢訳などを通じてロシア虚無党の事例が紹介されており(Price, 1974, pp.118-163. 狭間直樹、一九七六年、九四—一一九頁。Nakamura, 1984. 中村哲夫、一九九二年、九九—一四〇頁)、加えて、ロシア政局に関する報道は、どうしても虚無党の動きを含むことになろう。このように、ロシアの暗殺者の事例は、清末革命家に対して、則るべき先例を大いに提供していたのは疑いない。

しかし、それは清末における暗殺が、ロシア虚無党の政治思想に基づいていたことを必ずしも意味しない。そもそも、ロシアの虚無主義者の暗殺活動にしても、十分な思想的裏付けや理論的正当化があるとは考えにくいように思われる(ヒングリー、一九七二年)。

もちろん一般論として無政府主義思想において暗殺が推奨されることは、よく理解できる。それは、かなり楽観的な社会観・人間観に基づいている。つまり、強権が人間の本来の善性を歪めているのだから、そのような悪の根源を抹殺すれば理想社会が来るという発想である。清末の暗殺をめぐる思考・情念は、そのように楽観的なものではない。「呉樾遺書」をみても、鉄良を暗殺できたとしても、その後も官憲との血塗られた抗争が継続すると想定されているのであって、暗殺の結果いったい何が解決されるのか、わかりにくい。

そのほか、徐錫麟《じょしゃくりん》による恩銘《おんめい》暗殺事件など、多くの暗殺が計画されたが（Rankin, 1971, pp.176-190 ; Krebs, 1981）、総じて言えば、清末の政治運動においては特定の政治思想と暗殺とが密接なかかわりをもっていたというのは難しい。従来は、主として無政府主義・社会主義の思想が導入される歴史の一部として暗殺の問題が扱われてきたが（Zarrow, 1990, pp.100-129 ; Krebs, 1998, pp.33-46）、本書の視角からすれば、暗殺への関心は政治運動を志す者の間に、かなり広くもたれており、暗殺という手段を重視する革命方策は、死に特別な意義を認める政治運動観と不可分のものであったと考えてよいように思われる。

少なくとも「呉樾遺書」を見る限り、これまでに見てきたような愛国の憤死の一類型として暗殺をとらえてよい。また汪精衛《おうせいえい》は、載灃《さいほう》の暗殺計画（永井算巳、一九八三年、三七七―四五五頁）を進める前に、守約「革命之決心」（『民報』二六号、一九一〇年）という文章を著している。ここでも、「死をおそれないこと」が強調され、「同胞」に対する愛に殉じるべきことが述べられる。革命党の者の自己犠牲という薪によって釜で飯を炊き四億の民が享受できるという比喩を用いている（周知の通り、汪精衛は死なずに釈放され、生きながらえたため、烈士の栄誉を得られなかっただけでなく、晩年に日本の中国侵略に荷担したとして死後「漢奸《かんかん》」とみなされたのは、皮肉なことである）。

これら暗殺の背後には、いくつかの特有の観念が想定できそうである。まず、個人が歴史に果たす意義を強調する英雄主義という発想を見て取ることができる。そもそも、顕彰・追悼ということは、このような英雄主義の表現である。無名・匿名の烈士ではなく、特定された「呉樾烈士」である。

このような要素への着目は、政治運動と客観的社会構造を結びつけて解釈する立場からは批判をうけるかも知れないが、しかし、死の意味づけという点からすれば、たいへん枢要な点に他ならない。何より英雄的個人こそが歴史を動かすという主意主義の発想が、清末の暗殺の動機づけとして重要であろう。[5]

また、「俠」という価値の再発見も注目される（小林武、一九八五年。龔鵬程、一九九一年。陳平原、一九九八年）。先に述べたように「呉樾遺書」は、譚嗣同『仁学』を引いて、「任俠」の形象と「暗殺主義」を結びつけて議論していた。また、揆鄭「崇俠篇」（『民報』二三号、一九〇八年）という論文は、呉樾や徐錫麟の暗殺の事例を、「俠」の文脈で理解しようとしている。そして、「儒」と「俠」を対照させ、専制を支える「儒」に対して、専制をおびやかすものとして「俠」を倫理的に評価したのである。

このような清末の議論の特徴は、民国に入ってからの否定的な暗殺論と較べるとはっきりしている。言論活動を開始していた李大釗《りたいしょう》についてみてみよう（近藤邦康、一九八一年、一六二―一七六頁）。李大釗は、暗殺を「群徳」の変遷と結びつけて論じている。「暗殺は、徳のある社会に唱えるのはよいが、徳のない社会に唱えるべきではない」。「暗殺は、英雄が行なうなら、悪人を倒し、義俠の風をさかんにする」のだが、そうでないと害毒をもたらす（李釗「暗殺与群徳」『言治』二期、一九一三年）。この論は、直接的には、宋教仁が（おそらく大総統袁世凱の放った刺客により）暗殺された事件をふまえたものなので、暗殺に否定的なのだが、「そもそも暗殺とはやむをえざる挙である」として革命目的の暗殺に対しても、かなりの留保を示している。また、別の論文では、現在の中国は「殺機」に満ちているとして暗殺と自殺の頻発を概嘆している。もちろん、徐錫麟や呉樾による暗殺、陳天華・潘宗礼（子寅）・楊篤生（毓麟）による自殺は、相応の理由があったとしながらも、今後も「暴をもって暴に易《か》う」というような政治運動を続けることは好ましくないと主張しているのである（李大釗「原殺――暗殺与自殺」『言治』四期、一九一三年）。

もちろん、如上の反暴力論は、いかにも李大釗の個性が示されたとも言えようが、民国成立以降の情勢を真摯にふまえた現実的な議論であったかもしれない。さらに劉師復《りゅうしふく》も、清朝滅亡まで様々な要人暗殺を画策していたのを放棄し、「共同体自体が瓦解し失われているという共同体の危機」（石川洋、一九九三年、一四七二頁）を克服するため無政府主義の宣伝に力を入れるようになる。李大釗が感じる「殺機」と一脈通じる情勢認識を見て取ることができる。

このような民国初年の状況に照らしてみると、清末の暗殺論は、清末革命運動に携わった人々が政治運動における死をとらえる感性のひとつの表現であったとみて、その時代的な特殊性によって解釈してゆくのが適切に思われるのである。そして、師復や李大釗は、その次の時代の政治運動を模索していたと言えよう。

英雄としての個人

さて、以上のように中国のために死ぬという議論について、確かに全体に対する服務が強調されてはいるが、そこに個人の主体的な投企という能動性の要素を見て取ることが肝要である。個人の献身による政局の打開がめざされているのは、英雄への憧憬という動機と関連づけることもできる（沈松僑、二〇〇〇年）。この時代を扱う政治運動史の研究は、政治的路線のありかたを政治思想に即して分析してきた。しかし、それだけでなく、一身を捨てて、（個々の君主でなく）国に尽くすという理念が強調され、そのような気分がある程度は共有されていたということに留意してこそ、政治運動に従事する者が現れる理由が理解できるのではないか。

その英雄とは、まずは欧米の近代史の人物であった。たとえば、鄒容は以下のように述べている。〔もし祖国を救おうというなら〕私はルソーら諸々の大哲人の宝の旗を手にもって、我が中国の土地に、はためかせたい。それだけでなく、そのあとを嗣ぐ長兄ワシントンは前に、末弟ナポレオンは後にあって、我が同胞の革命独立の手本となっている（鄒容『革命軍』第一章）。

「呉樾遺書」自序は、梁啓超らがマッツィーニやカブールを自任していることを非難しているが、イタリア統一の英雄も自己同一化の対象として、よく出てくるものと言える。このような英雄的個人を強く意識するのは、個人が歴史のなかで果たす役割を非常に重く見るからと思われる。そこには、英雄にあこがれ、自分もそれに倣って中国のために尽力しようとする個人の心情が表現されている。

この点で興味ぶかいのは、英雄的人物の図像に対する特段の関心である。『新民叢報』『民報』は、口絵としてしばしば英雄的人物の肖像を掲載している。古今東西の政治家・思想家だけでなく、陳天華・呉樾なども、ここに登場している（今日、知られる彼らの写真は、これら雑誌に載せられたものに他ならない）。宋教仁の日記にも、雑誌につかうためにワシントンの肖像を購入したとか写真を撮りに行ったなどとある（『我之歴史』開国紀元四千六百三年二月六日条。同一月三十一日条）。ワシントンは『二十世紀之支那』の口絵に使うつもりだったが、実際に載ったのは、黄帝の肖像（想像画）だった。

もちろん、肖像というものは、中国絵画史のなかで一定の位置を占めてきた。門外漢ながら、大略をまとめるならば、文人が理想的人格を描いた肖像画、仏画の亜系としての高僧の肖像画、祖先祭祀のための祖先（夫婦）の肖像画といったものが考えられる（Stuart / Rawski, 2001）。これと比べるとき、『新民叢報』や『民報』の巻頭に掲載されるものは、固有の歴史的性格をもっているように思われる。まず端的に、それは鍾馗《しょうき》や達磨《だるま》ではなく、その当時に新たに見いだされた人物を描いている。つまり、ワシントンやルソーなど外国史の著名人や、陳天華や呉樾のような同時代の英雄、また黄帝のように特別な意味をもたされた古代の人物ということになる。第二に、雑誌の一部として印刷されて広範囲に同じ図像が流布するという点も注目される。つまり、同一のイメージが広く分かちもたれることになる。第三に、その図像が「実際の人物像」だという信憑性が高められている。これ以前、かりに達磨を描いた水墨画ならば、あくまでも、禅の精神性を表象したものであって、達磨の姿を写実的に再現したものではなかろう（当時の人も、そのように見ただろう）。しかし、写真をそのまま印刷したということになると、その人物の姿をそのまま写し取ったと信じさせることになる。写真とは、そのような写実性を核心にもつ媒体なのである。以上の第二と第三の点は、写真技術と印刷技術があいまって、人物肖像、そして個人というものの考え方を少し変えていったという歴史的意味を含んでいるように思われる。

そして、以上の点は、英雄的個人の歴史的役割を尊重する発想とあいまって、追悼式には是非とも遺影が必要であるという状況を生みだしていったのだろう。陳天華や呉樾のように、運動のために犠牲となることで、ナポレオンやワシントンと同様に雑誌の口絵に肖像が掲げられることにもなったのである。

中国のために死すること

本章では、自ら血を流して中国の将来を願うことが、どのように強調されていったのかということを議論した。

その起源は、梁啓超が譚嗣同を追悼した言辞にある。この事例や、ロシア虚無党の先例などは、多くの志ある人物が政治的変革のために献身するのを鼓舞すべく、参照されていった。

従来の研究は政治的党派に着目し、政治思想に多くの関心を寄せてきた。本書でむしろ注意しようとしたのは、立場の相違を越えて、政治的な大義のための死を顕彰する言語・儀式がこの時代に整備され、そのことを通じて、さらなる政治的な死を誘発しようとしたという点である。

ここで、かくも死に急ぐような観念がどの程度、普遍的なものであったのかという問題がある。政治的大義のための死を称える文には、死を恐れて結局は現状維持を支持する者への批判が含まれることがあるのは当然であろう。大義のために献身する者が多くないからこそ、派手な称揚が求められた側面もあろう。

章炳麟は、太炎「革命之道徳」(『民報』八号、一九〇六年)において、過去最近の政治運動が失敗したのは、運動家の不道徳に問題があると厳しく批判する。そして、「前の者が中国のために殉ずれば、後の者はその模範を慕いそれに倣うのだ」と自己犠牲を厭わない道徳を求める。「今の革命は一己のためでなく中国のためのものである。中国は万人の一人一人が共有するものだから、戦死も万人の一人一人に当然あるべきだ」というのである(近藤邦康、一九八一年、七七―八〇頁)。

章炳麟らの『民報』から批判されつづけている梁啓超も、まさに死について分析する論文で「精神」が個人の死を越えて受け継がれることに注目していた。「我々は誰もが死すが、誰もが死なない。死ぬのは我々の個体であって、死なないのは我々の群体〔社会集団〕である」（中国之新民「余之死生観」『新民叢報』五九号、一九〇四年）。森紀子は、この梁啓超「余之死生観」の核心的主張について以下のように指摘している。「こうして輪廻説、遺伝説を援用して不死のもの、精神の不滅が確信されたとき、未来のために犠牲となった精神の不滅であることも確信される。他でもない譚嗣同たち政変の犠牲者の精神も不死のものと確信されたのである」（森紀子、一九九九年、二一三頁）。

　このような梁啓超の死生観はその「宗教」観とあいまって興味ぶかいが（巴斯蒂、一九九八年）、さらには政治活動における死の意味と結びつけられてもいた。同じ論文の中で梁啓超は、亡友である康有《こうゆう》溥《ふ》（康広仁）の言葉を引用している。康有溥の字《あざな》は広仁、康有為の同母弟で戊戌六君子の一人である。以下の発言は、滑稽の言のようだが、真理も含まれていると梁啓超は指摘している（もちろん、ここに梁啓超の創作が含まれている可能性がある）。

　我々は、一度は死ななくてはならないが、二度死ぬことはできない。死に方はいろいろあるが、もし造物主が私に自分で選ばせてくれるなら、どうしようか。ひとまず公益はおいて、まず私利をはかるならば、国民のために槍や銃弾を受けて戦死するのが第一希望だ。なぜなら、突然死ぬので少しも苦痛を感じないからだ。国事のために刑死するのが第二希望だ。なぜなら、刑吏の刀が振り下ろされる一刹那だけの苦痛ですむからだ。寝台の上で苦しみうめいて病死するのは、よくない。もしも、肺病になって、あと数年で死ぬと医者に宣告され、しばらく生きてあれこれと家族に言いつけなどするのは、最悪だ。なぜなら、必ず死ぬのを知りながら避けられず、早く死にたいと思ってもそれもできないので、苦痛は限りないからだ。

梁啓超にとって、生死の問題と戊戌政変の犠牲者の思い出とが密接な関係をもっていたことを示唆する点でも注目されるが、康有溥の言葉の逆説的な叙法も印象的である。すなわち、公益を度外視した場合にも、国民のために戦死したり国事のために刑死したりするのが、好ましい死に方だというのだ。ここに、理想的な死が強く推奨されることになる。

さて、こうして変法ないし革命運動のなかで形成された「政治的に意味づけられた死」をめぐる実践様式は、中華民国の建国とともに体制化する道をたどることになる。革命のため死んだ者、国家のために外敵と戦った者は烈士として顕彰され、また国家儀礼として烈士追悼の儀式が重視されるようになる(Harrison, 1998, 2000, pp.106-107)。このような烈士追悼は、清朝の国家儀礼の中心部分ではなかったことからしても(Bastid-Bruguière, 1997)、中華民国の政治体制と密接に結びついていたことが明白と言えよう。その残滓は、現在でも台湾の「忠烈祠《ちゅうれつし》」に見られる。そこには、鄒容など清末の人物の位牌から、台湾を中華人民共和国軍から防衛するなかで死んだ兵士の位牌までが並び、いずれも「国民革命」のために死したと説明されているのである。

祖国のために死ぬことは、古代ギリシア・ローマでは尊崇の対象となっており、その観念が中世後期に復活してフランスなどに適用されてゆくことになる(その間の中世の時代には「主君のために死ぬ」であった)(カントロヴィッチ、一九九三年)。日本では、武士は主君のために死ぬべしという倫理が形成されていたが、殉死の背後には強烈な自己主張を見ることができる(山本博文、一九九四年)。そのような主体性を前提として、君主個人ではなく前田や上杉などの大名家という「御家《おいえ》」に対する忠義

図 21　中華民国忠烈祠．台北市内の北のほうにつくられた宮殿風の建築．1 時間ごとの衛兵交替がある．中には，「国民革命」のために死したとみなされた者の位牌がずらりと並んでいる（下）．著者撮影．

から、かえって主君の廃立まで重臣が行なった例が見られたのである（笠谷和比古、一九八八年）。明治国家は、そのような緊張をはらんだ状況を整理して、「忠君愛国」という理念を打ち出していった。すなわち忠誠の対象を天皇に一元化したうえで国家のために国民を動員しようとしたが、その制度的表現が男性全体に対する徴兵制に他ならない。清末の人々にとって、祖国のために死ぬという観念は、驚くべきものだったかもしれない（土屋洋、二〇〇一年が触れている）。日本で入営する兵士が「祈戦死」ののぼり旗を掲げているのを見た梁啓超が、戦死を栄誉とする「尚武」の国俗に仰天したこと（任公「飲氷室自由書」『清議報』三三冊、一八九九年）、日露戦争の戦没者を慰霊する靖国神社の大典の盛況に感銘をうけた宋教仁が「命を捨てて国を守った者には、当然このように報いるべきだ」（『我之歴史』開国紀元四千六百三年五月三日条）と日記に記したことが想起される。

本章で関心の対象としたような、生命をも国家のために投げ出させるように誘惑する言説・儀礼は、今日の観点からは疑惑をもって見られるかもしれない。とくに良心的兵役拒否の思想や愛国主義を批判する議論からである。しかし、当時にあっては、そのような懐疑は、あまりなかったように思われる。

清末革命運動の歴史的意義を考える場合、ひとつの側面としては、次々と犠牲者を出し、その追悼を行なうことで、「中国のために死ぬ」という言説と実践の様式を作り上げていったことを挙げるべきだろう。それまで、たとえば明清交替の時代、政治的忠誠のために死んだ者は多かったが、君主に殉じる、または王朝に殉じることはあっても、それは祖国のために殉じたとは言いにくい。梁啓超が情感をこめて描き出した譚嗣同の死は、まだ光緒帝のため犠牲になるという意味が半ば残っているという曖昧さがある。その後の革命運動こそが清朝に対する反逆を勧め、中国のために殉じるという様式を生み出したのである。革命運動が君主政を廃絶しようとしたことの歴史的意義をここに求めることもできよう。ただし、類似の追悼儀式は、清朝の官憲すら催すようになっており、革命派のみが突出した意識をもっていたと考える必要はないだろう。

追悼を通じて死に政治的な意義が付与される。死の意味は、生き残った他者が創出するものである。その創出が恣意的であって、時に政治的に利用されることがあるのは不可避であろう。「その解釈は死んだ者の本意でない」と断定することはできない。梁啓超が記す譚嗣同の遺言は梁啓超の創作かも知れないが、それが譚嗣同の遺志でないと指弾する根拠を誰がもてようか。

「呉樾遺書」の「妻に与うる書」には、古人の言として「人にはもとより一死がある。死は泰山《たいざん》よりも重いときもあれば、鴻毛《こうもう》よりも軽いときもある」と指摘されている（典拠は司馬遷「報任少卿書」[6]）。これは、まさに「有益な」死を求めるべきだという指摘である。清末の「烈士」追悼文は、政治目的に動員する危険な誘惑を含んでいたかも知れないが、死に「有益さ」という意義を付与する文化装置を形作ったということもできよう。「人民の利益のために死ぬのは、泰山よりも重い。ファシストのために力をつくし、人民を搾取し人民を抑圧するもののために死ぬのは、鴻毛よりも軽い」（毛沢東「為人民服務」[7]）という言葉の背後にある死の意義の差等という発想は、譚嗣同以来の多くの「烈士」を生み出してきたものに他ならない。

確かに、死者を祭ることが政治的に利用されるのは快いことではないと私は感じる。一人の人の死を客観的に意味づけられるはずはない。とはいえ、死の意味づけを行なうことをやめてしまえば、十分な尊厳をもって人の死（と生）に向き合うことはできないのも、確かだと思われる。

国のために死ぬという行動様式は、国への忠誠が極度にまで至った帰結である。それは、愛国の念が人の生きがい（死にがい）を提供したというだけではなく、この生死をかけた主体性の発露によって個人としての意識が非常に強められていったということを意味しているのである。

終　章

愛国主義の論じかた

オスマン帝国の夢のあと

イスタンブルのトプカプ宮殿 Topkapı Sarayı を訪れる者は、その繊細かつ壮麗な装飾に驚くかもしれない。ここは、三大陸を支配したオスマン帝国の故宮である。私は、かつてこの場に立ったおり、知らず知らず、現在の北京の市街の中心部を広く占めている紫禁城の巨大な結構を思い浮かべて比べてしまった。トプカプ宮殿とは、何と瀟洒な建物かと愛でるだけでなく、端的に何と小さいのだろうかという印象を抱いたのである。いっぽう、旧市街からは遠いものの、一九世紀中葉からスルタンが執務したドルマバフチェ宮 Dolmabahçe Sarayı は西洋風で、トルコ共和国の国父ケマル・アタチュルク Mustafa Kemal Atatürk の逝去した寝室もある。やはり紫禁城のような桁はずれの巨大さというのとは違い、ヨーロッパの普通の宮殿なみと感じられる。この相違はなにゆえなのか。清朝が、あのような紫禁城を必要とした理由は何なのか。

答えは、いまだ得られていないが、これにとどまらず、清朝とオスマン帝国を対比することは、さまざま興味ぶかい視点を提供してくれる。本書でこれまで議論してきたことをふまえて、いくつかの点を指摘してみたい。

オスマン帝国は、もともとアナトリア半島(小アジア)の小君主国が、いくつかの偶然もあって急速に勢力を拡大したものである。一時ティムールの侵攻によって壊滅の危機を経たものの、一四五三年にはビザンツ帝国の首都を落城させ、ここを自らの首都(今日のイスタンブル)として発展させた。その支配領域は、アナトリアとバルカン半島を中心に、シリア、聖地メッカを含むアラビア半島、そしてエジプトに及んだ。

いっぽう、清朝は、もともと明からみて東北方面の女真《じょしん》の中の一集団が、勢いに乗ってたちまちのうちに政権をうち立て、明が農民反乱で滅亡したあと、山海関を越えて北京に入り、広大な版図を築き上げたものである。そのあと、内陸で一大勢力を誇っていたモンゴル系のジュンガルとも戦って勝利した。これら一連の征服過程で、モンゴル王侯やチベット系の諸勢力も帰服していった。

清とオスマンはともに、もともと辺境の小規模集団として出発しており、その段階では巨大勢力となる必然的な要因があったとは思われないのに、ひとたび弾みがつくと、まさに破竹の勢いで大征服活動を繰り広げ、広大な領域を支配するに至ったと言えるのである。このような征服事業は大した長期計画に基づくものではなく、ひとまず目前の敵と戦ううちに次々と拡大の可能性が開けてきたと理解できる。

それゆえ、帰服した人々が必ずしも一様でないことは当然である。清朝に従ったモンゴル人やチベット人はチベット仏教を信奉していたが、新疆《しんきょう》のオアシス住民はトルコ系の言語を話すムスリムであった。現在の北京から広東に至る、もともと明の支配した地域には、儒学の文化伝統に基づいて清朝を夷狄と言いかねない人々がいたし、西南の貴州省などには、苗《びょう》などの人々がいた。明の復活を標榜する宿敵たる鄭《てい》氏を討って、清朝は台湾を手に入れたが、ここにはオーストロネシア系の人々が古来住んでいたので、鹿皮などを納めさせた。広大な領域も、多様な人々も、それぞれ個別の経緯で清朝に服属したのであり、一九世紀前半までの清朝は、その個別的事情をふまえて支配の仕方を設定していた。必ずしも明確な国境はなくとも、およその支配領域というものは存在していたとは言える。しかし、それは一色で塗りつぶされるような等質な統合体ではなかった。

清朝の統治の特徴をなすのは、軍事組織である八旗《はっき》の存在であった。八旗は決して満洲の人々に限られるわけではなく、特に清朝に近い立場にあって清朝を支える世襲的身分として設定されたのである。官僚制度では、八旗に属する旗人のみが就任できるようになっているポスト(缺《けつ》)もあった。これに加え、各地の既存の制度や文化に適合した人材登用を行なっていた。まず、科挙は明の制度を引き継いでおり、明の旧領を統治する官僚と中央官僚の一部の供給源となった。これに対し、モンゴル王侯は、清朝による再編・統制を受けながらも支配権を維持しており、チベット仏教の寺院の領地も不都合がないかぎり保護された。新疆のムスリム、苗民、台湾のオーストロネシア系の人々も、基本的には自らの首長をいただくことを許されていた(濱田正美、一九九三年。新免康、一九九四年。武内房司、二〇〇〇年)。

このように、征服による国家統合という成立事情に由来する複合的な性格は、オスマン帝国も、ほぼ同様であった。君主はムスリムであり、イスラーム法が統治の根幹におかれていた。しかし、治下には膨大かつ多様な非ムスリムがいた。キリスト教徒だけでも、ギリシア正教徒・アルメニア正教徒やシリアのマロン派、エジプトのコプトなどがあり、そしてユダヤ教徒が、イスラームで禁じられた金融業を担当する役割を担っていた。言語も、トルコ系のものだけでなく、アラビア語、そしてギリシア語、ブルガリア語、セルビア語などが、各地で、また各場面で使われていた。そして統治構造も、直轄領のほかに、エジプトなど間接支配の体制がとられ従来の統治方式がかなり継続された地域もあれば、従来の君主権が存続するクリム・ハン国や、自治支配が認められたクルドなどもあった。

清朝もオスマン帝国も、発達した官僚制度を有していた(鈴木董、一九九三年)。しかし、中央の官僚が、その版図をすみずみまで綿密に統治していたという状態を脳裏に描くとすれば、それは誤った印象である。清朝の場合、各県に中央から派遣される官はふつう数人、場合によっては一名だけであり、これら官僚は、胥吏《しょり》などの役人が地元の権益のなかで活動しがちなのを何とか使いつつ、地元の有力者の協力を仰いで、ようやく行政を進めることができた(山本英史、一九九九年)。オスマン帝国でも、中央派遣の総督が、地元勢力と抗争したうえ、放逐されることすらあった(黒木英充、二〇〇〇年)。もちろん、中央政権に対して反乱を起こす者を鎮圧する力は持っていたから、一定の領域を保持できたわけだが、その領域内における統治の実態は非常に粗放なものであったと言える。清朝もオスマン帝国も、「専制」の国家だという表現がなされることがあるが、それは決して人々の活動を圧迫して息を詰まらせるような政治体制を意味するのではない(鈴木董、一九九二年)。かりに社会階層の隅々までよく統制されていたかどうかを問うならば、「封建」制にたとえられていた徳川時代の日本のほうが、きちんと統治・管理されていたと考えたほうが、どちらかといえば妥当であろう。

官僚の配置も、決して全国に無作為に配置され異動したわけではなく、個々の官僚の出自に応じて任地・職が事実上は制約されていた。清朝の場合、科挙官僚は、たとえば四川省・福建省というように省制のとられた地域のうち、出身地を除くところに派遣されたのである。もちろん、八旗の出身者が省制の地域で総督などに任じられることは珍しくないが、盛京《せいけい》（奉天）・新疆・チベットなどに派遣される高官には、科挙官僚ではなく主に八旗の出身者があてられる時代が続いた（古市大輔、一九九六年。王柯、一九九八年）。オスマン帝国の場合にも、たとえば、属国であるワラキアとモルダヴィアの二公国の総督は、ほぼギリシア正教徒に独占されていた（黒木英充、一九九五年、三四二頁）。全国を異動して、その版図を一体として認識するような発想を地方官僚がもてた可能性は、あまりないと言えよう。

さらに、どちらの国家が滅亡してゆく過程にも、自強のための西欧化のなかで新しく編成された軍の動向が重要な役割を果たしている。アブデュルハミト二世がミトハト憲法を停止していたのに対して、青年将校を中心とする勢力は、これを復活させようと、一九〇八年に蜂起した。その後も、対立と混乱は続き、ついに翌一九〇九年、軍の再度の蜂起により、アブデュルハミト二世は廃位されることに帰結した。

この政治過程から教訓を読みとろうとしていたのが、清朝打倒をめざした革命派である。軍事クーデタは、決して立憲制の確保にとどまってはならず、皇帝の廃位、ひいては皇帝制度の廃絶に至らねば、かならず反動が起こるというのである（民意「土耳其革命」『民報』二五号、一九一〇年）。孫中山に近い立場の革命家である胡漢民《こかんみん》にとっても、世にいう青年トルコ人革命は、参考にすべき点があるという。軍人の蜂起による革命を構想するからであり、清朝の新式軍隊の構成員に呼びかけることになる。軍人の持つべき目標は、「国を保ち、民を衛《まも》る」ことなのだから、決して清朝の命令を聴いて同じ漢族の者を弾圧してはならないのである（漢民「就土耳其革命告我国軍人」『民報』二五号、一九一〇年）。

実際、一九一一年に武昌で新式軍隊の蜂起が起こり、これが清朝の滅亡をもたらしてゆくことになる。その意味で、清朝とオスマン朝の両方は、みずからの軍制改革の結果、憂国の情から決起するような軍人を作り出したと言える。辛亥革命を、このトルコの動きと類似するものとして指摘する見解が提出される理由は、ここにある（湯本国穂、一九八〇年）。さらに、その後のトルコ共和国と中華民国南京政府が、軍人出身の独裁的政治家のもとで、国家主導の発展をめざしたことも類似しているといえるかも知れない（古厩忠夫、一九九五年。久保亨、一九九五年）。

しかし、以上のような共通点にもかかわらず、本書の関心からすれば、清朝とオスマン帝国の命運の帰結には重大な相違がある。それは、清朝の版図が、かなりの程度、今日の中華人民共和国の領域と重なっているのに対して、トルコ共和国は、オスマン帝国の統治範囲からすれば、はるかに狭小な地域を治めているということである。いったい、なぜ、このようなことが起こったのだろうか。これが、トプカプ故宮から、ボスフォラス海峡を臨み見ているときに、私の脳裏に浮かんだ問いである。かなり難しい問いである。

オスマン帝国は、イスラーム国家としての立場から、非ムスリムを法的に、また税制において差別していた。これは、一八三九年のギュルハネ勅令において改められ、オスマン臣民の平等が原則とされたものの、既存の政治的・文化的統合のしくみを不均衡に陥らせ、結局のところ、帝国を一丸とした団結というのとは逆の結果をもたらした。

帝国の分解は、これより先、すでにアラビア半島においてイスラームの本来的性格の回復をめざすワッハーブ運動がおこり、またエジプトの自立化が進むことで進行していた（黒木英充、一九九五年。加藤博、一九九五年。小松久男、一九九八年）。しかも、ヨーロッパ列強の後押しでギリシアが独立したことは、民族を国家の基礎におく原理をあくまで言い立てる存在が、帝国のひとつの核たるバルカンに続々と出現する先駆けとなった。

以上のように、清朝と比べるとはるかにオスマン帝国は、そのまま一つの国家の形を保とうとするのに、一九世紀の段階から苦難を味わっていた。それは、宗教と言語の多様性の程度がオスマン帝国のほうが甚だしいというだけでなく、オスマン帝国にとって、そのような多様性の存在が政治社会を運営するうえで不可欠の前提となっていた点に由来するように思われる。対等の国民を作ろうとすることが、結果的に既存の平衡を失わせるという結果をもたらしたのであろう。

もちろん、オスマン帝国が、ヨーロッパ列強の干渉を、しばしば受けざるをえなかったことも無視できない。特に、第一次世界大戦における敗戦の衝撃は大きかった。

ヨーロッパからみて極東にある清朝も、確かに鴉片戦争以来、様々な局面で領土割譲を強いられたりしたが、しかし、太平天国の戦乱などで、清朝にとって最も苦しかった一九世紀中葉に、欧米の勢力が一時、後退したことが注目される。それについては、ちょうど同時期に、オスマン帝国の領土をめぐってクリミア戦争が戦われていたという要因が容易に思い浮かぶところである。西欧諸国にとっても、ロシアにとっても、極東より中東の情勢のほうが、優先度の高い問題であったと思われる。日清戦争の敗戦によって清朝が台湾を割譲させられ、その他の列強の領土的野心が激しくなったときには、アメリカ合衆国の存在も含めて、すでに列強相互の牽制が強く働く国際環境となっていたのである。これは、もちろん列強が共同して侵略を進める可能性を残すものであるから、危機的な状態であると見ることもできるが、これを克服するために国民の団結と国防意識の高揚を進めようとする動きが出てくることになったのである。ボイコットを通じた同胞の団結や、瓜分の恐怖の煽動を通じた国土の一体性の強調、尚武を強調する剪辮論の登場などである。

さて、外国に奪われた領土を除けば、清末から民国初年の歴史過程で分離していったのは、主に現在のモンゴル国の領域だけである(厳密に言うと、モンゴルの隣の唐奴《たんぬ》烏梁海《うりやんはい》の地区、すなわちトゥバは一時的自立の後、ソ連領となったなどの例もある)。確かに辛亥革命の際には、各省が清朝から独立するという形がとられたが、しかしその後、中華民国が建国されると、各省の政権も自らが中華民国の一部であることを認めている。これは、国際関係のなかで、中華民国という枠組みが外国から必要とされていたという要因をまず考えるべきである。たとえば、借款にしても、きちんとそれを背負ってくれる政権が要請されていた(岡本隆司、一九九九年)。

しかし、歴史的にも地理的にも構成員の面でも中国は不可分の一体であるという発想が、清末の段階ですでに形成されてしまったので、それを前提とした議論が当然視されたということも考えられる。もちろん、議論を組み立てる素材と枠組みがすでに存在していたことは確かであり、創成された愛国主義は、その時点の条件に規定されていると見ることもできるかもしれない。たとえば、清朝による一定の政治的統合という実態や、列強が対峙する世紀転換期の国際関係の実情ということは、本書で議論した愛国主義の形成の前提となる要因を提供している。これを受けて、二〇世紀の最初の一〇年間に、中国の統一と発展を熱烈に願う発想が定型化していったことは、見逃せない点である。

国家や民族などの境界は、決してその境界内部の均質性によって考察すればよいというものではなく、ある時点での偶然的な境が、折しもそのとき発生した事件によって明確化して、それがまた新しい動きを生んで、ますます固定化されてゆくという性格をもつものであろう（福島真人、一九九八年）。清朝の版図が四分五裂せず、ほぼ今日の中国に引き継がれたということの前提には、辛亥革命のときの各省ごとの独立という政治過程にもかかわらず、四川や湖南といった省の単位で完結した政体を構築しようとする志向そのものが微弱であったことに、留意すべきだろう。清朝が征服して一応の政治統合をなしとげていたこと、そして一九世紀に外藩支配の再編が進みつつあったこと（片岡一忠、一九九八年）を前提として、二〇世紀初頭という一時点において中国を不可分の一体と見る議論が唱えられ、その際にたまたま設定された境域が、その後、幾多の事件で固められていったとみることができる。歴史を通じて必然的な版図などというものはありえないが、ある段階で偶然性を含みながら設定されたものが、本来の運命共同体のように思い為され、時とともに実定化されることになる。

明らかに、オスマン帝国の場合には、そのような大きめの範囲で運命共同体というものを作るのに失敗した。タンズィマート改革は、宗教的差異によらないすべてのオスマン臣民の平等をめざしたものの、かえって地域的な宗教共同体が民衆と行政を仲介する機能を強化させ、宗教帰属による社会の分断化を進めることになった（佐原徹哉、一九九五年）。オスマン主義の理念は、広範な愛国心を喚起して、体制を防衛することはできなかった(Arai, 1992; Kayali, 1997)。これに代わって現れたトルコ主義は、確かに今日のトルコ共和国の正統性原理につながってゆくとはいえ、アラブなどの離反をかえって促進したというべきだろう。アラブにしても、いくつもの国家を形成して今日に至っている。

なぜ中国の愛国主義は成功を収めたのか。そもそも本当にそれは成功だったのか。成功だとしても、誰にとっての成功なのか。探究は始まったばかりであり、本書としては、その一歩を踏み出したことに満足するほかない。

たとえば国家形成における、国籍など法整備の試みや、国民経済の確立をめざした動きも、今後議論が深められるべき課題と言える。文字・言語の統一と普及の問題も重要である(村田雄二郎、一九九五年。唐澤靖彦、一九九六年)。また、本書で論じた対象範囲は、主に都市に住み学歴のある人々が愛国主義に熱中する様子にすぎず、人口の大半を占める農民などについてどのように議論するかという重要な問いもあるだろう。

日本の歴史学の蹉跌とその克服

さて、本書の位置づけのために、もうひとつ考えておきたいことがある。これは、近代日本の歴史学の立脚点にかかわる問題である。

戦後日本の中国史研究には、もちろん様々な流れがあったものの、停滞論を克服して中国の内在的な発展を探ろうとする発展段階論は有力なものであった。また、外国の侵略を斥けて中国の革命を推進しようとした運動に対し、強い共感が持たれていた。これには、いうまでもなく、日本による中国侵略への反省という意義が込められていたし、戦前の中国史研究に対する厳しい批判を伴うことになった。最近の日本では、戦前の日本のアジア研究に潜む問題点を指摘する議論の仕方は、ますます流行化する兆しがあるが、それだけでは紋切り型の話にすぎない。戦前の研究姿勢への批判は、戦後まもなくから厳しくなされてきたのであり、戦後的な克服の仕方も含めて議論してゆくことが不可欠であろう。

よく知られているように、一八八〇年代に東京帝国大学に招聘されて、ヨーロッパの歴史学の研究法と理念を伝えたのは、リース Ludwig Riess であった。リースは、ドイツ歴史学派のランケ Leopold von Ranke の流れを汲む人物である。この後、明治の末年には、国史・西洋史と並んで東洋史という学問分野が、大学の中に成立することになる。この背後にあった事情について、たとえば貝塚茂樹は橋本増吉(戦前の歴史学者)の証言を引用しつつ、以下のように概括している

日清戦役という事態から、当時の敵国の清国すなわち支那の歴史だけを書かないで、これをさらに広大なアジアの一国としてえがこうとするところから、東洋史が生まれてきたのである。それは従来中国の中華的世界観のもとに書かれた、もろもろの中国の史書、儒教主義の史書とは、明らかに対蹠的なる立場に立つものであった。……桑原〔隲蔵《じつぞう》〕博士の『中等東洋史』の出色の作であったのは、単に日清戦争時代の時代精神の代表であったというばかりではない。中央アジアを媒介とする東西文化の交渉という西欧の東洋学者の積年の研究の精華を批判的に摂取され、世界文化史のなかにおいて中国の歴史を説かれたということによるものであった。さればといって、中国の文化を敵視し、儒教思想や仏教思想を始め、従来の文化遺産を攻撃破壊するというのでは

なく、極めて客観的に取扱っていられる（貝塚茂樹、一九五七年、七五五―七五六頁）。ここで留意すべき点は、明治の東洋史学にとっての大きな研究動機は、儒教を尊ぶ漢学者と対決しつつ、中国を中心とする歴史観を打破したうえで、「客観的に」中国を対象化しようとしたことである。東京帝国大学において東洋史学を主宰した白鳥庫吉《しらとりくらきち》が、儒学で古代の聖王と崇められてきた人物の虚構性を考証したり、内陸ユーラシア諸勢力の歴史研究を進めたりしたのは、まさに中国を中心とする歴史観・文明観を相対化するものであったと言えよう。もちろん、これは明治時代の国民的自己意識の定位と密接な関わりを持っていた（五井直弘、一九七六年、一一―一六〇頁。Tanaka, 1993）。

実のところ、同時代の清朝の学者も類似した研究を進めていた。内陸辺疆の歴史地理の研究成果は一九世紀を通じて蓄積されてきたし、康有為の「孔子改制」の説（孔子は、過去の聖人に仮託しつつも、自ら政治制度を創出したとの議論）は孔子以前の聖人の権威を否定するものであった。しかし、清朝学者の辺疆の歴史地理研究は、ロシアなどの脅威から領土を守ろうとする目的と不可分のものであり（郭双林、二〇〇〇年。鄒振環、二〇〇〇年）、また康有為は孔子の教えをもって中国の精神的支柱とすることを意図していた。その実践志向のありかたからすれば、白鳥ら日本の学者とは、全く異なる問題意識に立脚していたと見るべきだろう。

貝塚茂樹は「明治の東洋史学は、いろいろ複雑な要素をもちながら、やはり本質的には啓蒙主義的な合理主義歴史観の上に立って、中国の歴史、文化、とくにその儒教思想に対決し、批判していった」と述べ、実は「対決」というより、現在の地点から過去を見下ろすようにして評価してゆくものであったと指摘している。このような戦前の研究者の姿勢を批判的に総括した貝塚にとって、今後の課題は、従来の傾向を克服して、過去の時代に沈潜することに求められることになる（貝塚茂樹、一九五七年、七五八―七五九頁）。

貝塚の展望とほぼ同じ方向で、戦前の中国史学を乗り越えるために歴史の「内面的理解」の必要性を説いたのが、増淵龍夫《ますぶちたつお》である。増淵から見れば、発展段階論による戦後の研究も、やはり、その課題を達成していないことになる。増淵は、一九七一年に行なった口頭報告の中で、「内面的理解」の何たるかを紹介するために、陳垣《ちんえん》という学者が著した『通鑑胡注表微《つがんこちゅうひょうび》』を例に挙げている。北宋の時代に、それ以前の歴史を編年体でまとめた司馬光《しばこう》の『資治通鑑《しじつがん》』は、元の時代に胡三省《こさんせい》という学者がつけた注とともに読むのが、今日でも普通のことである。陳垣は、一九四〇年代の日本占領下の北京で『資治通鑑』を読むうち、胡三省の注は、単なる史実の考証にとどまらず、当時の統治と世相についての厳しい論評が暗に含まれていることに気づいたという。この点を考証した成果が、『通鑑胡注表微』だというのである。

陳垣は、日本軍占領下の暗い世情の下で、ひとり門をとざして『資治通鑑』を読み、それに附せられている胡三省の注釈を読んで行くうちに、胡三省の注釈は単なる史実の考証というようなものではない、ということに陳垣は気付いたのです。南宋末の腐敗のもとに生きて、宋朝の滅亡と蒙古人の侵入、占領支配の下に生涯をおくった胡三省は、蒙古人の占領支配下においては、山中にかくれて、一切の官職には辞してつかず、亡国の暗い世情の下にあって、元朝の残酷な統治と、それに阿附し、或はそれに抵抗するさまざまな人の動きを、その目で見、きびしい現実批判の心を内にこめて、『資治通鑑』を読み、その全精神を、『通鑑』の注釈という仕事に託したのであった。したがって、そこには、『通鑑』に記されている過去の様々な歴史的事件や人々の動きについて、或はするどい批判が、或は心からの共感が、胡三省自身のきびしい現実の体験にもとづく深い洞察に裏付けられながら、簡潔な、一見それとはわからぬ、注釈の形をとって書かれているということに陳垣ははじめて気付いたのでした（増淵龍夫、一九八三年、九〇―九一頁）。

このような「内面的理解」が可能だったのは、中国における歴史意識のありかたゆえであり、陳垣自身が日本の侵略に抱いていた批判・抵抗の立場ゆえと解釈される。

増淵がこの例を紹介しているのは、実は戦前の歴史学を批判的に議論するという文脈でのことである。特に、内藤湖南《ないとうこなん》と津田左右吉《つだそうきち》の名前をあげて、「近代中国の動きというものを、それ抜きにしては理解できないと思われる根源的な一つの支柱ともいうべき、中国の人々の主体的な民族意識」（同前、八三―八四頁）を彼らが理解できなかったのはなぜかという問題を論じているのである。

実のところ、近代中国の「民族意識」や革命運動における主体形成を正面から認識しようとしなかったという論点は、戦後の日本の歴史研究者が戦前の歴史学を断罪するとき最も重視されたものであったと言える（旗田巍、一九六二年。小倉芳彦、一九七一年）。戦後には、中国ナショナリズムの展開について共感を持って論じることが、中国近代史研究の主な流れを形成したと言える。

そうすると、たとえば内陸ユーラシア史の観点から中国史を相対化しようとする研究は、戦後の学術界では警戒されていたと言えるかもしれない。そもそも、戦前の内陸ユーラシア史研究は、日本の大陸侵略の進展と一定の結びつきをもっていたと戦後に糾弾される余地があったし、学者自身の関心に照らしてみても、中国史を必ずしも中心におかない歴史像を構想しようとしていたと思われる。そのような文脈からすれば、中国史の「内面的理解」をめざした増淵が、モンゴル時代について「亡国の暗い世情」「元朝の残酷な統治」と述べているのは、必ずしも迂闊なことではない。しかし、今日のモンゴル帝国史研究の立場からすれば、許し難い独断であろう。そもそも南宋の人の華夷観と一九四〇年代の抗日意識とを重ね合わせる正当性はどこに求められるのだろうか。杉山正明は以下のように示唆的な指摘をしている。

困ったことに、近現代における西欧型の文明観が、意外なほど華夷思想にちかい部分がある。ある種の「民族ナショナリズム」と「文明ナショナリズム」といっていいかもしれない。そのどちらもが、歴史研究者のなかで共鳴し、混濁しあった結果、現実の歴史をはなれた不可思議な差別感にいろどられた虚像が語られてきたとすれば、それも一種の文化現象というべきものかもしれない（杉山正明、一九九七年、一七九―一八〇頁）。

増淵が共感をもって取り上げた陳垣による胡三省の「内面的理解」とは、この引用文にいうところの、西欧型の文明観と伝来の華夷思想が「歴史研究者のなかで共鳴し、混濁しあった結果」に他ならないと思われる。杉山の議論は、近代中国における歴史像の形成の前提を厳しく問い直そうとする示唆に富むものと言えよう（また、岸本美緒、一九九八年、を参照）。

さて、中国に限らず、アジアの民族解放闘争への共感は、戦後の歴史学の基底にあったものである。しかし、近年では、「アジアのナショナリズムをたんなる成功物語として描くことは不可能である」（古田元夫、一九九六年、四頁）。なぜなら、革命・独立の結果として誕生してきた国家は、いずれも、民族・国民を主体とした国家建設をめざしてきたが、そのこと自体が、一定の矛盾をはらんでいたからである。古田元夫のまとめによれば、「自決の主体とされた国民という集団性がもつ曖昧さ」ゆえに、国民統合の過程では「多数派の自己中心主義という傾向が混入しやすい弱点をもっていた」。また「国民の自決という原理には、国民の名による専制には歯止めがない」ことになり、「革命の過程でえた既得権益を護り、専制的支配を合理化する論理に転化する危険性を当初から内包していた」ということになる(同前、八三—八四頁)。

たとえば、小谷汪之の研究によれば、インドの独立運動は、その過程で西洋近代を乗り越えるという要素を含み込み、場合によっては、「伝統」の名のもとでの差別・抑圧を強める傾向を示すことがあった。同時に、人々の帰属意識を政治的に動員することで、ヒンドゥーとムスリムの対立を激化させていったのである(小谷汪之、一九八六年)。

紛擾にみちた現今の実情こそが、かつて輝いて見えたアジアの民族運動史を見直させる要因である。その意味で、小谷や古田が、その見直しの役割を担うことは、相当の緊張感と痛みをもってのことと理解される。また、確かに、ナショナリズムの規制・支配から歴史を救い出そうとする試みは必要なことである(Duara, 1995)。しかし、気楽にアジアのナショナリズムを批判し、自らの知的優位性に満足する傾向は、警戒されるべきだろう(吉澤誠一郎、一九九七年)。

さらに、池端雪浦が指摘するように、ナショナリズム思想の形成と運動の展開がみられた初期には、多様な構想が競合しており、現実化しなかった様々な可能性が存在したことに目を向けることにも意味がある。方向性が定まらぬ時代には、各種各様の試みがなされていた。その豊饒さに関心をもつことが必要だろう(池端雪浦、一九九四年、一九九九年)。現在に至る帰結のみから評価することをやめてこそ、過去の人々の試行錯誤を歴史的に認識することができるのである。

こう考えてくると、中国ナショナリズムの形成を論じてきた本書の立場は、決然とした爽快なものとはなりえない。中国における愛国主義の形成を一方的に批判する仕方では、誠実な理解が不可能となる。そればかりではない。中国ナショナリズムの成立を、ポストモダンなど最新の理論で分析しつつ、冷徹に高みから議論することは、明治の歴史家と同様の過ちを犯すことになるかもしれない。本書としては、過去の日本の歴史学のつまずきを特段に意識することが適当だろう。

しかし他方で、中国の愛国主義に自己同一化するというだけでは、そこに内在する権威性をそのまま受け入れることになってしまう。そのような批判的理性の欠如は、今度は戦後日本の中国史研究から学ぶべき教訓ではないか。外部の者による「内面的理解」が果たして可能かと問うことをやめて、外側からの冷静な視点が大切だと積極的にいうこともできる。

このような「内面的理解」をめぐる議論の堂々巡りを越えるために、ひとつ念頭におきたいことがある。本書で扱った事象の大部分は、決して中国の特殊性の文脈で考えるべきでないという点である。国民の団結、国土の防衛、男性の身体性の再構築、命を賭けて国に報いる念といったことには、明治の日本との共通性が強くみとめられる。アメリカの建国神話や人種差別は、梁啓超に強い感銘と焦燥を与えた。愛国的な死者追悼の儀礼、対外的な運動を通じた国民・民族の再構築は、現在の世界中で見られることである。本書で述べてきた議論は、中国や一〇〇年前のことを他者像や異文化として構成する材料としてはならない。それは、我々を映した鑑だからである。それは、共感的理解をもって接近してゆくとき、厳しい自省を促してくる存在なのである。

梁啓超の痛恨

梁啓超は、師の康有為を評して以下のように述べていた。

先生の教育の大略は、もちろん中国に適用できるものである。しかし、最も欠けている点が一つあり、それは、国家主義だ。先生の教育の重んじるところは、個人の精神と世界の理想である。これらは、不要とは言えないが、今日の中国にあてはめようしても、国民を訓練して競争の世界で勝利するのに役立たないのだ（任公「南海康先生伝」『清議報』一〇〇冊、一九〇一年）。

もちろん、康有為の政治的立場の複雑さは、梁啓超が「先生の経世《けいせい》の志は大同ということにあったが、現状から出発して方途を示すときには愛国を出発点とした。先生の政治活動の目標は民権にあったが、時勢を見計らって進歩をめざすためには、朝廷の政治を正すことに意を用いた」（同前）と指摘している通りである。いずれにせよ、梁啓超は、康有為の「大同」の理想を高く評価しつつも、自分としては「国家主義」の鼓吹を優先したのである。

ここでいう康有為の「大同」は、きわめて特徴的な理想社会像をあらわす言葉である。比較的早くから康有為が抱いていた思想であるが、戊戌の政変で亡命し、インドなどに滞在するなかで、今日見られる『大同書』の形にまとめられたのである。そこでは、「国界を去る」、つまり国と国が並立・競合して相争う様を越えて、全世界が一つになることが希求されている。

「大同」思想には、人種・国境の分け隔てをしない、ある種の普遍主義がみられるのだが、それは満洲排斥に反対する政治的立場や、文化的な同化主義の主張にも帰結する。

そもそも太平の理、大同の道から言えば、黄・白・褐色・黒の人種のいずれも天が生み出したものであり、兄弟であり、仲良くするのが当然だ。当面それができないにしても、交通は発達し、世界は一体化しつつある。蒙古・回部・西蔵の人は、言葉も通じず、異なる教えを信じているが、同じ国の中にいる者として、親切にすべきである。私は、インドの北辺に旅したとき、グルカ・チベット・シッキムの人に会ったが、私にとても親切で、部屋の戸を開けて泊まらせてくれ、麦を煮て食べさせてくれた。およそ、中国人にあえば、目上として扱い丁寧に礼遇する。〔右に述べた蒙古など〕言葉が通じず信教の異なる人でも、同国・藩属という連帯感がある。〔さらに、これらインド北辺の人々も〕かくも恭しく愛情ぶかいことから、同国の者であるように感じる親しみの気持ちが湧き起こってきた。まして、満洲人とは一つの王朝を形作り、満洲人の中国への同化も進み、教化・礼楽・言語・服装食事など、すべて共通しているではないか（「南海先生辨革命書」『新民叢報』一六号、一九〇二年）。

これより先、康有為とも交流しつつ譚嗣同が著したとされる『仁学』にも、国の境を越えた普遍志向が見られる。

心によって危機を挽回しようとする者は、ただ自国を救うことを願うだけでなく、かの強盛の西洋諸国、そして生きとし生けるものすべてを、済度《さいど》すべきである。心が公でないと、道の力も前に進まない。ゆえに、〔ある教えに従事する〕教主・教徒はすべて、自ら某国人と称してはならない。イエスが天国を立てるのに、万国を一つと見て、すべて自分の国、自分の民として、これを質《ただ》すと「国などはなくて構わない」と言ったという、それに倣うべきだ（「瀏陽譚氏仁学」『清議報』一〇〇冊、一九〇一年）。

これを『清議報』誌上で、著者の刑死後に紹介したのは梁啓超である。しかし、このような発想は、清末の梁啓超にとって共感しにくいものであったかもしれない。何といっても、中国の団結を増進し、強国とすることが第一目標だったからである。

しかし、梁啓超は、一九二〇年に著した『清代学術概論』において、この譚嗣同の言葉を引いて、「世界主義」として紹介したうえで、自己批判する。「〔私こと〕梁啓超は、日本にゆき、次第にヨーロッパ・日本の俗論に染まり、偏狭な国家主義を盛んに唱えるようになってしまった。死んだ友〔譚嗣同〕に対して恥ずかしい」。

実は、第一次大戦の後、ヨーロッパを旅行した梁啓超は、戦争の惨禍と新しい国際秩序のあり方について思索を進めたが、その結果として愛国思想の問題点を強く意識し、次の意見を出すに至っていたのである。

国というものは愛すべきものだ。そんな頑固偏狭な旧思想を持つわけにゆかない。……我々の愛国は、いっぽうでは国家が個人をないがしろにすることを認識せず、他方では国家が世界をないがしろにすることを認識していない（「欧遊心影録節録」『飲冰室専集』二三）。

このような立場から、譚嗣同の一側面を「世界主義」として顕彰しようとしたのであろう。

梁啓超は、かつての愛国の立場を変更したのだろうか。第一次世界大戦後の梁啓超の思想の変化をあまり決定的なものと考えない見解もありうる（村田雄二郎、二〇〇〇年b）。そもそも清末の愛国の観念も、全世界の進歩の潮流に沿う形で構想されていたのだから、梁啓超がいうほど「偏狭な国家主義」であったとは言い切れない。梁啓超は、清末の活動期から個人の自由も強調していたとする見解もある(黄克武、一九九四年)。その意味で、大きな立場の変更というより、時流にあわせた軌道修正にすぎないのかもしれない。

第一次大戦後の思潮全般にみられるのは、より積極的に「世界主義」を標榜する動向である。いうまでもなく、アメリカ大統領ウィルソン Thomas Woodrow Wilson の世界秩序構想、そしてウィルソンが対抗的に念頭に置いていたボリシェヴィキの革命理念が、新動向を作り出したと言えよう。このような文脈で真剣に思索を進めるなかで、梁啓超は、亡友たる譚嗣同の思想の意味を再発見したものと考えられる。譚嗣同はそれだけ深い思想的達成をしていたのだとも言えようが、あいかわらず梁啓超は譚嗣同を再解釈することで自己の立脚点を作ろうとしているとも見られる。何をしても亡友は抗議しないから、常に親友である。いずれにせよ、亡友を思うことが、梁啓超をして新たな理想を語らせる起点となっている。

右に引用したように、梁啓超は一九〇一年には、康有為の教育の限界として、「国家主義」でなく、「個人の精神」と「世界の理想」を重んじていることを挙げていた。第一次大戦後の梁啓超は、それを反転させ、「愛国」を旧思想とし、「個人」と「世界」とが大切だと説くに至ったのである。梁啓超自身にとっては、やはり、この変化は大きな意味をもっていたと考えられる。

この後の歴史をみると、日本の侵略の展開とともに中国の世論は抗日愛国を強く主張するに至るが、梁啓超はそれを見ることなく亡くなった(一九二九年)。もし新たな国難を目にすることがあったら、梁啓超は何と言っただろうか。

国民を前提とした国家統合のありかたや民族意識は、特にアジアでは、たかだか一〇〇年余の歴史しかないことを強調する議論もある。近代国家やナショナリズムは近代になってはじめて構築されたものにすぎず、長い歴史の中では相対化されるべきものだということである。歴史認識としては、正当といえる。

ただ、本書の立場は、その相対化を出発点としながらも、この一〇〇年以上もの間、なぜ、それが強く人の心をとらえ続けてきたのか、正面から考えてみるべきだというものである。それは、捏造された伝統、幻想の共同体であるかもしれないが、しかし、そのような新しいまがい物が熱烈に希求された事態に関心を寄せることも、いま改めて必要なのだと考えるからである。

あとがき

本書につながる問題関心は、私が東京大学の大学院生だった時代に遡る。当時、「多分野交流」という複数教官の参加するゼミナール形式の授業があった(現在も少し名義を異にしつつ存続している)。ある年、濱下武志先生が、これを主宰されており、正確なテーマは記憶していないが、そのなかでは近代東アジア・東南アジア形成過程における国際的契機の意義が議論されていた。そこで、濱下先生そして佐藤慎一先生、桜井由躬雄先生や並木頼寿先生とお話しするなかで、一九世紀には、たとえば「潮州人」「閩南人《びんなん》」などという集団形成があったとはいえるかもしれないが、果たして「中国人」というものはいかなる形であったと言えるのか、というような問題が出てきたのである。そこで、これを少しでも解決すべく、当時、私が取り組んでいた天津近代史に即して論文を書いた(「天津における「抵制美約」運動と「中国」の表象」『中国――社会と文化』九号、一九九四年。のち加筆・修訂のうえ、拙著『天津の近代――清末都市における政治文化と社会統合』名古屋大学出版会、二〇〇二年、に収録)。これが、私にとって「愛国主義」研究の出発点となった。

そのようなことを考え始めると、近代中国の歴史叙述というものの背後には、中国の実体性を前提する発想があることを、明瞭に意識できるようになった。いうまでもなく、その発想は、これまでの歴史過程の中で成立し、いまなお政治的正統性にとって重要な意味をもっているのだから、単に虚構とみて済ませられるものではない。もしかすると社会的現実とは、すべて虚構の別称であるのかもしれない。その意味では、なぜ虚構が必要なのかという問いに正面から取り組むことこそが、人間社会に対する洞察を深める近道ではないだろうか。

そのあとも、様々な機会に、右の関心を深めつつ、文章を書く機会にめぐまれた。本書のいくつかの部分は、その既発表の論文を修訂したものである。その経緯に感謝を示す意味で、由来を記しておきたい。

第二章は、もともと、濱下武志・川北稔編『地域の世界史11 支配の世界史』(山川出版社、二〇〇〇年)のために執筆した文章によっている。そのもとの原稿は、当時勤務していた東京外国語大学アジア・アフリカ言語文化研究所の「長期研究者派遣」制度によって英国オクスフォードに滞在していたときに書いて、東京の出版社に郵送した。

第四章のもとになった論文は、京都の東洋史研究会から執筆依頼をうけ、編集委員の方から御意見をいただきながら、『東洋史研究』五六巻二号(一九九七年)に掲載することができた。ここで主題とした辮髪の問題に関心をもったきっかけは、一九九四年に天津の南開大学に留学していた時期に、『東方雑誌』をたまたま開いてみたところ、それを論じる伍廷芳の文章が目についたことである。その後、日本学術振興会海外COEへの派遣研究者として台北の中央研究院近代史研究所で勉学していた頃(一九九五—九六年)に、草稿を書くことができた。

第五章は、辛亥革命九〇周年の特集号として編まれた『近きに在りて』三九号(二〇〇一年)に載せていただいた論文を、増補したものである。この企画を推進された野澤豊先生そして関係諸先生のお陰で、これまで考えてこなかった革命運動について自分なりに取り組む機会を得た。かつて隆盛をほこった革命運動史は、今日はほとんど顧みられることがなくなっている。しかし、比較的少数の人々が信念をもって「常識はずれ」の主張と行動をすることで歴史の大局が動かされる側面にも、応分の注意を払うべきではなかろうか。その辛亥革命特集号のなかで拙稿は数少ない革命運動史の論文となったが、この方面の新展開を期待してやまない。なお、「暗殺」の問題も含んだこの拙稿が刊行された二〇〇一年八月の後まもなく、世界の耳目を集める「テロリズム」事件が発生した。その機会をとらえて膨大な論説が世上に現れたが、それに多少目を通しても、拙稿の趣旨を改める必要は感じなかった。

さらに、神戸で開かれた辛亥革命九〇周年国際学術討論会に招いていただき、久保田文次先生が組織されるセッションで報告する機会を得て(二〇〇一年一二月一六日)、多くの貴重な御教示を受けた。また、貴堂嘉之先生と御一緒させていただき、アメリカ史研究会第二〇〇回例会「越境のなかのナショナリズム」のテーマのなかで報告する機会を得た(二〇〇二年七月二三日)。この経験は、特に、本書「はじめに」の部分に生かされている。

私の以前の職場である東京外国語大学アジア・アフリカ言語文化研究所では、様々な「共同研究プロジェクト」が推進されている。クリスチャン・ダニエルス先生の「西南中国非漢族の歴史に関する総合的研究」、中見立夫先生の「東アジアの社会変容と国際環境」で学んだことは、はかりしれない。

「アフリカ・アジアにおける政治文化の動態」というプロジェクトに参加させていただき、永原陽子先生が中心となった「近代国家機構の形成」班をはじめとする会合で多様な報告に接することができたのも、大いに刺激となった。

調査のための出張には、平成一一―一三年度科学研究費補助金「アジアの文字と出版・印刷文化及びその歴史に関する調査・研究」(代表　東京外国語大学アジア・アフリカ言語文化研究所町田和彦教授)も使わせていただいた。それだけでなく、前に述べたように、二〇代の後半に、いずれも長期ヴィザを得て中国・台湾・英国に滞在できたのは、まことに幸運なことであり、この件で御配慮いただいた方々にあらためて感謝もうしあげたい。

本書の執筆にあたっては、多くの先学による研究蓄積、特に訳注・索引を参照したことを特筆しておきたい(参考文献に挙げた)。訳文については、先行のものを全く踏襲した箇所はそれほど多くないが、そうでなくても出典調べや語釈などを大いに参考にさせていただいた。特に清末の文献では、西洋語の漢字表記の理解に困難を感じることがあるが、これなどは先学の解釈の努力や『民報索引』などに大いに助けられた。堅実な読解の蓄積こそが、学問の真の基礎となることを確信する。そこで、先学が読めなかったものを自分が読めるのは、ささやかな貢献としてうれしいものである。本文中に示せなかったが、先学が不詳としたのを読めた例を記しておきたい。西順蔵・島田虔次編『清末民国初政治評論集』(平凡社、一九七一年)二五二頁(原文は、梁啓超「開明専制論」『新民叢報』七五号、一九〇六年)にみえる「奇亜尼」は、カリフォルニア勤労者党のデニス・カーニー Dennis Kearney であろう。もっとも、カーニーの名は、民主政における煽動の問題を指摘する文脈のなかで、フランス革命におけるロベスピエール（「羅抜士比」）及びマラー（「馬拉」）と対句となって出てくるから、いささか釣り合いに欠けるようにも見える。それだけ、（カーニーが先鞭をつけた）アメリカの排華運動が、梁啓超の政治観形成にもつ意味が大きいということなのかもしれない。

岩波書店で本書の編集を担当くださったのは、杉田守康氏である。その的確な御指摘に大いに助けられた。時勢がら公務に追われて原稿提出を遅らせてしまったことをお詫びしたい。

その公務も、主に院生・学生の皆さんのためのものである。だとすれば、その皆さんの質問に何とか返答を見つけようとする日常の成果が本書に生きていることを、ここに明記するのが公平というものだろう。

本書では、梁啓超が主人公のような役目を果たしている。そうなったのは、梁啓超が清末に活躍した年齢と私がこの研究を進めた年齢がほぼ一致するということも、無意識ながら関係あるかもしれない。また、私が同世代の亡友たちを想起しようとしたことが、本書の叙述に影響を与えたことは確実である。

二〇〇二年一二月

吉澤誠一郎

■岩波オンデマンドブックス■

世界歴史選書
愛国主義の創成――ナショナリズムから近代中国をみる

2003年3月25日　第1刷発行
2004年4月26日　第2刷発行
2015年5月12日　オンデマンド版発行

著　者　吉澤誠一郎《よしざわせいいちろう》

発行者　岡本　厚

発行所　株式会社　岩波書店
〒101-8002 東京都千代田区一ツ橋2-5-5
電話案内 03-5210-4000
http://www.iwanami.co.jp/

印刷／製本・法令印刷

ISBN 978-4-00-730195-7　Printed in Japan

年　表

1644　清朝，李自成の軍を破って北京に入城する．
1683　台湾の鄭氏，清朝に降伏する．
1729　雍正帝，『大義覚迷録』の刊行を命じる（曾静事件の落着）．
1774　山東で王倫ら清水教徒の反乱が起こる．
1786　台湾で林爽文の反乱が起こる．
1793　英国からマカートニー使節団が熱河に至り，乾隆帝に謁見する．
1796　湖北・四川で白蓮教徒の反乱が起こる．
1813　天理教を奉じる林清ら，紫禁城に突入する．
1839　林則徐，広東で鴉片を焼却する．
1842　清朝は英国と南京条約を結び，香港を英国に割譲し，また上海など5港の開港を約束する．
1853　太平天国，南京を占領し，天京と改称して都とする．
1856　広州でアロー号事件が起こる（第二次鴉片戦争の契機）．
1858　清朝，イギリス・フランス・ロシア・アメリカ各国と条約を結び，11港の開港と外国使節の北京駐在を認める（天津条約）．
1860　清朝，イギリス・フランス・ロシア各国と条約を結び，天津開港と領土の割譲を認める（北京条約）．
1864　太平天国の指導者李秀成，清朝に捕らわれて処刑される．
1868　清朝とアメリカ，天津条約追加条款（バーリンゲイム条約）を結ぶ．
1871　天津で日清修好条規が結ばれる．
1872　上海で『申報』が創刊される．
1882　アメリカ合衆国連邦議会，中国人移民を制約する法案を通過させる．
1885　清朝，フランスと天津条約を結び，越南に対する宗主権を放棄する．
1889　光緒帝の親政が始まる．
1894　日清戦争，始まる．孫中山，ハワイで興中会を創立する．
1895　清朝，日本と講和条約を結ぶ（下関条約）．康有為らが対日強硬策・変法を請願しようとする（公車上書）．康有為ら，『強学報』を刊行し，孔子紀年を採用する．
1897　朝鮮，国号を大韓帝国と改める．厳復ら，『国聞報』を発刊する．
1898　ドイツは膠州湾を，ロシアは旅順・大連を，イギリスは九竜半島と威

海衛を，フランスは広州湾を租借する．光緒帝，変法維新を宣布する．変法は，西太后らによって押さえられ，康有為・梁啓超は亡命する．譚嗣同ら刑死する．梁啓超，横浜で『清議報』を刊行する．

1899　康有為，カナダで保皇会を結成する．アメリカ国務長官ヘイ，清朝の門戸開放・機会均等を求める．

1900　義和団，北京の各国公使館を包囲する．唐才常，兵を挙げるも敗れ，刑死する．

1901　清朝，変法の詔を出す．辛丑条約(北京議定書)が締結される．

1902　天津で『大公報』が発刊される．梁啓超，横浜で『新民叢報』を発刊する．

1903　梁啓超，アメリカ大陸を旅行する．在東京の留学生，拒俄義勇隊の結成を決議する．『蘇報』に発表した文章のため，章炳麟・鄒容，逮捕される．

1904　日露戦争，始まる．上海の商務印書館，『東方雑誌』を創刊する．

1905　清朝治下の各地で，反アメリカ運動が起こる．呉樾，政治考察五大臣を暗殺しようと試みて，爆死する．宋教仁ら，『二十世紀之支那』を刊行し，開国紀元(黄帝の紀年)を採用する．東京で中国同盟会が成立し，『民報』が発刊される．陳天華，入水自殺する．

1906　預備立憲の上諭が出される．

1908　光緒帝と西太后があいついで没する．宣統帝が即位する．

1909　各省で諮議局が開会する．

1910　北京に資政院が開設される．

1911　武昌で新軍が革命のため蜂起する．

1912　孫中山，臨時大総統に就任する(中華民国の成立)．陽暦を採用し，中華民国の年号を用いる．袁世凱，臨時大総統に就任する．

1913　宋教仁，暗殺される．第一回の国会が開かれる．

1914　孫中山，中華革命党を結成する．日本軍，青島を占領する．

1916　袁世凱，没する．

1919　中国代表，パリ講和会議に参加する．五・四運動，起こる．

1920　梁啓超，『清代学術概論』を著す．

1924　中国国民党，一全大会を開く(国共合作が成る)．

1928　蔣介石らの国民革命軍，北伐を完了する．

1929　梁啓超，没する．

1930　蔣介石，閻錫山ら反対勢力に軍事的に勝利する(中原大戦)．毛沢東，江西省尋鄔県の調査を行なう．

1931　日本軍，満鉄線爆破事件を口実に軍事行動を起こす．中華ソヴェト共和国臨時政府が，江西省瑞金に樹立される．

参考文献

訳注・解題・索引(刊行年順)

島田虔次，1965 年．『中国革命の先駆者たち』筑摩書房．
島田虔次・小野信爾編，1968 年．『辛亥革命の思想』筑摩書房．
小野川秀美編，1970 年．『民報索引』京都大学人文科学研究所．
山田慶児編，1970 年．『中国革命』筑摩書房．
西順蔵・島田虔次編，1971 年．『清末民国初政治評論集』平凡社．
梁啓超，1974 年．小野和子訳注『清代学術概論——中国のルネッサンス』平凡社．
康有為，1976 年．坂出祥伸訳注『大同書』明徳出版社．
西順蔵編，1977 年．『原典中国近代思想史』岩波書店．
相浦杲他編，1984-1986 年．『魯迅全集』学習研究社．
松本英紀訳注，1989 年．『宋教仁の日記』同朋舎出版．
譚嗣同，1989 年．西順蔵・坂元ひろ子訳注『仁学——清末の社会変革論』岩波書店．
西順蔵・近藤邦康編訳，1990 年．『章炳麟集——清末の民族革命思想』岩波書店．

史料集(刊行年順)

劉晴波・彭国興編校，1958 年．『陳天華集』湖南人民出版社．
張枬・王忍之編，1960 年．『辛亥革命前十年間時論選集』三聯書店．
阿英編，1960 年．『反美華工禁約文学集』中華書局．
中川忠英，1966 年．孫伯醇・村松一弥編『清俗紀聞』平凡社．
沼田次郎・松沢弘陽校注，1974 年．『西洋見聞集』岩波書店．
太平天国歴史博物館，1979 年．『太平天国印書』江蘇人民出版社．
上海社会科学院歴史研究所編，1980 年．『辛亥革命在上海史料選輯』上海人民出版社．
蔡尚思・方行編，1981 年．『譚嗣同全集(増訂本)』中華書局．
夏東元編，1982-1988 年．『鄭観応集』上海人民出版社．
章炳麟，1984 年．『章太炎全集』3 巻，上海人民出版社．
王栻主編，1986 年．『厳復集』中華書局．

天津図書館・天津社会科学院歴史研究所編，1987 年．『袁世凱奏議』天津古籍出版社．
天津市檔案館・天津社会科学院歴史研究所・天津市工商業聯合会，1989 年．『天津商会檔案彙編(1903-1911)』天津人民出版社．
施蟄存主編，1990 年．『中国近代文学大系 26 翻訳文学集 1』上海書店．
丁賢俊・喩作鳳編，1993 年．『伍廷芳集』中華書局．
呂芳上主編，1995 年．『清季華工出国史料』中央研究院近代史研究所．
中国第一歴史檔案館編，1996 年．『光緒朝硃批奏摺』中華書局．
劉師培，1998 年．『劉師培辛亥前文選』三聯書店．
饒懐民編，2001 年．『楊毓麟集』岳麓書社．

日文資料(姓名の五十音順)

安部健夫，1971 年．「清朝と華夷思想」同『清代史の研究』創文社，33-57 頁．
安部健夫，1972 年．「中国人の天下観念——政治思想史的試論」同『元代史の研究』創文社，425-526 頁．
安藤潤一郎，1996 年．「「回族」のアイデンティティと中国国家——1932 年における「教案」の事例から」『史学雑誌』105 編 12 号，2045-2074 頁．
池端雪浦，1994 年．「フィリピン国民国家の原風景——ホセ・リサールの祖国観と国民観」『アジア・アフリカ言語文化研究』46・47 合併号，43-78 頁．
池端雪浦，1999 年．「フィリピン革命——単一国家と連邦制のせめぎ合い」『岩波講座世界歴史 20 アジアの〈近代〉』岩波書店，245-268 頁．
石川洋，1993 年．「師復と無政府主義——その論理と価値観を中心に」『史学雑誌』102 編 8 号，1441-1476 頁．
石川禎浩，2001 年．「近代東アジア“文明圏”の成立とその共通言語——梁啓超における「人種」を中心に」(狭間直樹編，2001 年)，25-40 頁．
石川禎浩，2002 年．「20 世紀初頭の中国における“黄帝”熱——排満・肖像・西方起源説」『二十世紀研究』3 号，1-22 頁．
石橋崇雄，1998 年．「清朝国家論」『岩波講座世界歴史 13 東アジア・東南アジア伝統社会の形成』岩波書店，173-192 頁．
石濱裕美子，2001 年．『チベット仏教世界の歴史的研究』東方書店．
伊藤秀一，1960 年 a．「清末における進化論受容の諸前提——中国近代思想史における進化論の意味 その一」神戸大学文学会『研究』22 号，62-89 頁．
伊藤秀一，1960 年 b．「進化論と中国の近代思想」『歴史評論』123 号，33-45 頁；124 号，44-50 頁．
岩井茂樹，1991 年．「乾隆期の「大蒙古包宴」——アジア政治文化の一こま」河内良弘編『清朝治下の民族問題と国際関係』平成 2 年度科学研究費補助金成果報告書(京都大学)，22-29 頁．
内井惣七，1996 年．『進化論と倫理』世界思想社．

遠藤泰生，1995 年．「アメリカ合衆国の国家形成——理念の共和国の誕生」歴史学研究会編『講座世界史 2 近代世界への道——変容と摩擦』東京大学出版会，273-298 頁．
王柯，1998 年．「ウンマと中華の間——清朝治下の新疆ウイグル社会」『岩波講座世界歴史 21 イスラーム世界とアフリカ』岩波書店，97-118 頁．
岡本隆司，1999 年．『近代中国と海関』名古屋大学出版会．
小倉芳彦，1971 年．「日本における東洋史学の発達」『岩波講座世界歴史 30 別巻』岩波書店，478-495 頁．
小野信爾，1978 年．「辛亥革命と革命宣伝」（小野川秀美・島田虔次編，1978 年），37-88 頁．
小野信爾，1993 年．「ある謡言——辛亥革命前夜の民族的危機感」『花園大学研究紀要』25 号，1-36 頁．
小野川秀美，1958 年．「雍正帝と大義覚迷録」『東洋史研究』16 巻 4 号，441-453 頁．のちに以下に再録．東洋史研究会編『雍正時代の研究』同朋舎出版，1986 年，309-321 頁．
小野川秀美，1969 年．『清末政治思想研究』みすず書房．
小野川秀美・島田虔次編，1978 年．『辛亥革命の研究』筑摩書房．
貝塚茂樹，1957 年．「実証主義史学の克復」『思想』395 号，753-759 頁．
笠谷和比古，1988 年．『主君「押込」の構造』平凡社．
片岡一忠，1984 年．「辛亥革命時期の五族共和論をめぐって」田中正美先生退官記念論集刊行会編『中国近現代史の諸問題』国書刊行会，279-306 頁．
片岡一忠，1991 年．『清朝新疆統治研究』雄山閣出版．
片岡一忠，1998 年．「朝賀規定からみた清朝と外藩・朝貢国の関係」『駒沢史学』52 号，240-263 頁．
片倉芳和，1978 年．「日本滞在中の宋教仁」福地重孝先生還暦記念論文集刊行委員会編『近代日本形成過程の研究』雄山閣出版，403-428 頁．
加藤博，1995 年．「オスマン帝国の「近代化」——アラブ世界を中心に」歴史学研究会編『講座世界史 3 民族と国家——自覚と抵抗』東京大学出版会，201-231 頁．
可児弘明，1979 年．『近代中国における苦力と「豬花」』岩波書店．
唐澤靖彦，1996 年．「帝政後期中国における話しことばの効用(1)——官話の社会的役割」『中国哲学研究』10 号，105-147 頁．
川上哲正，2001 年．「辛亥革命期における国粋主義と近代史学——日本近代との交錯の視点から」学習院大学『東洋文化研究』3 号，1-24 頁．
川島真，1995 年．「「支那」「支那国」「支那共和国」——日本外務省の対中呼称政策」『中国研究月報』571 号，1-15 頁．
川島真，1997 年．「天朝から中国へ——清末外交文書における「天朝」「中国」の使用例」『中国——社会と文化』12 号，1-15 頁．

川尻文彦，2001年．「清末「革命」考——1900年代初頭の「革命」論を中心に」『現代中国研究』8号，1-18頁．

カントロヴィッチ，E. H.（Ernst Hartwig Kantrowicz），1993年．甚野尚志訳『祖国のために死ぬこと』みすず書房．

菊池貴晴，1954年．「唐才常の自立軍起義——変法，革命両派の交流を中心として」『歴史学研究』170号，13-23頁．

菊池貴晴，1966年．『中国民族運動の基本構造——対外ボイコットの研究』大安．

菊池秀明，1987年．「反乱と色——太平軍の旗幟と衣装」『老百姓の世界』5号，11-46頁．

岸本美緒，1996年．「風俗と時代観」『古代文化』48巻2号，123-131頁．

岸本美緒，1998年．「China-centered approach?」『本郷』14号，26-28頁．

貴堂嘉之，1992年．「19世紀後半期の米国における排華運動——広東とサンフランシスコの地方世界」東京大学『地域文化研究』4号，1-29頁．

貴堂嘉之，1995年．「「帰化不能外人」の創造——1882年排華移民法制定過程」『アメリカ研究』29，177-196頁．

貴堂嘉之，2002年．「アメリカ移民史研究の射程」『歴史評論』625号，17-30頁．

キューン，フィリップ・A.（Philip A. Kuhn），1996年．谷井俊仁・谷井陽子訳『中国近世の霊魂泥棒』平凡社．→ Kuhn, 1990.

楠瀬正明，1976年．「梁啓超の国家論の特質——群概念の分析を通して」『史学研究』132号，23-36頁．

久保亨，1995年．「ヴェルサイユ体制とワシントン体制」歴史学研究会編『講座世界史6　必死の代案——期待と危機の20年』東京大学出版会，75-106頁．

黒木英充，1995年．「オスマン帝国諸地域の反乱とヨーロッパ列強」歴史学研究会編『講座世界史2 近代世界への道——変容と摩擦』東京大学出版会，329-360頁．

黒木英充，2000年．「前近代イスラーム帝国における圧政の実態と反抗の論理——1784年アレッポの事例から」『岩波講座世界歴史14　イスラーム・環インド洋世界』岩波書店，215-234頁．

桑原隲蔵，1968年．「支那人辮髪の歴史」『桑原隲蔵全集』1巻，岩波書店，441-453頁．

厳安生，1991年．『日本留学精神史——近代中国知識人の軌跡』岩波書店．

胡垣坤他編，1997年．村田雄二郎・貴堂嘉之訳『カミング・マン——19世紀アメリカの政治諷刺漫画のなかの中国人』平凡社．

五井直弘，1976年．『近代日本と東洋史学』青木書店．

小谷汪之，1986年．『大地の子(ブーミ・プトラ)——インドの近代における

抵抗と背理』東京大学出版会.
小林武，1985年.「清末の任俠(I)——主体，あるいは意識の問題」『京都産業大学論集』14巻4号，131-153頁.
小松久男，1998年.「危機と応戦のイスラーム世界」『岩波講座世界歴史21 イスラーム世界とアフリカ』岩波書店，3-78頁.
近藤邦康，1981年.『中国近代思想史研究』勁草書房.
坂元ひろ子，1995年.「中国民族主義の神話——進化論・人種観・博覧会事件」『思想』849号，61-84頁.
坂元ひろ子，2000年.「足のディスコース——纏足・天足・国恥」『思想』907号，145-161頁.
坂元ひろ子，2001年.「章炳麟における伝統の創造」(狭間直樹編，2001年)，275-292頁.
佐々木揚，2000年.『清末中国における日本観と西洋観』東京大学出版会.
佐々波智子，1991年.「19世紀末，中国に於ける開港場・内地市場間関係——漢口を事例として」『社会経済史学』57巻5号，663-690頁.
佐藤公彦，1999年.『義和団の起源とその運動——中国民衆ナショナリズムの誕生』研文出版.
佐藤慎一，1978年.「二つの「革命史」をめぐって(一)」東北大学『法学』42巻2号，129-158頁.
佐藤慎一，1979年.「二つの「革命史」をめぐって(二)」東北大学『法学』43巻1号，1-34頁.
佐藤慎一，1990年.「『天演論』以前の進化論——清末知識人の歴史認識をめぐって」『思想』792号，241-254頁.
佐藤慎一，1996年a.「梁啓超と社会進化論」東北大学『法学』59巻6号，1067-1113頁.
佐藤慎一，1996年b.『近代中国の知識人と文明』東京大学出版会.
佐藤仁史，1999年.「清末・民国初期上海県農村部における在地有力者と郷土教育——『陳行郷土志』とその背景」『史学雑誌』108編12号，2065-2100頁.
さねとう・けいしゅう，1960年.『中国人 日本留学史』くろしお出版.
佐原徹哉，1995年.「タンズィマート期の地方行政制度の変化と都市自治体の形成——ブルガリアのルセ市の事例を中心に」『東欧史研究』18号，5-24頁.
清水幾太郎，1970年.「コントとスペンサー」清水幾太郎編『コント・スペンサー』中央公論社，7-46頁.
シュウォルツ，ベンジャミン(Benjamin I. Schwartz)，1978年. 平野健一郎訳『中国の近代化と知識人——厳復と西洋』東京大学出版会. → Schwartz, 1964.

清国駐屯軍司令部編，1909 年．『天津誌』博文館．
新免康，1994 年．「「辺境」の民と中国――東トルキスタンから考える」『アジアから考える 3 周縁からの歴史』東京大学出版会，107-139 頁．
杉谷代水，1902 年．『教育小説 学童日誌』春陽堂．
杉山清彦，2001 年．「大清帝国史のための覚書――セミナー「清朝社会と八旗制」をめぐって」『満族史研究通信』10 号，110-126 頁．
杉山正明，1997 年．『遊牧民から見た世界史――民族も国境もこえて』日本経済新聞社．
鈴木董，1992 年．『オスマン帝国――イスラム世界の「柔かい専制」』講談社．
鈴木董，1993 年．『オスマン帝国の権力とエリート』東京大学出版会．
曽田三郎，1991 年．「清末における「商戦」論の展開と商務局の設置」『アジア研究』38 巻 1 号，47-78 頁．
孫安石，1994 年．「清末の政治考察五大臣の派遣と立憲運動」『中国――社会と文化』9 号，187-211 頁．
高田淳，1974 年．『章炳麟・章士釗・魯迅――辛亥の死と生と』龍溪書舎．
高田幸男，2001 年．「辛亥革命期における「国民」の創造――その初歩的考察」『近きに在りて』39 号，62-78 頁．
高柳信夫，1991 年．「『天演論』再考」『中国哲学研究』3 号，89-110 頁．
竹内弘行，1994 年．「清末の私紀年について」『名古屋学院大学論集』人文・自然科学篇 31 巻 1 号，77-96 頁．
竹内弘行，1995 年．『中国の儒教的近代化論』研文出版．
武内房司，2000 年．「中華文明と「少数民族」」『岩波講座世界歴史 28　普遍と多元――現代文化へ向けて』岩波書店，107-127 頁．
竹沢泰子，1999 年．「アメリカ合衆国におけるアジアとヨーロッパ――アジア移民とヨーロッパ系アメリカ人の遭遇と葛藤」『岩波講座世界歴史 23　アジアとヨーロッパ』岩波書店，111-134 頁．
田中比呂志，1990 年．「宋教仁の「革命」論」『歴史学研究』609 号，1-16, 32 頁．
谷井俊仁，1987 年．「乾隆時代の一広域犯罪事件と国家の対応――割辮案の社会史的素描」『史林』70 巻 6 号，877-916 頁．
谷川稔，1999 年．『国民国家とナショナリズム』山川出版社．
田原天南編，1918 年．『清末民初中国官紳人名録』中国研究会．
陳来幸，2001 年．「長江デルタにおける商会と地域社会」森時彦編『近代中国の都市と農村』京都大学人文科学研究所，223-252 頁．
月脚達彦，1999 年．「大韓帝国成立前後の対外的態度」学習院大学『東洋文化研究』1 号，235-264 頁．
辻内鏡人，1997 年．『アメリカの奴隷制と自由主義』東京大学出版会．
土屋洋，2000 年．「清末山西における鉱山利権回収運動と青年知識層」『名

古屋大学東洋史研究報告』24 号，121-150 頁.
土屋洋，2001 年.「創設期の山西大学堂と山西留日学生——清末山西鉱山利権回収運動の前史として」『名古屋大学東洋史研究報告』25 号, 328-343 頁.
デ・アミーチス，E.（Edmond de Amicis），1999 年. 和田忠彦訳『クオーレ』新潮社.
寺広映雄，1978 年.「革命瓜分論の形成をめぐって——保皇・革命両派の対立」(小野川秀美・島田虔次編，1978 年)，89-106 頁.
東亜同文会編，1907 年.『支那経済全書』2 輯，丸善.
鳥井裕美子，1993 年.「近世日本のアジア認識」『アジアから考える 1 交錯するアジア』東京大学出版会，219-252 頁.
永井算巳，1983 年.『中国近代政治史論叢』汲古書院.
長尾龍一，1989 年.『政治的殺人——テロリズムの周辺』弘文堂.
中村哲夫，1992 年.『同盟の時代——中国同盟会の成立過程の研究』人文書院.
中村哲夫，1999 年.「日本における中国人亡命政客と留学生」『岩波講座世界歴史 19 移動と移民——地域を結ぶダイナミズム』岩波書店, 277-297 頁.
ナキャーン，スーザン(Susan Naquin)，1994 年.「華北の葬礼——画一性と多様性」ジェイムズ・L. ワトソン(James L.Watson)／エヴリン・S・ロウスキ(Evelyn S. Rawski)編『中国の死の儀礼』西脇常記・神田一世・長尾佳代子訳，平凡社，51-85 頁. → Naquin, 1988.
並木頼寿，1999 年.「近代の日本と「アジア主義」」『岩波講座世界歴史 20 アジアの〈近代〉』岩波書店，269-290 頁.
西村成雄，1991 年.『中国ナショナリズムと民主主義——20 世紀中国政治史の新たな視界』研文出版.
野村浩一，1964 年.『近代中国の政治と思想』筑摩書房.
狭間直樹，1976 年.『中国社会主義の黎明』岩波書店.
狭間直樹，1989 年.「宋教仁にみる伝統と近代——《日記》を中心に」『東方学報』京都 61 冊，483-508 頁.
狭間直樹，1999 年.「「新民説」略論」(狭間直樹編，1999 年)，79-105 頁.
狭間直樹編, 1999 年.『共同研究 梁啓超——西洋近代思想受容と明治日本』みすず書房.
狭間直樹編，2001 年.『西洋近代文明と中華世界』京都大学学術出版会.
旗田巍，1962 年.「日本における東洋史学の伝統」『歴史学研究』270 号，28-35 頁.
波多野善大，1954 年.「辛亥革命直前における農民一揆」『東洋史研究』13 巻 1・2 号，77-106 頁.
濱下武志，1997 年.『朝貢システムと近代アジア』岩波書店.
濱田正美，1993 年.「「塩の義務」と「聖戦」との間で」『東洋史研究』52 巻

2号, 274-300頁.
パラディス, ジェームズ(James Paradis)/ジョージ・C. ウィリアムズ(George C. Williams), 1995年. 小林傳司・小川眞里子・吉岡英二訳『進化と倫理——トマス・ハクスリーの進化思想』産業図書.
平野健一郎, 1988年.「中国における統一国家の形成と少数民族——満州族を例として」平野健一郎ほか『アジアにおける国民統合——歴史・文化・国際関係』東京大学出版会, 33-105頁.
平野聡, 1997年.「チベット仏教共同体と「中華」——清朝期多民族統合の一側面」『国家学会雑誌』110巻3・4号, 260-322頁.
ヒングリー, ロナルド(Ronald Hingley), 1972年. 向田博訳『ニヒリスト——ロシア虚無青年の顚末』みすず書房.
ファルジュネル(Fernand Farjenel), 1970年. 石川湧・石川布美訳『辛亥革命見聞記』平凡社. → Farjenel, 1914.
福島真人, 1998年.「差異の工学——民族の構築学への素描」『東南アジア研究』35巻4号, 898-913頁.
藤川隆男, 1991年.「オーストラリアとアメリカにおける中国人移民制限」『シリーズ世界史への問い9 世界の構造化』岩波書店, 295-317頁.
藤澤房俊, 1993年.『『クオーレ』の時代——近代イタリアの子供と国家』筑摩書房.
古市大輔, 1996年.「清代後期の盛京行政とその変容——高官人事における異動傾向からみた分析」『史学雑誌』105編11号, 1853-1878頁.
古田元夫, 1996年.『アジアのナショナリズム』山川出版社.
古厩忠夫, 1995年.「従属地域における国民国家の形成——中国とトルコの国民革命」歴史学研究会編『講座世界史6 必死の代案——期待と危機の20年』東京大学出版会, 333-365頁.
プレハーノフ(Georgii Valentinovich Plekhanov), 1958年. 木原正雄訳『歴史における個人の役割』岩波書店.
ボウラー, ピーター・J. (Peter J. Bowler), 1995年. 岡嵜修訳『進歩の発明——ヴィクトリア時代の歴史意識』平凡社.
増田えりか, 1995年.「ラーマ1世の対清外交」『東南アジア——歴史と文化』24号, 25-48頁.
増淵龍夫, 1983年.『歴史家の同時代史的考察について』岩波書店.
松尾洋二, 1999年.「梁啓超と史伝——東アジアにおける近代精神史の奔流」(狭間直樹編, 1999年), 257-295頁.
松本英紀, 2001年.『宋教仁の研究』晃洋書房.
松本ますみ, 1999年.『中国民族政策の研究——清末から1945年までの「民族論」を中心に』多賀出版.
三谷博, 1997年.『明治維新とナショナリズム——幕末の外交と政治変動』

山川出版社.
宮崎市定，1950 年.『雍正帝——中国の独裁君主』岩波書店.
村上衛，2000 年.「五港開港期厦門における帰国華僑」『東アジア近代史』3 号，112-130 頁.
村田雄二郎，1992 年.「康有為と孔子紀年」『学人』2 輯，513-546 頁.
村田雄二郎，1995 年.「「文白」の彼方に——近代中国における国語問題」『思想』853 号，4-34 頁.
村田雄二郎，2000 年 a.「20 世紀システムとしての中国ナショナリズム」西村成雄編『現代中国の構造変動 3 ナショナリズム——歴史からの接近』東京大学出版会，35-68 頁.
村田雄二郎，2000 年 b.「近代中国における「国民」の誕生」国分良成・藤原帰一・林振江編『グローバル化した中国はどうなるか』新書館，172-198 頁.
村田雄二郎，2001 年.「辛亥革命期の国家想像——五族共和をめぐって」『現代中国研究』9 号，20-26 頁.
毛沢東，1968 年.『毛沢東選集』1 巻，外文出版社(北京).
茂木敏夫，1992 年.「中華帝国の「近代」的再編と日本」『岩波講座近代日本と植民地 1 植民地帝国日本』岩波書店，59-84 頁.
茂木敏夫，1995 年.「清末における「中国」の創出と日本」『中国——社会と文化』10 号，251-265 頁.
本野英一，2000 年.「訴訟問題からみた清末民初の中英経済関係」『歴史評論』604 号，42-57 頁.
森時彦，1978 年.「民族主義と無政府主義——国学の徒，劉師培の革命論」(小野川秀美・島田虔次編，1978 年)，135-184 頁.
森紀子，1999 年.「梁啓超の仏学と日本」(狭間直樹編，1999 年)，194-228 頁.
森正夫，1995 年.「明末における秩序変動再考」『中国——社会と文化』10 号，3-27 頁.
矢原徹一，1999 年.「性淘汰と種の利益——本書におけるダーウィンの淘汰概念を理解するために」チャールズ・R. ダーウィン(Charles Robert Darwin)，長谷川眞理子訳『人間の進化と性淘汰 I』文一総合出版，245-258 頁.
山内昌之，1993 年.『民族と国家——イスラム史の視角から』岩波書店.
山田賢，2001 年.「「官逼民変」考——嘉慶白蓮教反乱の「叙法」をめぐる試論」『名古屋大学東洋史研究報告』25 号，265-280 頁.
山室信一，2001 年.『思想課題としてのアジア——基軸・連鎖・投企』岩波書店.
山本英史，1999 年.「明末清初における地方官の赴任環境」『史潮』新 45 号，91-114 頁.

山本博文，1994 年．『殉死の構造』弘文堂．
山脇直司，1991 年．「進化論と社会哲学――その歴史・体系・課題」柴谷篤弘・長野敬・養老孟司編『講座進化 2 進化思想と社会』東京大学出版会，199-236 頁．
油井大三郎，1989 年．「19 世紀後半のサンフランシスコ社会と中国人排斥運動」油井大三郎ほか『世紀転換期の世界――帝国主義支配の重層構造』未来社，19-80 頁．
熊達雲，1998 年．『近代中国官民の日本視察』成文堂．
湯本国穂，1980 年．「辛亥革命の構造的検討――1911 年の中国西南地方における政治変動の社会史的意味・昆明の事例」『東洋文化研究所紀要』81 冊，259-347 頁．
横山英，1986 年．「清末ナショナリズムと国家有機体説」『広島大学文学部紀要』45 巻，157-171 頁．
横山宏章，1986 年．『清末中国の青年群像』三省堂．
吉澤誠一郎，1997 年．「国民国家史としての台湾史の誕生」東京外国語大学アジア・アフリカ言語文化研究所『通信』89 号，24-30, 60 頁．
吉澤誠一郎，2002 年．『天津の近代――清末都市における政治文化と社会統合』名古屋大学出版会．
吉野耕作，1997 年．『文化ナショナリズムの社会学――現代日本のアイデンティティの行方』名古屋大学出版会．
李若文，1994 年．「清末中国，欧米宣教師による“干預訴訟”問題の一側面――プロテスタントの対応策を中心に」『東洋学報』76 巻 1・2 号，37-68 頁．
劉香織，1990 年．『断髪――近代東アジアの文化衝突』朝日新聞社．
和田光弘，1997 年．「アメリカにおけるナショナル・アイデンティティの形成――植民地時代から 1830 年代まで」『岩波講座世界歴史 17 環大西洋革命』岩波書店，259-281 頁．
渡辺浩，1997 年．『東アジアの王権と思想』東京大学出版会．
渡辺佳成，1987 年．「ボードーパヤー王の対外政策について――ビルマ・コンバウン朝の王権をめぐる一考察」『東洋史研究』46 巻 3 号，129-163 頁．

中文資料(姓名の拼音アルファベット順)

巴斯蒂(Marianne Bastid-Bruguière)，1998 年．張広達訳「梁啓超与宗教問題」『東方学報』京都 70 冊，329-373 頁．
陳平原，1998 年．「晩清志士的游俠心態」同『中国現代学術之建立――以章太炎，胡適之為中心』北京大学出版社，275-319 頁．
陳弱水，2000 年．「日本近代思潮与教育中的社会倫理問題――一個初歩的観察」『新史学』11 巻 4 期，65-103 頁．
陳振江，1991 年．「通商口岸与近代文明的伝播」『近代史研究』1991 年 1 期，

62-79 頁.
村田雄二郎，2000 年.「康有為与孔子紀年」王暁秋主編『戊戌維新与近代中国的改革——戊戌維新一百周年国際学術討論会論文集』社会科学文献出版社，509-522 頁.
大漢熱心人輯，1961 年.「広東独立記」『近代史資料』1961 年 1 号，435-471 頁.
丁又，1958 年.「1905 年広東反美運動」『近代史資料』1958 年 5 期，8-52 頁.
馮爾康・常建華，1990 年.『清人社会生活』天津人民出版社.
馮自由，1939 年.『革命逸史』初集，商務印書館.
馮祖貽，1986 年.『鄒容陳天華評伝』河南教育出版社.
傅維寧，1972 年.「早期留美史話(二)」『中外雜誌』12 巻 3 期，86-91 頁.
戈春源，1999 年.『刺客史』上海文藝出版社.
龔鵬程，1991 年.「俠骨与柔情——論近代知識分子的生命形態」(胡偉希編，1991 年)，253-273 頁.
郭双林，1998 年.「論 20 世紀初年的郷土地理教育思潮」『学人』14 輯，41-56 頁.
郭双林，2000 年.『西潮激蕩下的晩清地理学』北京大学出版社.
何炳然，1987 年.「『大公報』的創辦人英斂之」『新聞研究資料』37 輯，31-49 頁；38 輯，76-94 頁.
和作輯，1956 年.「1905 年反美愛国運動」『近代史資料』1956 年 1 期，1-90 頁.
侯宜杰，1993 年.『二十世紀初中国政治改革風潮——清末立憲運動史』人民出版社.
胡縄武・程為坤，1986 年.「民初社会風尚的演変」『近代史研究』1986 年 4 期，136-162 頁.
胡偉希編，1991 年.『辛亥革命与中国近代思想文化』中国人民大学出版社.
黄福慶，1975 年.『清末留日学生』中央研究院近代史研究所.
黄克武，1994 年.『一個被放棄的選択——梁啓超調適思想之研究』中央研究院近代史研究所.
黄金麟，2001 年.『歴史，身体，国家——近代中国的身体形成』聯経出版事業公司.
黄賢強(Wong Sin Kiong)，1995 年.「華僑馮夏威与 1905 年抵制美貨運動」『海外華人研究』3 期，195-210 頁.
黄彰健，1970 年.『戊戌変法史研究』中央研究院歴史語言研究所.
金希教(Kim Hae-gyeo)，1997 年.「抵制美貨運動時期中国民衆的“近代性”」『歴史研究』1997 年 4 期，92-107 頁.
孔祥吉，1988 年.『康有為変法奏議研究』遼寧教育出版社.
孔祥吉編著，1998 年.『救亡図存的藍図——康有為変法奏議輯証』聯合報系

文化基金会.
李喜所，1982年.「武昌起義後的農村変動」『歴史研究』1982年2期，59-78頁.
李喜所，1986年.『譚嗣同評伝』河南教育出版社.
李喜所，1992年.『近代留学生与中外文化』天津人民出版社.
李孝悌，1992年.『清末的下層社会啓蒙運動』中央研究院近代史研究所.
黎志剛(Chi-Kong Lai)，1998年.「想像与営造国族——近代中国的髪型問題」『思与言』36巻1期，99-118頁.
林満紅，1991年.「中国的白銀外流与世界金銀減産(1814-1850)」呉剣雄主編『中国海洋発展史論文集』4輯，中央研究院中山人文社会科学研究所，1-44頁.
羅志田，1998年.『民族主義与近代中国思想』東大図書公司.
羅志田，2001年.「従無用的"中学"到開放的"国学"——清季国粋学派関於学術与国家関係的思考」『中華文史論叢』2001年1輯，173-241頁.
羅志田，2002年.「送進博物院——清季民初趨新士人従「現代」裏駆除「古代」的傾向」『新史学』13巻2期，115-155頁.
馬敏，1995年.『官商之間——社会劇変中的近代紳商』天津人民出版社.
麦礼謙，1992年.『従華僑到華人——20世紀美国華人社会発展史』三聯書店(香港).
毛沢東，1982年.「尋鄔調査」中共中央文献研究室編『毛沢東農村調査文集』人民出版社，41-181頁.
亓冰峯，1966年.『清末革命与君憲的論争』中央研究院近代史研究所.
桑兵，1991年a.「論清末民初伝播業的民間化」(胡偉希編，1991年)，236-252頁.
桑兵，1991年b.『晩清学堂学生与社会変遷』稲禾出版社.
桑兵，1995年.『清末新知識界的社団与活動』三聯書店.
桑兵，2001年.『晩清民国的国学研究』上海古籍出版社.
沈松僑，2000年.「振大漢之天声——民族英雄系譜与晩清的国族想像」『中央研究院近代史研究所集刊』33期，81-158頁.
孫隆基，2000年.「清季民族主義与黄帝崇拝之発明」『歴史研究』2000年3期，68-79頁.
湯志鈞，1984年.『戊戌変法史』人民出版社.
湯志鈞編，1979年.『章太炎年譜長編』中華書局.
王爾敏，1982年.「断髪易服改正朔——変法論之象徴旨趣」中央研究院近代史研究所『中国近代的維新運動——変法与立憲研討会』中央研究院近代史研究所，59-73頁.
王爾敏，1995年.『晩清政治思想史論』台湾商務印書館.
王汎森，1985年.『章太炎的思想——兼論其対儒学伝統的衝撃』時報文化出版企業有限公司.

王汎森，1996年．「清末的歴史記憶与国家建構――以章太炎為例」『思与言』34巻3期，1-18頁（王汎森，2001年，71-87頁に再録）．

王汎森，2001年．『中国近代思想与学術的系譜』河北教育出版社．

王冠華，1999年．「愛国運動中的“合理”私利――1905年抵貨運動夭折的原因」『歴史研究』1999年1期，5-21頁．

王暁秋，1997年．『近代中日関係史研究』中国社会科学出版社．

韋慶遠・高放・劉文源，1993年．『清末憲政史』中国人民大学出版社．

呉剣雄，1992年．『海外移民与華人社会』允晨文化出版．

呉文星，1992年．『日據時期台湾社会領導階層之研究』正中書局．

狭間直樹，1997年．「梁啓超『戊戌政変記』成書考」『近代史研究』1997年4期，233-242頁．

狭間直樹，1998年．「関於梁啓超称頌“王学”問題」『歴史研究』1998年5期，40-46頁．

熊月之，1986年．『中国近代民主思想史』上海人民出版社．

徐鼎新・銭小明，1991年．『上海総商会史（1902-1929）』上海社会科学院出版社．

厳昌洪，1992年．『中国近代社会風俗史』浙江人民出版社．

楊吉蘭・劉炳乾，1985年．「回憶冶峪区農協活動」『大革命時期的陝西地区農民運動』中共陝西省委党史資料徴集研究委員会，563-565頁．

虞和平，1993年．『商会与中国早期現代化』上海人民出版社．

兪旦初，1996年．『愛国主義与中国近代史学』中国社会科学出版社．

張存武，1966年．『光緒卅一年中美工約風潮』中央研究院近代史研究所．

張灝，1988年．『烈士精神与批判意識――譚嗣同思想的分析』聯経出版事業公司．

張朋園，1969年．『立憲派与辛亥革命』中央研究院近代史研究所．

張汝倫，2000年．「康有為与進化論」『学人』15輯，258-284頁．

章開沅，1985年．「論辛亥国魂之陶鋳――辛亥革命時期社会思潮試析之二」同『辛亥革命与近代社会』天津人民出版社，24-42頁．

鄭師渠，1993年．『晩清国粋派――文化思想研究』北京師範大学出版社．

朱浤源，1992年．「従族国到国族――清末民初革命派的民族主義」『思与言』30巻2期，7-38頁．

朱英，1991年．『辛亥革命時期新式商人社団研究』中国人民大学出版社．

朱英，1993年．「晩清商人尚武思想的萌芽及其影響」『史学月刊』1993年3期，54-58頁．

鄒振環，2000年．『晩清西方地理学在中国――以1815至1911年西方地理学訳著的伝播与影響為中心』上海古籍出版社．

Judge, Joan, 2001年．孫慧敏訳「改造国家――晩清的教科書与国民読本」『新史学』12巻2期，1-40頁．

欧文資料

Arai, Masami. 1992. *Turkish Nationalism in the Young Turk Era*, E. J. Brill.

Bastid-Bruguière, Marianne. 1997. "Sacrifices d'État et légitimité à la fin des Qing," *T'oung Pao*, Vol.83, Fasc.1-3, pp.162-173.

Crossley, Pamela Kyle. 1999. *A Translucent Mirror: History and Identity in Qing Imperial Ideology*, University of California Press.

Dikötter, Frank. 1992. *The Discourse of Race in Modern China*, Hurst.

Duara, Prasenjit. 1995. *Rescuing History from the Nation: Questioning Narratives of Modern China*, University of Chicago Press.

Elliott, Mark C. 2001. *The Manchu Way: The Eight Banners and Ethnic Identity in Late Imperial China*, Stanford U. P.

Farquhar, David M. 1978. "Emperor as Bodhisattva in the Governance of the Ch'ing Empire," *Harvard Journal of Asiatic Studies*, Vol.38, No.1, pp.5-34.

Farjenel, Fernand. 1914. *A travers la révolution chinoise*, deuxième édition, Libraire Plon.

Field, Margaret. 1957. "The Chinese Boycott of 1905," *Papers on China*, Vol.11, pp.63-98.

Fung, Edmund S. K. 1980. *The Military Dimension of the Chinese Revolution: The New Army and Its Role in the Revolution of 1911*, Australian National U. P.

Gladney, Dru G. 1994. "Representing Nationality in China: Refiguring Majority/Minority Identities," *The Journal of Asian Studies*, Vol.53, No.1, pp.92-123.

Goodman, Bryna. 1995. *Native Place, City and Nation: Regional Networks, and Identities in Shanghai, 1853-1937*, University of California Press.

Harrison, Henrietta. 1998. "Martyrs and Militarism in Early Republican China," *Twentieth Century China*, Vol.23, No.2, pp.41-70.

Harrison, Henrietta. 2000. *The Making of the Republican Citizen: Political Ceremonies and Symbols in China, 1911-1929* , Oxford U. P.

Harrison, Henrietta. 2001. *Inventing the Nation: China*, Arnold.

Hsu, Madeline Y. 2000. *Dreaming of Gold, Dreaming of Home: Transnationalism and Migration between the United States and South China, 1882-1943*, Stanford U. P.

Jansen, Marius B. 1992. *China in the Tokugawa World*, Harvard U. P.

Judge, Joan. 1996. *Print and Politics: 'Shibao' and the Culture of Reform in Late Imperial China*, Stanford U. P.

Kayalı, Hasan. 1997. *Arabs and Young Turks: Ottomanism, Arabism, and Islamism in the Ottoman Empire, 1908-1918*, University of California Press.

Krebs, Edward S. 1981. "Assassination in the Republican Revolutionary Movement," *Ch'ing-shih Wen-t'i*, Vol.4, No.6, pp.45-80.

Krebs, Edward S. 1998. *Shifu, Soul of Chinese Anarchism*, Rowman & Littlefield.

Kwong, Luke S. K. 1996. *T'an Ssu-t'ung, 1865-1898: Life and Thought of a Reformer*, E. J. Brill.

Kuhn, Philip A. 1990. *Soulstealers: The Chinese Sorcery Scare of 1768*, Harvard U. P.

Kuhn, Philip A. 2002. *Origins of the Modern Chinese State*, Stanford U. P.

Leung Yuen Sang. 1982. "Regional Rivalty in Mid-Ninteenth Century Shanghai: Cantonese VS. Ninpo Men," *Ch'ing-shih Wen-t'i*, Vol.4, No.8, pp.29-50.

Liu, Lydia H. 1995. *Translingual Practice: Literature, National Culture, and Translated Modernity : China, 1900-1937*, Stanford U. P.

McClain, Charles J. 1994. *In Search of Equality: The Chinese Struggle against Discrimination in Nineteenth-Century America*, University of California Press.

McKee, Delber L. 1977. *Chinese Exclusion Versus the Open Door Policy, 1900-1906*, Wayne State U. P.

Morris, Andrew D. 1997. "Mastery without Enmity: Athletics, Modernity, and the Nation in Early Republican China," *Republican China*, Vol.22, No.2, pp. 3-39.

Nakamura Tetsuo. 1984. "The Influence of Kemuyama Sentarô's *Modern Anarchism* on Chinese Revolutionary Movements," Etô Shinkichi / Harold Z. Schiffrin (eds.), *The 1911 Revolution in China: Interpretative Essays*, University of Tokyo Press, pp.95-104.

Naquin, Susan. 1988. "Funerals in North China: Uniformity and Variation," James L. Watson / Evelyn S. Rawski (eds.), *Death Ritual in Late Imperial and Modern China*, University of California Press, pp. 37-70.

Phelps, William Lyon. 1939. *Autobiography with Letters*, Oxford U. P.

Pomerants-Zhang, Linda. 1992. *Wu Tingfang (1842-1922): Reform and Modernization in Modern Chinese History*, Hong Kong U. P.

Price, Don C. 1974. *Russia and the Roots of the Chinese Revolution, 1896-1911*, Harvard U. P.

Rankin, Mary Backus. 1971. *Early Chinese Revolutionaries: Radical Intellectuals in Shanghai and Chekiang, 1902-1911*, Harvard U. P.

Rawski, Evelyn S. 1998. *The Last Emperors: A Social History of Qing Imperial Institutions*, University of California Press.

Reynolds, Douglas R. 1993. *China, 1898-1912: The Xinzheng Revolution and Japan*, Council on East Asian Studies, Harvard University.

Rhoads, Edward J. M. 1975. *China's Republican Revolution: The Case of Kwangtung, 1895-1913*, Harvard U. P.

Rhoads, Edward J. M. 2000. *Manchu and Han: Ethnic Relations and Political Power in Late Qing and Early Republican China, 1961-1928*, University of Washington Press.

Salyer, Lucy E. 1995. *Laws Harsh as Tigers: Chinese Immigrants and the Shaping of Modern Immigration Law* , The University of North Carolina Press.

Spence, Jonathan D. 2001. *Treason by the Book*, Viking.

Stuart, Jan / Evelyn S. Rawski, 2001. *Worshiping the Ancestors: Chinese Commemorative Portraits*, The Freer Gallery of Art and The Arthur M. Sackler Gallery, Smithsonian Institution.

Schwartz, Benjamin. 1964. *In Search of Wealth and Power: Yen Fu and the West*, Harvard U. P.

Tanaka, Stefan. 1993. *Japan's Orient: Rendering Pasts into History*, University of California Press.

Tang, Xiaobing. 1996. *Global Space and the Nationalist Discourse of Modernity: The Historical Thinking of Liang Qichao*, Stanford U. P.

Thongchai Winichakul. 1994. *Siam Mapped: A History of the Geo-Body of a Nation*, University of Hawaii Press.

Tsin, Michael. 1999. *Nation, Governance, and Modernity in China: Canton, 1900-1927*, Stanford U. P.

Wakeman, Frederic, Jr. 1985. *The Great Enterprise: The Manchu Reconstruction of Imperial Order in Seventeenth-Century China*, University of California Press.

Wang, Guanhua. 2001. *In Search of Justice: The 1905-1906 Chinese Anti-American Boycott*, Harvard University Asia Center.

Wong Sin Kiong. 2002. *China's Anti-American Boycott Movement in 1905: A Study in Urban Protest*, Peter Lang.

Zarrow, Peter. 1990. *Anarchism and Chinese Political Culture*, Columbia U. P.

注

第1章

(1)　近年，憲政の展開など近代国家の形成を，より長期的な経世思想の流れに位置づけようとする見解もある(Kuhn, 2002)．しかし，急激な変化の局面を指摘することも可能であると考え，本書では，敢えて前の時代との断絶性を強調することにしたい．また，辛亥革命後の国民形成に焦点をあてた優れた研究(Harrison, 2000)もあるが，その前提としての辛亥革命前の歴史的転換を重視するのが，本書の立場である．

(2)　「民族主義」「国家主義」「国民主義」というような表現も史料のなかに見えるし，相互に類似した意味で用いられていることは多い．日本語のナショナリズムという語も，おおざっぱな表現としては有効であろう．そして，様々な論者が，自分なりに適当と考える概念を用いて分析を進めるのは，自然なことである．しかし，私の経験では，ナショナリズムについて誰にも納得がゆくような概念設定をすることは，ほとんど不可能であり，「正しい」概念設定についていくら議論しても，歴史的事象についての理解が深まるとは思えない．「愛国主義」についても，本文で述べたように，その「国」とは何かという問題があるのだが，相対的に誤解をうけにくい用語として便宜的に採用することにした．清末に用いられていた「国家」「民族」「国民」といった語の意味は，現在の日本語とそれほど隔たりはないとは言えるが，これらを明確な概念として使うことも非常に困難である．仮に日本語として厳密な定義ができたとしても，史料中において同じ漢字語句が勢いよく感情を喚起するために使われているとき，混乱を引き起こさないためにどうすればよいか，わからない．本書は，この定義困難性を強く意識したうえで書かれている．

「愛国主義」を，英語の patriotism，フランス語の patriotisme と訳すこともありうるだろう．そうだとすれば，「ナショナリズム」と「愛国主義」を近似のものと提示するのはおかしいという疑念が生じるかもしれない．これは，フランス語でいえば，nation と patrie の異同という論点と結びついており，容易な問題ではない．そもそも，nation と patrie という概念によって，明快な意味設定と論理的相互関係をもって，世界のすべての事象を説明できると考えるのは，明らかに楽観的にすぎる(たとえば，山内昌

之，1993年に，簡単に割り切れない興味ぶかい事例が多く紹介されている）．ヨーロッパの中でも，事情は多様である（谷川稔，1999年）．

こうして，本書では史料中に多く見える「愛国」の語に着目して，「民族」「国粋」「国家」「国民」（またはそれに類するもの）の保全と振興を主張する動きを，「愛国主義」と一括することにする．これは，論者の政治的立場や個性にもかかわらず，共通した発想になるべく着目したいという本書の基本視角と結びついている．なお，今日に至るまでの中国の愛国主義については，西村成雄，1991年，11-30頁，Harrison, 2001が鳥瞰する．

(3)　「哀時客」を梁啓超と解したのは，別のところで「哀時客梁啓超」という署名が見えるからである（哀時客梁啓超「論中国人種之将来」『清議報』19冊，1899年）．

(4)　これを「国民国家」への方向ととらえるのは，本書の意図ではない．そもそも，有史以来の国家形態を丁寧に考えることを放棄して，それをひとまとまりとして「国民国家」と対照するのは，あまり賛成できない概念規定である．もちろん，「帝国」と「国民国家」という二項対立の説明の仕方も好ましくない．たとえば，20世紀初頭の歴史を考えるとき，ほとんどの列強が植民地をもち，その植民地の被支配民は厳密には「国民国家」の構成員とは言えず，場合によっては，このような国家統合を「帝国」と呼ぶ用語法が今日あることを指摘すれば，本書がなぜ「国民国家」と「帝国」の対概念を採用しないかという理由の説明として十分だろう．

(5)　日本人による調査記録によれば，『大公報』は毎日発刊部数4,000内外と号していた（1907年頃）．天津でこれとほぼ同様の発行部数があったのは『天津日々新聞』であり，そのほか発行部数がせいぜい数百にすぎない新聞に至るまで何種類も刊行されていた．『大公報』のような有力紙すら，購読地の8割は天津にとどまり，北京や保定という比較的近い大都市に送る部数は極めて少数であった（清国駐屯軍司令部編，1909年，538-542頁）．

(6)　それゆえ，「支那」の語は，由来からして，決して中立的な表現ではなく，清朝を文化的・政治的に尊重しないという意思が込められていたというべきだろう．すなわち，「支那」の語には，何とか日本の優位性を示そうとする意味が入っていると考えられる．これとは別に，清末の革命家の中には，清朝を否定する意図から「支那」の語を採用したことがあるが，中華民国建国後は，中国語としては「支那」は用いられない．日本の外交政策として，中華民国をいかに呼ぶかも，一定の判断が必要であった（川島真，1995年）．

第2章

(1)　「中国」という語は，確かに古代から存在していた（安部健夫，1972年）．しかし，それは国名ではなく，天下の中央にあって優越している国という

ほどの意味であろう．国の名称としては，「大唐」「大明」といったものである．19世紀に至り，外交の仕事に携わる官僚のなかから，国名として「中国」を求める動きが出てくる（川島真，1997年）．もちろん，それは，ただちに一般化したわけではなく，清末の梁啓超や宋教仁も「支那」と「中国」の両方を用いることがある．

(2)　アメリカへの華人移民とそれに対する排斥の問題について，近年さまざまな観点から研究が進行している（貴堂嘉之，2002年）．特に，従来のようにアメリカの国家統合を前提として移民がアメリカ社会へ融合する過程を重視するのではなく，各様のエスニック集団の動態そのものを注視する問題設定が現れている．そこでは，異なったエスニック集団の相克や国際的な移民政策の比較，また国境を越えたネットワーク形成といった観点も必要とされる（竹沢泰子，1999年．藤川隆男，1991年．Hsu, 2000）．もちろん，地域社会におけるエスニシティの具体的様相，差別が生み出されるメカニズム，そして市民権をめぐる政治過程という問題の重要性は，いうまでもない（油井大三郎，1989年．貴堂嘉之，1992年，1995年．胡垣坤他編〔日文訳〕，1997年．呉剣雄，1992年．麦礼謙，1992年．McClain, 1994. Salyer, 1995）．1905年の反アメリカ運動をめぐる問題についても，かねてから関心をもたれてきた（菊池貴晴，1966年．和作輯，1956年．張存武，1966年．Field, 1957. McKee, 1977）．近年では，その運動の様式の画期性などの論点が改めて議論されている（金希教，1997年．王冠華，1999年．Wang, 2001. Wong, 2002）．

第3章

(1)　「哀時客」は梁啓超である．第1章の注3参照．

(2)　トンチャイ・ウィニチャクンの研究に示されるようなシャムの事例と比べても，この時期の中国の特徴は，まさにこの「瓜分」の恐怖を通じて国土意識が明確化されたことのように思われる（Thongchai, 1994）．

(3)　以下で紹介する1910年の瓜分論についての情報は，Public Record Office (Kew) に所蔵される英国外交文書に基づいている．英文文書はFO 228/2617，漢文文書はFO 228/1767に綴じられている．

(4)　また，『警鐘日報』1904年9月3日「本社復函」にも，そのような議論の一端が伺える．光漢と署名があるので，筆者は劉師培であり，この文章は「宋復仁」という人物にあてた公開書簡の形をとっている．問題になるのは，黄帝をはじめとする五帝が何年在位したかなどの年数が明確ではない点である．また，よくわからない場合，何を起点とするかなどの疑問も派生する．先に挙げた劉師培の論文は，黄帝の「降生」（誕生）による紀年と称している．また，宋教仁が批判しようとした『国粋学報』の説は，黄帝が即位してから最初に甲子（十干十二支の最初で60年ごとに来る）と

なった年を紀元とすると想定していた(『我之歴史』開国紀元四千六百零三年六月九日条). さらに異説があり, 西暦1910年を4260年とする紀年も提起されていた(『時報』1910年3月17日「中国四千二百六十年庚戌紀年大事考」).

第4章

(1) 本章のもとになる旧稿が刊行された翌年, 黎志剛の研究が発表された. 関心が重なる点も多いが, 私が旧稿で重視した1910年の剪辮論議には全く触れていない(黎志剛, 1998年). それでは, 剪辮が, 立憲と密接な関係をもって主張され, 北京や天津など北方諸都市では1910年から大規模に実践されていたという, 私にとって肝心の点が, 抜け落ちてしまう.

ところで, 旧稿では, 康有為が1898年に剪辮を主張したと記し, これは黄彰健の研究に拠ったものであった(黄彰健, 1970年, 569-570頁). 黄彰健は, 康有為が1911年に刊行した『戊戌奏稿』のなかには改作されたものがあることを指摘しているが, 剪辮の主張を含む当該の上奏文については, 特に問題があるとしていない. ただし, 孔祥吉が康有為の戊戌奏議についてさらに詳細な考証を進めたものの(孔祥吉, 1988年, 孔祥吉編著, 1998年), いまだに康有為が剪辮を主張したことについては確認されていない. もちろん, 譚嗣同『仁学』に剪辮の主張があることからしても, 康有為が剪辮を主張する考えをもっていたことはありうることだが, その具体的な内容を知るだけの材料はない. 旧稿では, 康有為の文章は「清末剪辮論のほとんどの論点を先取りするものであったと言える」と書いたが, これは逆に, 康有為が, 清末剪辮論のほとんどの論点を知った後に文章をまとめた可能性を示唆するものである. それゆえ, 当該の奏文は偽摺である可能性が大と考え, 本書では無視することにした(以上については, 村田雄二郎先生の指正を受けた). 王爾敏・黎志剛も康有為の上奏文を引用しているが, これも訂正されるべきだろう.

(2) 二つのテキストを比較するときに顕著な傾向は, 『清議報全編』において「華人」「漢人」が混用されているのに対して『黄帝魂』ではすべて「漢人」で統一されていることであり, 『黄帝魂』の編集意図を伺わせる. しかし, ほとんど無意味と思われる字句の違いが圧倒的に多く, 表現上の好みなど審美的要因で理解できるかも疑問である. これは, 『黄帝魂』テキストが, 何に基づいているか, つまり『文興日報』原文によったか, それとも何か別の書物・雑誌等に転載されたものによったか, という問題とも関係するが, これ以上検討を続ける材料はない. 『文興日報』原文の存在を信じるにしても, 『清議報全編』編者が改変しなかったと断定することもできない. ただ, ここで重要なのは, 「論髪辮原由」は『清議報全編』と『黄帝魂』に収録されてはじめて相当広範な読者を得たということ

である．なお『辛亥革命前十年間時論選集』1巻，745-749頁も『黄帝魂』テキストを収録するが，原著の人種差別的表現を意図的に改変しているので，史料としての価値を損なっている．たとえば「天下之賤種，至紅毛土番烟翦巫来黒人，而已極」が「天下之種，如紅毛土番烟翦巫来黒人」と変えられている．「論辮髪原由」の趣旨は，このような「賤種」すら装いを改めているのに，「漢人」は醜い辮髪を後生大事にし外国で嘲笑されるのは何たることか，ということにある．人種の優劣を前提とした上で，「漢人」の評価を高めたいという論理なのである．この時期の人種観は，このような熾烈な序列意識を含んでいる．

(3)　この年『大公報』が募集した懸賞論文はもうひとつあり，題は「中国女学生服制議」である(8月11日「徴文広告」)．本章で論ずる剪辮易服は男性のみに関わる議論であるが，女性についてもやはり服制が論点となっていた(他方，女性の短髪は話題にすらならない)ことが注目される．

(4)　当該時期の都市民の通俗科学の認識では，髪は血の変質したものとされていた．例えば，『申報』1911年12月27日にみえる「生髪膠(せいはつこう)」の広告には「髪は血餘たり，血枯るれば髪落つ．本主人，化学に由り一種の生髪膠を発明す．活血生髪の諸薬を以て化錬して膠と成す．香にして清，潤にして滑．血液を融流せしむ．生髪の第一の妙品に係る」とある．

(5)　この上奏文の奏稿は，『清末民初駐美使館檔案』「伍大臣任内具奏条陳截髪案」(中央研究院近代史研究所所蔵外交檔案02-23～3-(8))である．1983年にこの檔案が整理されたときに附された「本冊査記単」には「宣統元年十月十八日」(1909年11月30日)の日付が見える．これが何によるか詳らかではないが，*NCH*, Aug.5, 1910, p.310にみえる農暦十月に上奏されたという記述と合致するので，信頼してもよかろう．『盛京時報』1910年8月25日・28日「伍欽使奏請剪髪之内容」や『東方雑誌』7巻8期(1910年)文件第一に見える．また『伍廷芳集』358-360頁にも収録されている．管見の限り，活字化されたうちでは『盛京時報』のものが最も元の奏稿に忠実である．*NCH*, Aug.5, 1910, pp.309-310には英訳がある．なお，伍廷芳による上奏が二回(1909年と1910年)あったと指摘する説もあるが(Pomerants-Zhang, 1992, pp.186-188)，これは誤りと考えられる．1909年アメリカで書かれた奏稿と1910年『盛京時報』等に公表された奏文は明らかに同一だからである．では，朝廷で無視された上奏文が，かなりの時間を経てから新聞・雑誌に掲載されたのはなぜか．おそらく伍廷芳自身または彼に賛同する者が，ジャーナリズムに情報を流したと推測される．

(6)　載濤は外遊前から剪辮論者であったらしい．外務省記録『当地方新聞紙抜粋翻訳進達ノ件』(外務省外交史料館所蔵1. 3. 2. 22)，明治43年4月5日，在天津総領事小幡酉吉より外務大臣小村寿太郎あて，に含まれる「断髪令近キニアラン」に，「今次禁衛軍大臣濤貝勒ノ東西各国ノ陸軍考察ニ

就テハ，貝勒以下総テノ随員ニ至ル迄，苟クモ武職ニ在ル者ハ成規ノ軍装ヲ施シテ出発セシメタルガ，今其理由ヲ聞クニ，随員中辮髪ノ異様ニシテ日本国民ノ軽蔑スル所トナル旨ヲ説明シタル結果，辮子ヲ巻キ上ゲテ帽子ノ内ニ隠蔽セシメテ頗ブル文明式軍人ノ姿勢ヲ保タン事ヲ希フニ因ルモノナリト．而シテ濤貝勒ハ右ノ次第ヲ摂政王ニ面請シ自カラ断髪令ノ先駆ト為リテ禁衛軍軍人ノ一新面目ヲ発揮セン事ヲ縷陳シ……」とある．

(7) 『資政院第一次常年会議事録』は，東京都立大学附属図書館松本文庫に所蔵されている．この特別委員会の構成員は，次の通り．荘親王・盈将軍・那親王・李子爵・陳懋鼎・崇芳・汪栄宝・長福・沈林一・林紹箕・胡家祺・許鼎霖・江謙・文龢・邵羲・易宗夔・李文熙・牟琳．このうち剪辮を主唱した牟琳は，貴州省遵義県の人，挙人．日本に留学し宏文学院師範科を卒業した．帰国後は教職につき，また勧学所総董となった．貴州諮議局では副議長．また，同じく易宗夔は，湖南省湘潭県の人．日本に留学し，帰国後長沙の各学校で教鞭を執った(田原天南編，1918年，214頁，259頁)．

(8) 外務省記録『清国革命叛乱ニ際シ断髪令実施一件』(外務省外交史料館所蔵 1. 6. 1. 54)，明治44年11月18日公信第131号在杭州領事館事務代理池部政次より外務大臣内田康哉あて．また鄞県(ぎんけん)では「城市少年好事徒，手持快剪伺於途，瞥見豚尾及鋒試，道旁観者拍手呼〔城(まち)の若者はおせっかい屋．鋭い鋏を手に持ち道で待ちぶせる．豚の尾のような辮髪を見るや切れ味を試す．路傍で見物する者は拍手喝采〕」という詩が現れた(民国刊『鄞県通志』文献志第4．李喜所，1982年，77頁，より転引．原書は日本には見あたらない)．

(9) 前註の外務省記録，明治45年3月29日公信第106号在奉天総領事落合謙太郎より内田康哉あて．

(10) このあと続けて，もし辮髪を保つのが共和に反対することならば，髪のない仏僧はどうなのか，庫倫のジェプツンダムバ＝ホトクト(哲布尊活仏)や西蔵のダライ＝ラマ(達頼喇嘛)は「あくまで民国に背き共和に抵抗する挙に出ている」ではないか，とある．つまり主旨は，剪辮の実行と共和の承認とは関係ないということである(この文章の一部分は，胡縄武・程為坤，1986年，で紹介されている)．南と北とでは，南のほうが剪辮が進んでいるとの観察は当時の紀行文でも示されている(Farjenel, 1914, pp.184-185. ファルジュネル，1970年，196-197頁)．日本の植民地とされた台湾の状況は比較の対象として興味ぶかい．予想される反発を考慮した当局は，辮髪を剪ることを強制せず，奨励する政策をとった．これに応じるように台湾人エリートの中から，組織的な断髪運動が登場して1910年代に急速に辮髪は少なくなった(呉文星，1992年，247-304頁)．

第5章

(1)　梁啓超が譚嗣同の著作を改変・捏造したことはすでに指摘されている(黄彰健，1970年，531-538頁)．この点に留意したい．ただし本書の関心は，戊戌政変の史実そのものではなく，譚嗣同の死がどのように解釈・顕彰されたかということにあるので，梁啓超による追悼実践そのものに注意を向けたい．なお最近の譚嗣同の伝記では，梁啓超の叙述をそのまま踏襲することはなされず，譚嗣同は獄に入ってもなお刑死を予期していなかった可能性が指摘されている(Kwong, 1996, pp.201-203)．

(2)　藤澤房俊の指摘によれば，この「ロンバルディーアの少年監視兵」の物語が「子供たちの愛国心を育むためにきわめて効果的であった」とし，日本でも日清戦争の際に死んでも喇叭を口から離さなかった木口小平の話が教科書に使われたことに言及している(藤澤房俊，1993年，237-238頁)．

(3)　『光緒朝硃批奏摺』118輯から例を挙げる．光緒30年3月12日両広総督岑春煊奏(178-179頁)．光緒33年4月26日両広総督周馥奏(185-188頁)．

(4)　『光緒朝硃批奏摺』118輯，光緒34年両広総督張人駿片(204-205頁)．

(5)　詳論できないが，ロシアにおいても，ナロードニキ・虚無党の人々は，歴史における個人の役割を大きく見積もっており，プレハーノフ Georgii Valentinovich Plekhanov がマルクス主義の立場から批判した(プレハーノフ，1958年)．しかし，ロシア虚無党の活動が清末の運動家に感銘を与えたのは，政治思想だけでなく，むしろ，その個人の主体性の感覚であるかもしれない．

(6)　『漢書』司馬遷伝や『文選』に収められている．「人に固より一死有り．或いは太山より重く，或いは鴻毛より軽し．用(よう)の趨(おもむ)く所，異なるなり」．この箇所に対する『文選』李善注に「烈士」の語が既に見える点が興味ぶかい．ちなみに章炳麟も，この対句を踏まえて革命における自己犠牲の意義を説明している．太炎「革命之道徳」(『民報』8号，1906年)．

(7)　毛沢東〔日文〕，1968年，253頁．事故死した共産党員張思徳同志のための追悼集会での講演．「今後，われわれの部隊では，だれが死んでも，それが炊事員であろうと兵士であろうと，いくらかでも有益な仕事をしたものであれば，かならずそれを弔い，追悼会をひらかなければならない．これは一つの制度にしていかなければならない．この方法は，一般の人びとのあいだにもひろめるべきである．村のものが死ねば，追悼会をひらく．このような方法で，われわれの哀悼の気持ちをあらわし，全人民を団結させるのである」(同前255頁)．